学术近知丛书·城市经济系列

人口移动、劳动力市场及其机制研究

Migration and Labor Market under the Systemic Transition in China

严善平 著

人民出版社

序　言

本书汇集了笔者在过去 15 年中陆续发表的中文论文,可以说它是个论文集。但是,本书各章的问题意识是一贯的,所研究的问题、理论框架及分析方法等相互关联,具有较高的统一性,是一本透视、理解当代中国社会经济基本结构及其变化机制的学术专著。

改革开放以来,随着市场化、国际化的进展,传统的城乡二元结构发生了剧烈变化,以农村青壮年人口为主体的大批劳动力逐步实现了从 20 世纪 80 年代的"离土不离乡",到 90 年代的"离乡不背井",再到 21 世纪以后的"离乡又背井"的历史性转变。在劳动力绝对过剩的二元经济体制下,被称为"农民工"的广大劳动者以廉价的工资,为社会经济快速发展、为中国成为"世界工厂"作出了巨大贡献。但由于由来已久的户籍制度对农民身份的歧视,在教育机会、迁徙、职业选择、工资报酬、职业晋升以及社会保障等方面,城镇居民和农民之间依然有很大差距。农民工因教育程度低,在城市劳动力市场上只能垫底;农民虽然进了城,但因户口不能迁移,也不能农转非,只好作为暂住人口在城里充当半市民;乃至绝大多数农民工子弟,要么成为留守儿童,要么成为流动儿童,难以享受正常的学校教育。

所有这些源于制度具有歧视性的东西,有必要通过不断的改革,逐步予以减轻、消除,而要如此,对其时代背景和现状的理性把握必不可少。在过去的十几年中,笔者带着这样的问题意识,从不同角度和层面,对中国社会经济的基本结构、变化趋势以及引起变化的内在机制进行观察、思考,并多次参与各类社会经济调查,或利用既有的开放数据,对于人口流动的特征和机制、劳动力市场的结构、个人的自然属性(性别、年龄等)和社会属性(户口、教育等)对就业、收入、流动、晋升等的影响进行了大量的实证分析,力求释明各因素在改革开放、市场化进程中的作用大小、变化趋势。

根据各章的研究目的、分析对象以及所利用数据的性质,本书可以划分为相互关联的五个部分:第一部分以全国为对象,利用人口普查等全国数据,计量分析了地区间人口流动的方向、规模及其决定因素、流动主体的基本特征。第二部分以我国最大经济都市上海为分析对象,旨在研究大城市劳动力市场中的就业、收入和层化状况,主要采用了计量经济学方法,对第一手微观数据进行了实证研究。第三部分利用了中国家庭收入调查(Chinese Household Income Project,CHIP)、中国综合社会调查(Chinese General Social Survey,CGSS)和上海社科院的微观调查数据,对我国的教育制度、教育事业的发展以及教育领域存有的城乡差距等问题,进行了较为成体系的实证研究。教育作为人力资本,在择业、收入、晋升、社会流动等方面作用重大,要理解转型时期劳动力市场的基本结构、社会流动的内在机制,加深对教育的理解至关重要。第四部分除了 CHIPS 数据,还利用了农业部农研中心等部门收集的微观调查数据,分析对象有全国的,也有特定地区的,研究主题涉及农户的就业与收入、城乡居民的就业率及其影响因素、劳动力市场中党员身份的溢价。第五部分是本书的一个背景材料,包括中国经济奇迹的经济学分析、经济增长背景下的劳动力短缺、户籍制度改革与农民工的市民化等问题,主要从宏观方面、制度方面对与人口流动、劳动力市场相关的问题进行了梳理。为了便于阅读,用以下概要说明各章的主题及构成。

第 1 章利用 1990 年和 2000 年人口普查、1995 年 1% 人口抽样调查的汇总数据,以及相关的社会经济数据,动态描述了改革开放以来中国省际人口流动的规模与地区结构的变化特征,并依据有关的人口流动理论,结合中国实际情况,建立地区间人口迁移模型,对经济发展、市场化、失业率、空间距离、信息等要素与人口流动水平的关系进行了实证分析。

第 2 章依据计量人口学的有关理论,对 20 世纪 90 年代后期我国的人口迁移率与年龄、学历、职业的关系作了详实的描述,指出了有关的迁移特征、与理论模型的异同点及其形成原因,并通过模拟迁移函数得到有关参数,从统计上进一步证实了记述分析得到的有关结论。本章的主要发现如下:90 年代后期我国的年龄—迁移率曲线呈现了与理论模型比较接近的变化倾向,但男性与女性的移动模型有较大的差别;教育程度、人口迁移政策、传统文化等因素对迁移率有较大的影响。

第二部分由第 3 章至第 6 章构成。笔者利用了在上海市获取的第一手调查数据,从不同角度实证分析了大城市劳动力市场的基本结构和主要特征。

第 3 章利用既有的各种调查数据,动态描述了上海市外来人口(或农民工)的总体形象,特别是他们的变化过程。具体包括三个方面:第一,概括描述改革开放以来上海市人口变动及其主要特征;第二,利用既有调查的汇总材料,或对微观数据进行整理,重点分析外来人口、农民工的基本属性和生活情况,包括他们的年龄、教育及在上海的居住时间、居中空间等;第三,重点分析外来就业人员的工作情况、工资水平等。

第 4 章借用劳动力市场层化研究的思路和方法,利用专项调查获取的大量数据,实证分析了大城市劳动力市场中的流动及其决定机制。本章的理论假说如下:第一,中国的城市劳动力市场包含了外劳和本地居民两大部分,但这两部分从业人员所属的市场阶层以及在市场阶层之间的流动状况是不相同的;第二,从非正规部门流向正规部门的上升移动会带来工资收入的增加,但本地居民和外劳,以及外劳中的民工与城镇居民实现流动的机会是不均等的;第三,在求职过程中选择什么性质的部门、以何种方式在不同部门之间流动,主要取决于以户籍为代表的制度因素,而不是个人的教育水平、工作经历等人力资本。本章的结论是:通过劳动力市场的竞争机制,人力资本的利用状况明显改善,但由于还存在制度歧视,劳动力市场依旧是二元性质的。消灭城市内部的新二元结构是下一步改革的重要目标。

第 5 章利用上海市外劳及本地居民就业调查的有关数据,计量分析了外劳和本地居民构成的劳动力市场的基本结构,以阐明大城市二元劳动力市场的主要特征。本章的构成如下:首先,概要说明二元劳动力市场理论的基本思路,并在此基础上提出本章的理论假说和分析框架;其次,简要说明本章使用的调查数据,定量描述劳动力市场的基本特征;再次,援用明瑟(Mincer)工资函数理论,计量分析人力资本、户口制度等因素与工资的关系,旨在说明城市劳动力市场的二元性质,即外劳与本地居民的市场分割性和各阶层内部的竞争性;最后,总结实证分析的要点,指出民工荒现象主要起因于劳动力市场的制度性分割,尤其是对农民工的就业和工资歧视。

第 6 章利用 2003 年、2009 年上海就业调查数据,实证分析了大城市劳动力市场的结构转型。通过对比外来人口、户籍居民的从业部门、职业流动的程度与类型、教育回报率、职业流动对收入的影响等,我们得到了一些意味深长的新事实。主要有:从业于正规部门的外来人口比率上升,外来人口的教育回报率增大,外来人口与户籍居民的教育回报率趋同等。据此我们推论:从收入与人力资本的关系来看,上海的劳动力市场基本上完成了从二元分割走向一体化的结构转型。目前,在外来人口与户籍居民之间存有的收入、行业分布等差异,更多地起因于两者在人力资本等方面的差距,以及外来人口在择业、社保等方面存有制度性差异。

第三部分为第 7 章至第 9 章,分析的焦点是中国的教育问题,包括教育的发展和城乡差距、成人高等学历教育及其市场评价、城市流动儿童教育的制度改革和绩效三大方面。

第 7 章利用 CHIP 的相关数据,从不同角度对当代中国教育的总体发展情况和各种形态的教育差距进行定量描述,并通过计量模型分析,揭示个人学历和学力的形成机制,以弥补宏观教育统计无法提供的重要信息。首先,笔者对 CHIP 数据的结构、可信程度进行评说,释明了数量分析时的注意事项和具体方法;其次,根据有关调查指标,推算调查对象的学历构成、教育年限、全国高考总分偏差值等指标,对教育获致的总体水平和差距进行多层面的量化分析;再次,建立教育年限(学历)、高考总分偏差值(学力)等多元回归模型,计量分析个人的属性特征、户口制度、居住地等因素对个人的教育获致的影响;最后,叙述本章的总结和政策含义。

第 8 章的主题是改革开放以来的成人高等学历教育。中国的成人高等学历教育(成人高教)与改革开放同步起步,它以"文化大革命"后的人才匮乏为背景、以干部"四化"方针的制度化为契机、以获得学历为目的,是具有鲜明中国特色的教育体系。本章利用 CGSS 和人口普查等数据,系统地梳理成人高教的发展史,评估成人高教的历史作用并分析其中国特色。我们的研究发现:第一,成人高教与普通高教同步发展、相辅相成,一度曾成为高等学历教育的主力;第二,社会各阶层接受成人高教的机会不均等——中共党员、党政机关和事业单位职工获得成人高教的概率显著较高;第三,成人高教的学历具有显著的增加个人收入(教育回报率)的效果,但不如正规学历的增收效果明显,其中党政机关和事业单位的相对较高,而企业部门的成人高教回报率较低;第四,党员的成人高教学历获得形式对收入影响不显著,但党政机关职工的成人高教学历回报率远远高于正规学历。

　　第 9 章利用两次上海中小学生调查数据,实证分析了外地学生和本地学生的基本属性、分布情况、对现状和未来有关问题的想法、学力差异以及学力的影响因素。分析结果表明:全面施行"两个为主,一视同仁"政策以来,上海市流动儿童少年在就学环境方面有了明显的改善,绝大多数学生逐渐被纳入了正规的国民义务教育体系。外地学生因跟随父母流动而误学的情况大大减少;母亲或父母双方均为外地出生的学生的成绩甚至比母亲或父母均为上海本地出生的要好;父母的教育水平对学生的学力影响也十分微弱。但由于升学制度的限制,流动儿童少年在完成义务教育之后的出路十分有限,有些选择完全出于无奈。要消除实质上的教育机会不平等,政府有必要进一步发挥能动性,逐步缩小乃至消灭机会不平等的根源。

　　第四部分由第 10 章和第 11 章构成,各章的主题分别是:农户的就业行为与收入决定机制、城乡就业率的变化及其影响因素。

　　第 10 章利用农户调查的微观数据,实证分析了农户的家庭属性、户主以及其他家庭成员的个人属性对家庭现金收入、自营工商业的行为、就业选择(就业天数和非农就业)以及工资决定的影响。通过多元回归分析,本章提出的以下几个假说得到了有力的统计支持:第一,农户的现金收入取决于农户是否自营工商业和非农就业的多少;第二,农户是否自己经营收入较高的工商业、家庭成员是专门从事工商业还是兼业,受其家庭属性和个人属性的影响;第三,拥有较多人力资本的劳动力之所以在不同产业、不同地区得到较为合理的配置,是因为劳动力市场的调节机制业已健全,拥有较多的资本便可以得到较多的回报。20 世纪 90 年代以来,随着市场化改革的深入,上述机制的作用增大,村落内部农户之间的经济分化也因此进一步加速。

　　第 11 章利用 1988 年至 2010 年 CHIP 的微观数据,定量描述城乡就业率的长期变化趋势,并从地区(省、市)、家庭和个人三个层面对就业率、就业与否的决定机制进行实证分析。分析结果表明:就业率的快速下降主要起因于城镇居民,特别是城镇女性过早退出劳动力市场;中高等教育的迅速扩展推延了年轻人进入劳动力市场的年龄;城镇离退休人员比率的迅速上升,或者说城镇人口的老年化加快了就业率下降的趋势。中国经济还处于中等收入阶段,为了避免陷入陷阱,发掘潜在劳动力资源势在必行。为此,要加快改革退休制度,逐步提高法定退休年龄,特别是女性的退休年龄,实现男女退休年龄并轨;

消除对女性的就业、晋升、待遇等方面的制度性差异,提高女性的就业概率;继续大力发展教育,增加人力资本积累,以促进就业率水平的提高。

第五部分为本书的附论,为加深理解微观数据的分析结果提供宏观背景。

附论1重点分析了20世纪最初十年开始显现的劳动力短缺问题。2004年初,在广东省珠三角地区,回家过年的部分农民工没有返回原工作岗位,首次出现了大规模的所谓"民工荒"。引发民工荒的原因多种多样,但农民工面临户籍歧视,人为的低工资、低福利制度等才是劳动力短缺的深层原因。附论的主题是论述我国劳动经济的结构变化,再描述近年来劳动力供求关系、工资上涨的现状,分析其背后的深层原因,展望劳动力供求和工资的未来。

附论2的主题是户籍制度改革与农民工的市民化问题。20世纪80年代以来,随着国民经济的发展和体制改革的深化,农业劳动力向工商业转移、农村人口向城镇流动的规模不断增大,在传统体制下形成的城乡二元结构趋于瓦解。受户籍制度的影响,中国农民在职业选择和迁居方面的自由并不充分。进城务工经商的农家子弟被称为农民工,他们中的绝大多数虽常住城市,但却难以享受普通市民的应有权利。本地户籍居民和农民工被户口分隔,农民工成了半市民,城市成了新型的二元社会。尽管政府多次改革户籍制度,扩大农民工的基本权利,但起因于户籍制度的社会不公并没有根除。在新型二元结构下,劳动力得不到有效利用,城乡居民的总消费规模也很难扩大。为了实现国民经济和市民社会的健康发展,彻底改革户籍制度、推进农民工的市民化实属必然,但更为重要的应该是赋予农民平等的政治权利。农民有了充分的政治发言权,向城市倾斜的资源分配方可得到纠正,城乡之间、地区之间的巨大差别方可得到缓解,也只有这样,人口向大城市的过度集中方可避免。

本书各章来自以下笔者已发表的杂志论文或书籍中的一部分。由于各论文公开发表的时间跨度较大,且主题又相互关联,在文字表述上多少存有重复或缺乏统一性。但为了维持各章节的相对独立性,在汇编成书过程中,笔者主要对章节序号、注释、参考文献等形式方面做了必要的处理,而在内容方面尽可能保持原貌。第8章是一篇合作论文,在收入本书时得到了薛进军教授的理解,深表感谢。

第1章:《中国省际人口流动的机制研究》,《中国人口科学》2007年第1期,第71—76页。

第 2 章:《地区间人口流动的年龄模型及选择性》,《中国人口科学》2004年第 3 期,第 30—39 页。

第 3 章:《改革开放 30 年上海市的外来人口和农民工动态研究——基于问卷调查数据的实证分析》,《城乡规划》2012 年第 1 期,第 91—100 页。

第 4 章:《城市劳动力市场中的人员流动及其决定机制——兼析大城市的新二元结构》,《管理世界》2006 年第 8 期,第 10—19 页。

第 5 章:《人力资本、制度与工资差别——对大城市二元劳动力市场的实证分析》,《管理世界》2007 年第 6 期,第 4—13 页。

第 6 章:《中国大城市劳动力市场的结构转型——对 2003 年、2009 年上海就业调查的实证分析》,《管理世界》2011 年第 9 期,第 53—62 页。

第 7 章:《現代中国における教育の発展と格差——CHIP 調査の個票データに基づいて》,《中国経済研究》(中国経済経営学会[日本])第 11 巻第 2号,2014 年 9 月,第 31—55 页。

第 8 章:《中国の成人高等教育と労働市場におけるその増収効果——普通高等教育との比較分析を中心に》(严善平、薛进军合著),《アジア経済》(日本亚洲经济研究所)第 60 巻第 1 号,2019 年 3 月,第 2—35 页。

第 9 章:《户籍差异、教育获致与城市正义——上海市流动儿童义务教育的实证研究》,《中国社会公共安全研究报告位置》(第 12 辑),北京大学出版社 2018 年版,第 119—139 页。

第 10 章:《市场经济体制下农户的收入决定与就业选择——对 6 省 7 县634 户微观数据的计量分析》,《管理世界》2005 年第 1 期,第 37—47 页。

第 11 章:《中国城乡就业率的变化与决定要素——基于 1988—2010 年中国城镇收入调查数据的实证分析》,《劳动经济研究》2016 年第 3 期,第 83—102 页。

附论 1:《中国劳动力短缺、工资上涨的现状和原因》,《中国学》(第三辑),上海人民出版社 2013 年版,第 148—160 页。

附论 2:《户籍制度改革与农民工的市民化》,《浙江工商大学学报》2015年第 5 期,第 117—122 页。

目　录

第1章 省际人口流动的动态及其机制研究

——基于人口普查数据的计量分析

一、问题提出及方法

经济增长带动收入水平提高,同时引起产业结构和就业结构的变化。在市场经济体制下,不同的产业、地区之间只要还存在着经济收入、社会福利、气候环境等方面的差距,人们就会自发地在产业间或地区间进行流动,以实现更高的自我满足,即经济学所说的效用最大化。但是,在现实生活中,并不是说每一个人都有均等的机会能够实现自己的愿望。对有些人来说,换个工作、迁居他方似乎是一件很容易的事,而对别人来说,同样的愿望很可能只是梦想。其实,一个人能否在产业间、地区间进行流动,很大程度上取决于他所居住地区的社会经济条件、个人的家庭情况,以及他本人的年龄、性别、教育水平等因素。对一个地区来说,流动人口的规模有多大,是流出为主还是流入为主,同样受很多因素影响。例如,经济发展水平的高低、就业机会的多少、社会经济条件的优劣都被看作是人口流动的重要决定因素。

人口流动是经济发展过程中普遍存在的一种社会现象,但是,引起流动的原因却是多方面的。年轻人可能因为学业、就职而流动,中年人则可能因为工作调动而迁居,少年、儿童和老人则大多是家属随迁。故此,有关人口流动的研究,既有经济学的,也有地理学、人口学和社会学的。各学科利用各自的理论、方法,从不同角度描述人口流动的表象及其内在机制,形成了大量的学术积累。例如,Greenwood(1981)、Chun(1996)利用计量经济学的手法,定量研究了美国州际人口流动的决定机制,Shaw(1985)、Levy 等(2003)分别创作研究加拿大、澳大利亚地区间人口流动的经济学文献,而石川(2002)则利用了地理经济学的分析方法,详细描述了日本经济高速成长以后的人口流动机制。

20世纪90年代以来,中国的地区间人口流动也是学术界非常关心的话题,因为市场化改革和经济发展带动了大规模的劳动力流动,为我们提供了绝好的研究对象,同时,人口普查积累的丰富数字又为人口流动研究创造了良好的条件。张善余(1992)、李树苗(1994)、王桂新(1993、1995、1997)和严善平(1998、2000b)对人口普查数字进行了研究,他们利用人口学或经济学的方法,对我国地区间人口流动的总体面貌、结构变化和内在机制做了多方面的定量分析。同时,还有很多学者通过样本调查,对人口、劳动力的地区间转移进行微观分析,加深了对人口、劳动力流动的全面理解。比较有代表性的成果有张小建、周其仁(1999),杜鹰、白南生(1998),赵书凯(1998),严善平等(1999),南·牧野(1999)。

但是,在有关中国人口流动的先行研究中也存在着明显的不足之处。主要有两点:一是大多数研究往往只利用了某次调查数字,没有能够很好地把握流动机制的动态变化;二是对人口流动与经济发展、市场化、就业机会、信息传递等因素的关系分析不够。本章利用最近几次的人口普查数据,动态分析我国地区间人口流动的总量和结构变化,并对地区间人口流动水平与经济发展、市场化、信息传递等因素的关系做计量分析。本章由6节构成,第2节简要描述20世纪80年代后期以来的十年中,省际之间迁移人口的规模变化和结构变化,指出他们的主要特征;第3节概要整理人口流动的经济理论;第4节提出本章的分析模型和理论假设;第5节对人口迁移模型进行模拟,对模拟结果做解释;第6节是全章的小结。

二、省际间人口流动的动向和特征

随着国民经济的快速增长和市场化改革的不断深化,从农村流向城市、从内地流向沿海的人口在不断扩大规模的同时,也表现了结构上的变化。省际迁移人口越来越朝着主要的输出地和输入地集中,呈现了非常明显的两极分化倾向。

表1.1是最近两次人口普查数据的整理结果。表中的流出人口和流入人口是过去5年中发生省际迁移的全部人口,它包括户口随迁的迁移人口和户

口不变的流动人口,但不包括调查期间内死亡的,也不包括曾经流动过的回归流动者,调查期间内的多次流动也只算一次①;表中的纯迁移人口为流出与流入之差,负数表示流入大于流出;人口迁移率为纯迁移人口与常住人口之比。

表 1.1　居住地与 5 年前常住地不同的省际迁移人口的总量和迁移率

(单位:万人;%)

	1985—1990 年				1995—2000 年			
	流入总数	流出总数	纯迁移数	迁移率	流入总数	流出总数	纯迁移数	迁移率
合计	1081	1081			3400	3400		
广东	116	25	−91	−1.5	1211	46	−1165	−13.7
北京	66	12	−54	−5.0	199	18	−181	−13.3
上海	66	15	−51	−3.8	229	17	−211	−12.9
新疆	34	27	−7	−0.4	120	23	−97	−5.3
天津	31	9	−22	−2.5	52	11	−41	−4.1
浙江	32	63	31	0.7	286	102	−184	−4.0
福建	29	23	−6	−0.2	142	66	−76	−2.2
西藏	0	5	5	2.3	7	4	−4	−1.4
海南	13	11	−2	−0.4	23	14	−9	−1.2
江苏	84	59	−25	−0.4	201	131	−70	−1.0
辽宁	52	27	−25	−0.6	80	40	−40	−0.9
云南	23	27	4	0.1	77	42	−36	−0.8
宁夏	8	6	−2	−0.4	14	9	−4	−0.8
山西	27	23	−4	−0.1	40	35	−5	−0.2
山东	61	52	−9	−0.1	95	92	−3	0.0
河北	47	67	20	0.3	81	92	11	0.2
内蒙古	24	28	4	0.2	34	46	12	0.5
陕西	30	33	3	0.1	45	76	31	0.9
青海	10	10	0	−0.1	8	13	5	1.0
吉林	25	35	10	0.4	27	56	29	1.1

① 从人口普查数据中,还可以得到出生地与现住地不同的迁移人口、截至调查时点的暂住迁移人口,但这两个数据都带有流动存量的性质,不足以反映一定期间内的流量。详细分析请参阅厳(2004a)。

续表

	1985—1990 年				1995—2000 年			
	流入总数	流出总数	纯迁移数	迁移率	流入总数	流出总数	纯迁移数	迁移率
甘肃	16	27	11	0.5	21	59	38	1.5
黑龙江	33	59	26	0.7	32	99	67	1.9
河南	49	58	9	0.1	49	243	194	2.1
重庆			0	0.0	47	116	69	2.3
湖北	41	35	−6	−0.1	64	233	169	2.8
贵州	20	31	11	0.3	28	130	102	2.9
广西	16	55	39	0.9	30	193	163	3.7
安徽	34	54	20	0.3	33	305	271	4.6
湖南	25	50	25	0.4	38	343	305	4.8
四川	44	129	85	0.8	62	463	401	4.9
江西	23	28	5	0.1	25	282	257	6.4
离散系数	1	1			2	1		

资料来源:国务院人口普查办公室等(1993、2002)。
注:迁移率指纯迁移人口占普查时常住人口数的比率。

从该表的数据中,我们可以得到以下几个重要的事实。

第一,省际流动的人口总数从 20 世纪 80 年代后期的 1000 多万人增加到 90 年代后期的 3400 万人,增加了 2 倍多。这意味着在市场经济快速增长的改革开放时代,劳动力资源在全国范围得到了更有效的配置和使用,同时也表明了劳动力市场的调节机制在增强,整个社会的流动化程度在提高。

第二,从纯迁移人口的地区分布来看,输出地、输入地的结构几乎没有发生大的变化,即沿海省市和西北的几个边疆地区为纯人口输入地,而中部和西南地区则是主要的人口输出地。但浙江省、湖北省是少有的几个例外。80 年代后期,浙江省的人口流出大大超过流入,因为在这个时期,民营经济的发展受到限制,人多地少但商材横溢的浙江人,特别是温州商人闯荡全国城乡做买卖,形成了大批的人口外流。但后来,随着民间企业的迅速成长壮大,大批的外省劳动力流入浙江,使浙江一举成为全国第三大纯人口输入地。而湖北的情况与浙江相反,从纯人口输入地一跃成为屈指可数的人口输出地。

第三,人口的纯输出地与纯输入地的两极分化越来越明显,主要的人口输出地加速扩大人口的输出,而主要的人口输入地则以更快的速度吸引了外省人口的到来。在 80 年代后期,流入人口和流出人口的离散系数分别只有 0.67 和 0.71,而在 90 年代后期,该系数迅速上升至 1.97 和 1.05。输入地的集中倾向尤为明显,仅广东一个省就吸收了全部跨省迁移人口的 1/3。这种两极分化倾向从纯迁移人口占常住人口的比率(迁移率)也可以得到进一步验证。例如,广东、北京、上海的人口迁移率分别达 -13.7%、-13.3%、-12.9%,而江西、四川、湖南和安徽的人口迁移率分别为 6.4%、4.9%、4.8%、4.6%。[①]

上述分析结果概括起来就是下面三句话:一是 80 年代后期以来跨省区市的人口流动规模迅速扩大;二是纯输出地和纯输入地的空间分布基本没有大的变化;三是跨省区的迁移人口越来越向几个主要地区集中,两极分化现象日趋显著。

这样的人口流动现象是怎么形成的呢? 哪些因素促成了这种格局的形成? 如何从经济学角度对此进行解释? 为了回答这些问题,先简要整理一下有关人口流动的经济理论。

三、人口流动的经济理论

在各国经济的发展过程中,我们可以观察到一个普遍的现象,即传统的农业部门相对缩小,现代的工业部门不断扩大,以城市人口比重为指标的城市化水平也逐渐上升;大批的农村人口从农村迁居城市,弃农务工经商。那么,人口流动的内在机制是什么呢? 在不同国家或同一国家的不同时期,作用于人口流动的内在机制是否一样? 其实,发展经济学对人口、劳动力的流动研究提供了很多思路。

众所周知,刘易斯(Lewis)的二元经济理论是描述经济发展与劳动力在产业间、城乡间流动的古典文献。二元经济理论认为,传统的农业部门劳动力过

---

①　主要的输出地和输入地的人口迁移率相当接近,这或许是一个偶然的巧合,但也可能暗示着劳动力市场调节机制的作用。

剩,生产水平低,农业从业人员往往只能得到生存水平的工资收入;而在工业等现代部门中,市场机制发生作用,工人可以得到远高于农民生存收入的工资。在收入差距的驱动下,农村劳动力源源不断地流向城市,城市部门则可以利用这些廉价的劳动力,迅速积累资本,实现企业的快速发展。企业的成长壮大创造更多的就业机会,新增的就业机会又进一步加速城乡间的劳动力转移。其结果是,农业部门的过剩就业程度下降,劳动生产率提高,农民的收入增加。这个过程一直延续到城乡收入差距的消失,即转换点的到来(Lewis,1954)。

二元经济理论揭示了城乡间劳动力转移与经济发展的内在机制,但它忽视了在发展中国普遍存在的另外一个事实,即很多农民进入城市并不能马上得到工作机会,有相当一部分人进城后是以失业者身份出现的。同时,对流动群体的基本特征、迁移人口的流向等问题,该理论也没有给出明确的解释。实际上,地区间人口流动的概率因人而异,一般来讲,受教育较多的年轻人在地区间发生流动的可能性要大大高于年龄较大、学历较低的群体。

针对城市失业与城乡之间劳动流动的并存现象,托塔罗(Todaro)后来提出了著名的预期工资差假设,比较圆满地解释了这个似乎矛盾的现象。就是说,一个人是否在城乡之间流动,主要取决于农业收入和进城后的预期收入之差,而预期收入又由城市工资和找到新工作的概率决定。即使城市部门的失业率很高(就业的概率较低),但如果预期收入(城市工资和就业概率之积)高于农业收入,则劳动力的城乡间流动依然是理性的选择。同时,托塔罗还认为,刚进入城市的农民可能暂时找不到工作,或许只能在所谓的非正规部门挣点饭钱。但是,随着城市生活经验的积累,这些人找到工作的概率会不断上升,一部分人还可以从非正规部门向正规部门进一步转移(Todaro,1969)。

对迁移人口的固有特征,沙斯特德的人力资本理论给出了较好的解释(Sjaastad,1962)。学历较高的年轻人之所以比一般人有更高的流动机率,是因为年轻人更换职业后可以工作更长的时间,他们的生涯总收入要高于年长者,而伴随流动的各种成本(例如,为了适应新生活、掌握新技术所必须付出的艰辛、离井背乡的苦衷,等等),年轻人的一般要少于年长者。其结果是,年龄越轻、文化水平越高,预期的生涯纯收入也就越多,而年长者则刚好相反。

上述人口流动理论的数学模型如下所示（Todaro，1980）：

$$Dr = \int_0^n (PuWu - Wr)\, e^{-rt}dt - \int_0^n (Cu - Cr)\, e^{-rt}dt - MC$$

Dr 表示终身预期净收入的增加值、Pu、Wu、Wr 分别表示在城市就业的概率、城市的平均工资水平和不发生流动时的农业收入，Cu、Cr 分别表示在城市和农村的日常生活费用，MC 表示流动时的交通费等一次性开支，r、t 分别表示利息率和迁移后的工作期间。

预期收入差虽然是决定人口流动的重要因素，但并非全部。一个地方的自然环境以及交通、教育、医院等社会基础设施的建设状况对人口的地区间流动也有重要影响。通常，一个人是否在城乡、地区之间流动，或者说，一个人的流动概率不仅取决于伴随流动的直接经济收入，还取决于来自生活环境变化的间接满足感（即效用）。如果要进一步考察地区之间人口的流量和流向、空间距离、有关流动信息的传递方式和速度同样也有十分重要的意义。

四、省际间人口流动水平的机制分析：模型与假设

如前文所述，20 世纪 80 年代后期以来，我国跨省的迁移人口迅速增加，但人口的纯输出地和纯输入地在空间分布上几乎没有发生大的变化，并且越来越两极分化。究竟是什么机制在发生着作用呢？在本节中，我们将参照有关的人口流动理论，结合中国的实际情况，建立人口迁移模型，并对人口流动的决定机制提出理论假设。

第一个因素是地区间工资差距对流动的影响。众所周知，在计划经济时代，我国的城乡和地区之间就存在着较大的收入差距，这一差距在改革开放后进一步扩大。在市民社会里，只要有差距存在，人们就会在地区间流动，以此来消除差距，实现自我的效用最大化。

第二个因素是获取就业机会的概率有多大。一个地区的工资水平高，如果失业率也比较高的话，该地区的预期工资就会打折扣。相反，工资水平也许不是很高，但如果能够比较容易就业，即失业率较低，人口流入的可能性就会

大大增加。

第三个因素是市场化的进展状况,这对于转型时期的中国来说,有着很重要的意义。改革开放以来,国有企业的管理体制、劳动人事制度发生了很大的变化,企业的经营自主权不断扩大,这是事实。但是,这并不能说明企业的经营管理可以完全摆脱行政的干预。例如在劳动用工方面,直到90年代末,国有企业也并不能完全自由地录用户口不在本地的民工。故此,我们有理由认为,在其他条件差不多的情况下,国有部门在经济中所占的比率越小,或者说市场化程度越高,劳动力市场中的供给关系就更加自由。在这样的经济环境下,以务工为目的的人口流入会比其他地方更多。当然,要准确地衡量市场化水平还有些技术性问题,本节把城镇职工中非国有部门所占的比重作为衡量市场化的代理指标。

第四个因素是伴随流动发生的各种费用。具体包括迁移的交通费、求职过程的生活费等直接费用,失去已有工作的机会成本,还有适应新生活的心理成本等。当然,这些流动成本有的可以准确计算,有的还只是个分析概念,实际上并不容易把握。但为了搞清楚流动成本对人口流动的影响,通常把两地之间的空间距离和两地居民的人际交往程度作为代理变量。如果两地间的距离较近,交通条件也较好,则可以节约交通费,因生活环境变化而产生的心理上的或精神上的成本也可以大大减轻;如果两地居民之间存在较多的血缘或同乡关系,各种各样的生活信息、就业信息就可以比较容易地传递,特别是在市场机制还不能充分发挥作用的现阶段,同乡关系、血缘关系对降低距离的负面作用有着重要的意义。

基于上面的考虑,省际之间人口流动水平与有关因素的关系可以用以下函数表示:

人口迁移率=f(人均国内生产产值,经济增长率,非农就业增加率,城镇登记失业率,城镇非国有部门职工比率,地区间的空间距离,就业等信息的传递情况)

就是说,两地之间迁移人口的相对水平受多方面的因素影响,包括经济的发展水平和发展速度、就业机会的多少、市场化程度的高低、空间距离的远近,以及两地之间存在的人际关系,等等。问题是如何建立人口迁移模型,以此来确定各因素对流动水平有无影响以及影响的程度。这里,我们把迁移率(迁

移人口占总人口的比重)作为因变量,把两地之间各因素的相对差距,即 X_j/X_i 作为自变量,建立如下的指数方程:

$$MR_{ij} = C \left(\frac{X_{1j}}{X_{1i}}\right)^{a1} \left(\frac{X_{2j}}{X_{2i}}\right)^{a2} \left(\frac{X_{3j}}{X_{3i}}\right)^{a3} \left(\frac{X_{4j}}{X_{4i}}\right)^{a4} \left(\frac{X_{5j}}{X_{5i}}\right)^{a5} (X_{ij})^{a6}$$

$$(X_7)^{a7} \exp \sum dummyH + e$$

其中 MR_{ij} 表示从 i 省流向 j 省的流出率,或从 j 省流向 i 省的流入率;X_1 为人均生产总值;X_2 为经济增长率;X_3 为非农就业增加率;X_4 为城镇非国有部门职工比率;X_5 为城镇登记失业率;X_{ij} 为省会之间的铁道里程(海南和西藏为航空距离);X_7 为输出地与输入地之间存在的流动链(或称信息网络),其定义为 $M_{ij}/\Sigma M_{ij}$,分子表示从 i 省流向 j 省的迁移人口,分母表示从 i 省流向其他省市的迁移人口总数,也就是出省流动人口在输入地之间的构成比;$\Sigma dummyH$ 为虚拟变量,表示地区、年度;a1—a7 为各因素对迁移率的弹性系数。

对上式取对数,便可以得到如下的对数线性方程:

$$\ln(MR_{ij}) = c + a_1 \ln\left(\frac{X_1 j}{X_1 i}\right) + a_2 \ln\left(\frac{X_2 j}{X_2 i}\right) + a_3 \ln\left(\frac{X_3 j}{X_3 i}\right) + a_4 \ln\left(\frac{X_4 j}{X_4 i}\right) +$$

$$a_5 \ln\left(\frac{X_5 j}{X_5 i}\right) + a_6 \ln(X_{ij}) + a_7 \ln(X_7) + \sum dummyH + e$$

结合变量的定义,我们就迁移模型中各个变量和迁移率的关系,提出以下几个理论假设。

假设 1:A 地区的经济水平越是高于 B 地区,则 A 地区向 B 地区的人口流出率就越高;相反,B 地区向 A 地区的人口流入率就越低。就是说,地区之间的相对收入差距是产生人口流动的前提条件。——收入差假设

假设 2:经济增长、非农就业机会增加较慢地区的人口倾向于流向增长速度较快的地区(流出率较高),而反方向的流入率则较低。我们认为,地区之间经济发展速度的相对差距也同样地影响着人流的相对水平。——增长速度差假设。

假设 3:如果两个地区城镇非国有部门职工的比率不一样,则从低比率地区向高比率地区的人口迁移率较高,而反方向的迁移率较低。——市场化假设。

假设4：如果两个地区城镇登记失业率不同，则从失业水平较高地区向较低地区的人口迁移率较高，反之则较低。——就业机率差假设

假设5：地区间的空间距离对迁移率起负面影响。输出地和输入地之间的距离越远，两地之间的人口迁移率就越低。但是，随着时间的推移，由于交通条件会不断改善，同样的空间距离对人口流动的负面作用将逐渐缩小。——流动成本假设

假设6：在两个地区之间，有关就业和生活等方面的信息流越大，伴随空间流动的物质的、精神的成本就会相应地降低，从而两地之间的人口迁移率也就会相应地上升。因为在90年代的中国，劳动力市场的调节功能并不健全，某个地区是否有就业机会、有多少信息等，很多情况下是通过亲戚、同乡或朋友才能得到的；外地人刚到一个新的生活环境中往往也离不开熟人的帮忙，不少雇主更愿意通过在职人员的介绍雇佣新职工，而不是在一般的劳动力市场上招工。——流动链假设

五、省际人口流动水平的机制分析：数据和模拟结果

在本节中，我们将利用人口普查和有关的社会经济统计数据，对前述的人口迁移模型进行模拟，并根据模拟的结果验证我们提出的理论假设。从2000年人口普查的汇总数据中，我们可以得到3组省际之间迁移人口的数据：一是按现住地和户口登记地分的，二是按现住地和5年前常住地分的，三是按现住地和出生地分的。在以前的普查数据中，只有第一组和第二组，这三组数据虽有交叉，但相互之间有明显的不同。如第一组主要是指户口不发生变动的所谓流动人口，户口随迁者没有包括进去；同时，从流动人口转为当地居民的也被排除在外，并且这个数据是个存量概念，它表示截至普查时点人户分离的全部流动人口。第三组数据也是个存量指标。只有第二组按现住地和5年前常住地分的迁移人口才是表示一定期间内发生的流量①。故此，在对迁移模型模拟时，我们将采用第二组汇总数据。

下面简要说明有关数据的具体定义。

---

① 有关迁移人口的定义、异同和使用时应该注意的问题，严（2004a）有专门的论述。

本章采用的人口迁移率有三个，即从 i 省流向 j 省的流出率：$\left(\dfrac{2Mij}{Pi+Pj}\right) \times$ 10000，从 j 省流向 i 省的流入率：$\left(\dfrac{2Mji}{Pi+Pj}\right) \times 10000$，$i$ 省的人口净迁移率：$\left(\dfrac{2(Mij-Mji)}{Pi+Pj}\right) \times 10000$。$Mij$、$Mji$ 分别为迁移人口的总数，Pi、Pj 分别为两地区的常住人口数。

人均国内生产总值为人口普查年的政府统计，以此作为经济发展水平的代理变量；城镇非国有部门职工的比率、城镇登记失业率也为人口普查年的政府统计；经济增长率取人口普查年以前 5 年的年平均增长率，非农就业人口的增加率根据两次人口调查（时隔 5 年）的汇总数据求得，空间距离取省城之间的铁道里程（部分地区为航空里程）；把前一个时期流往其他省市的迁移人口数量作为两地之间的流动链指标。[1] 为了排除各地区自然、气候等立地条件对人口迁移率的影响，我们在迁移模型中还导入表示地区特征的虚拟变量。

为了显现迁移率与各因素的关系，我们选择了主要的人口输出地和输入地，在此基础上确定了用于计量分析的数据库。具体地说，在 1995 年 1% 人口抽样调查中，我们选择了 18 个省区市（前 10 个主要输入地和 11 个主要输出地，其中有 3 个地区分属两方），在 2000 年普查中，选择了 19 个（前 11 个主要输入地、10 个输出地，其中有 2 个分属两方）。这些地区的省际迁移人口在两次调查中，分别占全国省际迁移人口的 65%、75%。

表 1.2 是省际间劳动力迁移模型的模拟结果。为了了解迁移率与有关因素的统计关系，以及这种关系的变化情况，我们除了对 1995 年、2000 年的人口迁移模型进行模拟，还把两组数据放在一起做了更一般性的分析。下面是人口迁移模型的主要计算结果和有关发现。

---

①　具体地说，在 20 世纪 90 年代前期和后期的移动函数中，X_7 的数值分别为 1985—1990 年、1990—1995 年期间从 i 省流向其他省市迁移人口的输入地构成比，该数字分别从 1990 年人口普查和 1995 年 1% 人口抽样的汇总结果求得。根据前面的理论假设，如果 80 年代后期从 i 地流向 j 地的人口相对越多，则 90 年代前期同向的迁移人口也越多。同样地，90 年代前期从 i 地流向 j 地的人口相对更多，则 90 年代后期同向的迁移人口就更多。

表 1.2　省际间人口迁移率的决定因素

1990—1995 年	流出率模型 1		流出率模型 2		流入率模型 1		流入率模型 2	
	标准化系数	t 值	标准化系数	t 值	标准化系数	t 值	标准化系数	t 值
经济增长率	0.143	3.058					-0.175	-3.413
人均国内生产总值			0.267	9.868	-0.688	-10.120	-0.525	-14.015
城镇登记失业率	-0.224	-4.873			-0.164	-2.710		
非国有部分职工比例			-0.137	-4.955	0.301	6.318	0.243	4.842
空间或铁道距离	-0.455	-10.650	-0.078	-2.752	-0.425	-10.423	-0.138	-3.596
移动链指数			0.805	27.546			0.581	14.469
东部地区变量	0.142	2.361						
中部地区变量	-0.197	-3.826	-0.126	-5.102	-0.196	-4.433	-0.110	-3.301
调整后的重回归系数	0.421		0.800		0.416		0.625	
样本数	356		356		359		359	
1995—2000 年	流出率模型 3		流出率模型 4		流入率模型 3		流入率模型 4	
	标准化系数	t 值	标准化系数	t 值	标准化系数	t 值	标准化系数	t 值
经济增长率	-0.122	-3.571	-0.104	-4.435				
人均国内生产总值	0.359	8.849	0.438	16.574	-0.624	-14.987	-0.584	-17.438
城镇登记失业率	-0.086	-2.715	-0.054	-2.746			0.073	2.716
非国有部分职工比例			-0.056	-2.072	0.204	5.095	0.106	3.351
空间或铁道距离	-0.482	-15.611	-0.173	-7.889	-0.436	-13.195	-0.145	-4.905
移动链指数			0.685	29.936			0.615	20.359
东部地区变量	0.185	4.411	-0.069	-2.396	0.152	3.273		
中部地区变量	-0.093	-2.625	-0.133	-5.685	0.086	2.221	0.101	3.999
调整后的重回归系数	0.523		0.873		0.449		0.698	
样本数	566		507		566		507	

续表

两期的混合样本	流出率模型 5		流出率模型 6		流入率模型 5		流入率模型 6	
	标准化系数	t 值	标准化系数	t 值	标准化系数	t 值	标准化系数	t 值
人均国内生产总值	0.235	7.586	0.333	19.233	-0.576	-18.585	-0.512	-18.241
城镇登记失业率	-0.094	-3.522					0.059	2.614
非国有部分职工比例			-0.114	-6.486	0.204	7.041	0.118	4.925
空间或铁道距离	-0.462	-18.828	-0.131	-7.490	-0.415	-16.864	-0.144	-6.370
移动链指数			0.688	38.135			0.581	23.794
东部地区变量	0.164	4.904			0.112	3.695	-0.052	-2.053
中部地区变量	-0.120	-4.275	-0.107	-7.075				
2000 年变量	0.277	11.938	0.390	26.246	0.221	9.134	0.300	15.248
调整后的重回归系数	0.506		0.816		0.462		0.861	
样本数	923		864		926		867	

注:我们使用了 Stepwise 法推导了各模型的回归系数。就是说,最初只选一个与因变量关系最强的因素做回归,在此基础上,逐次追加新的自变量,贡献率最大的留下,没有意义的自动排出模型。详细参阅内田治《SPSSによるアンケートの調査・集計・解析》(东京图书 1997 年)。

第一,我们来看一下迁移模型的说明能力。在不含流动链变量的模型中,调整后的重相关系数为 0.4—0.5,如果在模型中引入流动链变量,重相关系数最高可达 0.87。这说明,表 1.2 所示的迁移模型有比较好的说明能力。换言之,本章给出的社会经济变量可以比较好地解释省际之间人口流动的相对水平。

第二,经济增长率对迁移率的影响随时间的变化而变化。在 90 年代前半期的迁移模型中,经济增长率的回归系数(标准化系数)表现了与预期相同的符号,并且有较高的统计有意性。但是,在 90 年代后半期的模型中,经济增长率的回归系数表现了与预期相反的符号,有的系数统计上没有意义。这说明,经济增长率的高低对地区间人口流动水平发生的影响不是一贯不变的,同时,人口流动的方向也未必就是从经济增长率高的地区朝着经济增长率低的地区。实际上,在 90 年代的十年中,省际间经济增长率的差距并不是很大,离散系数仅有 0.21。特别是 90 年代后期,不少中西部省份的经济增长率甚至高于东部沿海地区(90 年代前期和后期的地区间经济增长率的离散系数分别为 0.28、0.12)。

第三,人均生产总值几乎在所有的模型中都表现了预期的符号和较高的统计有意性。从标准化回归系数的绝对值来看,流出模型中人均生产总值的影响呈扩大趋势,流入模型中的系数绝对值一直保持较高的水平。人均生产总值是反映一个地区综合经济实力的指标,模拟的结果为本章的假设 1 提供了统计上的支持。即地区之间经济发展的绝对差距是促成人口流动的内在动力,并且这种动力随时间的推移而增强。

第四,城镇登记失业率对迁移率也有显著的作用。回归系数的符号与理论假设基本一致,即在失业率相对较高的地区,有更多的人口流向失业率较低的地区,而反向的人口流入则少得多。这个事实与本章的假设 4 相吻合,也基本符合托塔罗的预期工资假设。就是说,在 90 年代的中国,人们在地区间进行流动时,并不是盲目地随便到一个地方就完事,他们中的大多数人通过各种渠道收集工作、生活信息,在有了充分的把握之后才采取实际行动。

第五,城镇非国有部门职工的比率、非农就业人员的增加率与迁移率之间没有明显的统计关系,因为有些回归系数的符号与预期的不一致,或者因为系数的统计水平较低,在模拟过程中被排出模型。这个结果意味着,以非国有部门职工所占比率衡量的市场化程度、非农就业机会的增加速度,对人口的流动水平并不产生统计上的有意影响。这个结果与迁移人口中相当一部分人并非为了工作而流动有关。

第六,空间距离、流动链与流动水平的关系完全符合我们的理论假设。两个地区相距越远,两地间的人口流动水平就越低,反之则相对较多;但是,如果两地之间以前就存有较多的人际关系(如迁居他乡的移民与老家之间保持的那种关系),则空间距离对人口流量的阻止作用将大大下降。

从流出率模型 1 和 3 的标准化系数中可以看出,90 年代前期,空间距离对迁移率的作用程度在所有的因素中最为强烈,直到 90 年代后期,它的影响力仍旧大于人均生产总值。这表明,尽管地区之间存有很大的收入差距,但远距离流动所必须付出的成本却很高,以至于让很多人断送流动的念头。随着时间的推移,地区间收入差距对人口流动的推动作用明显地增大了,但距离对迁移率的副作用并没有因此而减小。就是说,假设 5 的后半部分没有得到模拟结果的支持。

但是,在包含了流动链变量的所有迁移模型中,我们可以发现,空间距离对流动水平的影响程度都大大地下降了,标准化回归系数的绝对值从 0.4 降到 0.1 左右。这意味着,人们在省和省之间是否进行流动,固然会考虑到空间距离的远近,但如果能给自己提供就业信息或其他各种帮助的人际关系远在他方,很多人也只能就远不就近了。在近邻地区能找到工作,确实可以节约一些交通费用,还可以避免生活环境变化带来的精神痛苦,但它的前提条件是劳动力市场机制比较健全,人们主要凭自己的能力而不是人际关系进行就业竞争,否则,远距离的省际流动也就有一定的合理性。

表 1.2 所示的模拟结果告诉我们,在 90 年代的中国,以血缘和地缘关系为中心建立起来的流动链在省际人口流动过程中发挥了极大的作用,各种各样的就业信息和生活信息通过这条流动链不断地从城市传到农村,从沿海传到内地,由此引发了前所未有的民族大流动。流动链的存在一方面显现了劳动力市场的调节机制还没有充分发挥;但另一方面也正因为它的存在,大规模的人口流动才可以比较有序地展开。流动链也许是特殊时代的产物,但无论怎样,它的积极意义还是非常大的。

六、小　结

本章利用 1990 年和 2000 年人口普查,以及 1995 年 1% 人口抽样调查的汇总数据,动态描述了改革开放以来我国省际之间人口流动的规模和地区结构的变化特征,并依据有关的人口流动理论和我国的实际情况,建立了地区间人口迁移模型,对经济发展、市场化、失业率、空间距离、信息等要素与人口流动水平的关系进行了计量分析。下面是本章的主要结论。

第一,20 世纪 80 年代后期以来,随着经济的快速增长,跨省区的迁移人口规模迅速扩大,但是,人口输出地和输入地的地区结构基本上没有发生大的变化。除了很少的几个例外,原来是净输出地的省区,或者原来为净输入地的省区,它们分别输出或输入了越来越多的人口,即迁移人口呈现了明显的两极分化倾向。在江西、四川、湖南和安徽等几个最主要的人口输出地区,净流出人口占当地总人口的比率收敛在 5% 左右,而在广东、北京和上海,净流入人口占当地总人口的比率也呈收敛趋势,大约为 13%。这或许表明,在市场机制调节下,省际人口流动的相对水平已经达到了比较均衡的状态。

第二,以人均国内生产总值衡量的地区间经济差距(收入差距)对地区间人口流动水平有明显的影响,并且这种影响随着时间的推移有加大的倾向;城镇登记失业率作为获取工作机会难易程度的代理变量,在迁移模型中显示了预期的结果,人们倾向于流向失业率相对较低(即获取工作机会相对较高)的地区。但是,经济发展速度的地区差距似乎没有明显地对迁移率发生作用,非农就业机会的增加率也同样没有表现出统计上的有意性。就是说,人们是否在地区之间流动,归根结底还在于地区之间有多大的绝对经济差距(收入差距),以及获取就业机会的可能性有多大,也就是两者之间的预期收入差距。

第三,以空间距离为代理变量的流动成本对地区间的人口迁移率有非常强的负影响,其影响程度甚至要大大高于地区间收入差距的作用,并且它的影响力没有随时间的推移(即交通条件的改善)而减弱。在幅员广阔的中国,跨省区的大范围流动不仅意味着需要较多的交通费用,也意味着适应全新的生活环境需要付出较多的物质的、精神的费用。

第四,在劳动力市场机制还没有充分发挥作用的90年代,由血缘和地缘关系建立起来的流动链为迁移人口提供了就业和生活方面的信息,它大大地降低了流动费用,克服了距离对流动的不利影响。其结果是,从某个地区迁居另一个地区的人口存量越大,在此后的时间里便有越多的人在同方向加速流动。

第五,各个地区的市场化程度(城镇非国有部门职工的比率)对迁移率的影响似乎不是很明显,有关这一点,有待今后的进一步分析。

总而言之,地区之间的经济差距只是诱发人口流动的前提条件,扣除流动成本之后的净收入差才是影响流动的决定因素;流动成本虽然与空间距离成正相关,但流动链的存在却可以大大地降低流动成本,提高迁移水平。这就是20世纪90年代我国省际人口流动的内在机制。

第2章 地区间人口流动的年龄模型及选择性

本章利用计量人口学的有关理论和方法,对 2000 年全国人口普查的汇总资料进行解析。主要有三个目的:第一,应用计量人口学中的出生率方法,描绘我国人口迁移率的年龄曲线,并在此基础上推导年龄—迁移率的理论模型。通过对人口普查结果与理论模型的比较,指出 20 世纪 90 年代后期我国人口迁移率的特征及其时代背景。第二,分解迁移率曲线的形成要素,分析各个要素对迁移率的影响程度。第三,实证分析教育程度、职业与迁移率的关系,进一步指出地区间人口流动的选择性。

本章的结构如下:第 1 节简要介绍出生率方法的基本思路;第 2 节利用人口普查资料,描述年龄—迁移率曲线的特征;第 3 节推导年龄—迁移率的理论模型和有关参数,并对理论值与观测值做比较,从中发现年龄与迁移率的关系;第 4 节考察教育程度、职业与迁移率的关系;第 5 节对全文做简短的总结。

一、年龄—迁移率的理论模型

在人的一生中,由于工作、学习、搬家等原因,需要从一个地方迁居另一个地方。但是,在不同的社会经济条件下,迁移人口占总人口的比率,即通常所说的人口迁移率却相差很大。在社会经济发展较快的国家,产业结构、就业结构和城乡结构不断地发生变化,很多人自觉或不自觉地在地理空间、社会阶层之间流动,以实现自身的人生价值。但是,在实际生活中,每个人在地区、阶层之间发生流动的机会并不是均等的。劳动流动理论和人力资本理论告诉我们,年龄较小、教育水平较高的群体往往比年龄偏大、文化程度较低的群体有更高的流动机率,因为前者因流动带来的终身预期净收入要大大地高于后者。

那么,年龄、性别等个人属性与迁移率之间到底存有怎样的关系呢?这个问题不是一句话就可以概括的。年龄不同,迁移的主要理由当然不一样。可以想象,少年儿童大多是跟随父母迁居,老人主要随儿女同行,而年轻人则更多的是为了学习、求职、结婚等事由才在地区之间发生流动的。

为了把握年龄与迁移率的一般关系,计量人口学家罗杰斯(Rogers,1978、1984)等早在 20 世纪 70 年代后期就利用欧美国家的人口普查资料,对迁移率与年龄变化的关系进行了大量的实证分析。根据实证分析的结果,他们提出了年龄—迁移率理论模型(Model Migration Schedule)。这个理论后来被用来分析日本、加拿大等国家的情况,也都得到了比较理想的结果(井上,2002;石川,2002)。

该理论认为,各年龄层的人口中,流动人口所占的比率(即迁移率)具有一定的变化规则。表示年龄与迁移率关系的曲线可以分解成相对独立的 4 个组成部分,即从 0—14 岁的前劳力成分(pre-labor force component)、15—64 岁的劳力成分(labor force component)、65 岁以上的后劳力成分(post-labor force component)和不受年龄影响的常数成分。他们的关系可以用下面的示意图(图 2.1)表示。

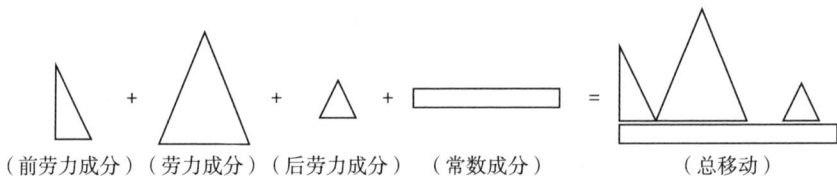

(前劳力成分)　(劳力成分)　(后劳力成分)　(常数成分)　(总移动)

图 2.1　年龄—迁移率曲线的构成示意图

如果把迁移率作为因变量,把年龄作为自变量,两者之间的关系可以用下面的双指数函数(the double exponential function)表示:

$$M(x) = a_0 + a_1 \exp(-b_1 x)$$
$$+ a_2 \exp\{-b_2(x-c_2) - \exp[-d_2(x-c_2)]\}$$
$$+ a_3 \exp\{-b_3(x-c_3) - \exp[-d_3(x-c_3)]\}$$

其中 $M(x)$ 为 x 岁人口的迁移率,a_1、a_2、a_3 分别表示前劳力成分、劳力成分和后劳力成分的水准参数,b_1、b_2、b_3 分别为迁移率曲线的下滑斜率,c_2、c_3 分别为劳力成分和后劳力成分的平均年龄,d_2、d_3 分别为劳力成分曲线、后劳力成分曲线的上扬斜率,a_0 表示常数成分。在上面的双指数函数中,a_0、a_1、

a_2、a_3 这 4 个参数的大小决定了迁移率曲线的绝对水平,而 b_1、b_2、b_3、c_2、c_3、d_2、d_3 的大小决定了迁移率曲线的形状。

图 2.2 为 1974 年瑞典的年龄—迁移率理论模型图,是根据罗杰斯推导的双指数函数制作的。下面,我们参照图 2.2,并结合上述的双指数函数,进一步说明年龄—移动率模型的基本内涵。

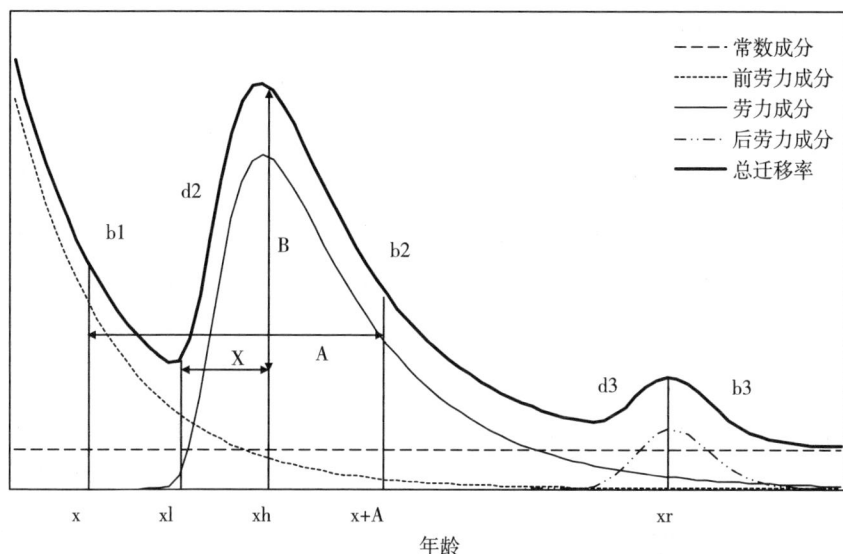

图 2.2　年龄—迁移率理论模型图

资料来源:Rogers(1984)。本图根据 1974 年瑞典人口普查推算的理论数据制作。

首先是前劳力成分的变化规则。学龄前儿童不受学校的限制,一般情况下,如果他们的父母因工作调动而迁居,他们当然也要随迁。但是,进了小学,特别是进了中学以后,由于学校因素的制约,即使父母的一方需要调动,另一方以及他们的子女也往往原地不动。其结果是,学龄前儿童的迁移率较高,而入学以后,随年龄的增大,迁移率呈迅速下降趋势。

其次是劳力成分的变化规则。这部分人口的年龄跨度较大,迁移率曲线不是一味地上升,也不是一味地下降,而是先上升再下降,并且上扬部分和下滑部分的斜率不尽相同。从图 2.2 所示的曲线可以看出,在 15 岁到 20 多岁的年龄层,由于就学、求职、结婚等原因,大批人口在地区之间发生了流动,致使迁移率随年龄增加而急速上升。但随着年龄的进一步增加,人们的生活逐渐进入生命周期的安定阶段,迁移人口的相对水平也缓慢地下降。由于这个原因,劳力成分的迁移率曲线大多情况下呈非对称形状。

再次是后劳力成分的变化规则。在北欧、北美的发达国家中,由于人们喜欢清静的田园式生活,他们当中的不少人在退休以后,便携带伴侣离开大都市,流向郊外,或迁居气候宜人的南方沿海。其结果是,在 60 岁前后的年龄段,迁移率曲线呈现较为对称的铃型。①

最后是常数成分的变化规则。人口流动的原因多种多样,其中有些原因与年龄根本就没有关系,如总有一部分人要投靠亲戚朋友,或者搬家迁移等。

基于上面的解释,流动函数中的各参数之间还存有以下一些规则性关系(Rogers,1978、1984;Rogers 和 Castro,1978)。一是依据前劳力成分和劳力成分曲线的下滑参数之比 b_1/b_2,判定子女跟父母随迁的程度。如果该比值接近于 1,则说明 14 岁以下的少年儿童基本上随父母的迁居而流动;但该比值如果大于 1,则意味着他们不完全随父母流动。二是依据劳力成分曲线的上扬斜率与下滑斜率之比 d_2/b_2,判定上扬与下滑的对称情况。如果该比值大于 1,则说明在 14 岁以后的一个比较短的年龄段,迁移率随年龄增加而上升的速度要高于此后的下降速度;该数值如果接近于 1,则表明迁移率的上扬和下滑速度基本相同。三是 a_1/a_2 的比例关系,该数值大于 1,则意味着人口流动为前劳力成分主导型;相反,如果小于 1,则人口流动属于劳力成分主导型。四是有关退休人口的迁移曲线,在已有的实证研究中,$b_3 \cong d_3$ 的关系基本成立。

从图 2.2 还可以看出,下列各项指标可以进一步补充说明年龄—迁移率理论模型的有关特征。第一是从前劳力成分向劳力成分转型的最低迁移率 x_l;从该转换点增加 X 岁,便可达到最高迁移率 x_h;最低与最高的迁移率之差,即 $x_h - x_l$ 为 B 个百分点;劳力成分与前劳力成分的年龄差为 A,他表示父母与子女的年龄差。另外,我们还可以把年龄—迁移率曲线以下的面积定义为总和迁移率(Gross Migraproduction Rate,GMR),它表示在某个时点一个新生婴儿的终生预期迁移次数(石川,2002)。该指标值越大,说明社会的流动程度

---

① 在日本等亚洲国家和非洲国家,后劳力成分不多,他对年龄—迁移率曲线的影响不大(井上,2002;石川,2002)。因此,在推导迁移函数时,可以将 $a_3 \exp\{-b_3(x-c_3) - \exp[-d_3(x-c_3)]\}$ 省略。

越高,地区间的人口流动也越频繁。①

二、中国 20 世纪 90 年代后期的年龄—迁移率曲线

1. 迁移人口的定义和本章的数据

什么是迁移人口? 在分析迁移人口的年龄模型之前,有必要对迁移人口的概念做简要的说明。通常,迁移人口有两个方面的内涵,一个是迁移的空间,还有一个是迁移的时间。就是说,在人口普查等调查设计中,对迁移的空间范围和时间长短必须有一个明确的定义,否则,即使是同样的调查对象,迁移人口的总数也会发生较大的变化。

在第五次人口普查中,迁移人口的移动范围分为本县市的乡镇之间、省内县市之间和跨省三个层次。流动的期间也分三个层次:一是离开户口登记处(乡镇、街道)半年以上的暂住人口(现住地与户口登记地不一致),即通常所说的流动人口;二是调查时的居住地与出生地不一致的生涯迁移人口;三是调查时的居住地与 5 年前的常住地发生了变化的期间迁移人口,包括户口随迁的迁移和户口不发生变动的流动。② 很显然,第一和第二个指标指截至某一时点的迁移人口的存量,第三个则是在一定期间内发生迁移的流量。

从道理上来讲,我们可以利用暂住人口、生涯迁移人口和期间迁移人口这三个不同的概念,分别考察人口的年龄—迁移率模型,同时还可以进一步对不同范围的流动情况做进一步分析。但遗憾的是,在公开出版的人口普查数据中,只有全国的期间迁移人口可以使用,并且县内乡镇之间、省内县市之间和跨省流动的有关数据也没有公开。故此,在下文的分析中,我们只能利用全国的期间迁移人口统计(即在 1995 年 11 月 1 日到 2000 年 10 月 31 日的 5 年之间发生迁移的全部人口),对年龄—迁移率模型进行实证分析,并据此推导理

---

① 但由于人口流动的空间定义不同,不同国家的总和迁移率并不能直接比较。在国土面积较小的国家,由于末端行政的基本单元可能很小,在中国的人口普查中根本就不算地区间流动的那部分人口(在同一乡镇)也可能被记入流动人口。

② 根据人口普查的定义,第二和第三种迁移人口中,离开户口登记处不到半年的流动人口除外。同时,在调查对象期间内的多次迁移,或调查时已经返还原住地的迁移人口也没有被包括进去。就是说,实际的迁移人口总数要比统计的数字大一些。详细分析参见严善平(2004a)。

论模型的有关参数。

2. 年龄—迁移率模型

图 2.3 是根据第五次人口普查数据得到的年龄—迁移率曲线,其中包含了总迁移率曲线和按迁移原因划分的迁移率曲线。表 2.1 是按迁移原因计算的迁移人口构成、迁移率及总和迁移率。下面,我们根据图 2.3 和表 2.1 所示的结果,详细描述 20 世纪 90 年代后期我国年龄—迁移率模型的有关特征。

第一,与图 2.2 的理论模型比较可以发现,我国的年龄—迁移率曲线具有很明显的独特性。前劳力成分迁移率的相对水平较低,并且 0—4 岁的迁移率呈上升趋势;同时,以退休人员为中心的后劳力成分也不存在。在日本等国家,后劳力成分的存在也不十分明显,但前劳力成分从高水平出发,并呈迅速的下降趋势是一个比较普遍的现象。在中国,这种独特现象的产生与户口制度有关。在计划经济时代,人们几乎没有迁居和选择职业的自由。改革开放以后,特别是 90 年代以来,地区间迁移人口的规模迅速扩大,但由于户口迁移受到严格地限制,以务工经商为目的的民工大多不能把户口迁入工作所在地,他们只能以暂住者的身份生活在居住社会的底层。由于收入低,他们不能把年幼的子女带在身边共同生活;也由于当地中小学一般不接受没有户口的民工子女,民工的孩子大多也只能在老家就学。

第二,我们来考察一下反映迁移模型基本特征的几个主要指标。从前劳力成分向劳力成分的转换点在 13 岁,此时的迁移率为 4.3%。从 14 岁开始,迁移率急速上升,到 21 岁,迁移率达峰值 28.2%,上升了 24 个百分点。在较短的年龄段有如此的急速上升在其他国家并不多见[1],这可能与我国的迁移人口主要由就业劳力构成有关,因为务工经商、工作调动和分配录用的人员占全部流动人口的 40%。从迁移人口的构成来看,15—19 岁占 5.7%,20—24 岁占 19.5%,25—29 岁占 18.0%,30—34 岁占 11.4%。就是说,迁移人口的 54.6% 都集中在 15—34 岁的青壮年层,而在全部人口中,同年龄层的比率仅有 35.6%。

第三,按迁移原因的迁移率曲线显现了完全不同的形状。图 2.3 中列入了务工经商、学习培训、拆迁搬家、婚姻迁入、随迁家属这五类主要迁移原因的迁移率曲线。可以明显地看出,因迁移原因的不同,迁移高峰的发生时期也截

① 参照 Rogers(1984)第 8 页的表 1。

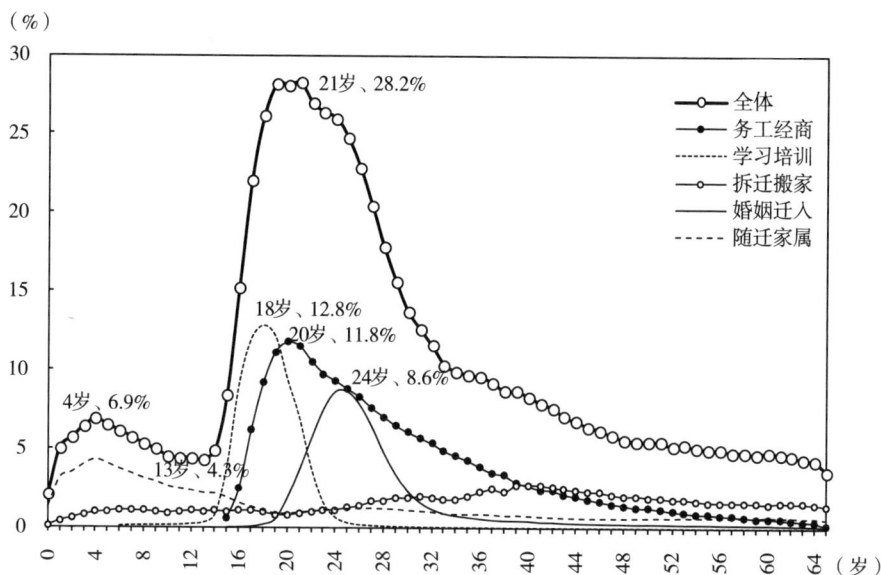

图 2.3　年龄—移动率模型（全国、1995—2000 年）

资料来源：与表 2.1 相同。

注：迁移率为期间迁移人口数除调查时点的常住人口。

然不同。因学习培训而流动的迁移率峰值在 18 岁，迁移率为 12.8%。就是说，在 100 个 18 岁的人口当中，有 13 人在过去 5 年中发生过地区间流动。务工经商和婚姻迁入的迁移人口分别在 20 岁、24 岁时达迁移高峰，迁移率的峰值分别为 11.8% 和 8.6%。但是，因拆迁搬家或家属随迁而迁移的概率与年龄的变化没有十分明显的关系，两者的合计大致稳定在 13%—15%。

表 2.1　按迁移原因计算的迁移人口的构成及迁移率（1995—2000 年）

（单位：%；次）

	全体	务工经商	工作调动	分配录用	学习进修	拆迁搬家	婚姻迁入	随迁家属	其他
构成比	100	30.7	4.3	3.1	11.7	14.5	12.0	12.8	10.9
迁移率	10.6	3.2	0.5	0.3	1.2	1.5	1.3	1.4	1.2
GMR	6.63	1.96	0.28	0.20	0.76	1.02	0.75	0.89	0.77
男性	6.19	2.18	0.38	0.23	0.79	1.04	0.16	0.68	0.73
女性	7.08	1.72	0.18	0.17	0.73	1.00	1.36	1.12	0.80

注：GMP 为总和迁移率，等于年龄—迁移率曲线下的面积。

资料来源：国家统计局第五次人口普查。

图 2.4 是按迁移原因和性别制作的年龄—迁移率曲线。结合表 2.1 的有关数据,我们来进一步考察迁移原因的性差问题。

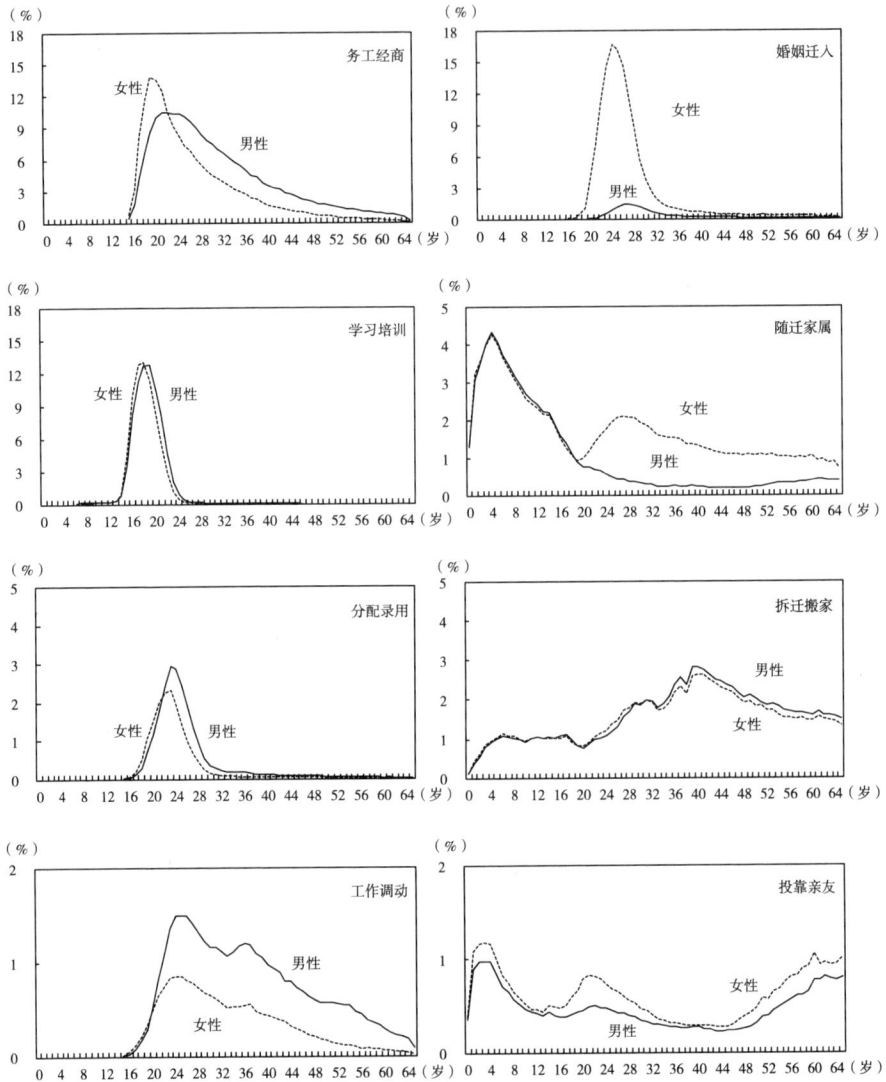

图 2.4　按迁移原因、性别的人口移动模型

资料来源:与表 2.1 相同。

第一,总的来讲,在以拆迁搬家、投靠亲友、学习培训和分配录用为迁移原因的迁移人口中,男女之间年龄—迁移率曲线几乎没有大的差别。就是说,随着年龄的变化,男性和女性在地区间迁移的发生概率大致相同。但是,在务工经商、随迁家属、婚姻迁入和工作调动的迁移人口中,男女的迁移率曲线呈现了相当大的差别。(1)在22岁以下务工经商的迁移人口中,女性的迁移率明显高于男性,而在23岁以上的迁移人口中,两者的位置关系完全颠倒,男性的迁移率大大高于女性的。这或许说明,女性的平均教育年数比男性的短,他们比男性更早地进入劳动市场,但由于婚姻、子女教育和照顾老人的客观需要,达到一定年龄以后的女性则主要停留在本地,而不是像同龄的男性一样远离家乡,外出打工。(2)婚姻迁入的总和迁移率(迁移曲线下面的面积)为0.75,即对所有的人来说,伴随婚姻而迁移的平均概率为0.15次(总和迁移率的1/5)。但男女间的性差很大,分别为0.16次、1.36次。这反映了男取女嫁的传统习惯在90年代后期的中国还依旧存在。(3)在随迁家属中,20岁以下的男女差别几乎不存在,但在此后所有年龄段,女性要大大高于男性。在中国,形式上虽提倡男女平等,但实际上,妻子的迁移行为在很大程度上受丈夫的影响。(4)与前述特征相对应的是,男性因工作调动而流动的机率在20岁以上的各个年龄层都大大高于女性,特别是在30岁以后,男性的迁移率是女性的5倍以上。

第二,各个迁移原因对总和迁移率的贡献程度大小不一。如表2.1所示,全体人口的总和迁移率为6.63。但从性别来看,女性的总和迁移率为7.08,比男性略高。对总和迁移率贡献最大的是务工经商,占全体的3成左右。其次是拆迁搬家、随迁家属、学习培训、婚姻迁入,分别为14.5%、12.8%、11.7%、12.0%,因分配录用而流动的仅有3.1%。

第三,在各种迁移原因中,有的迁移率曲线与年龄紧密相关,有的则没有。务工经商、婚姻迁入、学习培训的迁移人口集中在非常狭窄的年龄层,而随迁、家属、拆迁、搬家、投靠亲友的迁移人口则在所有的年龄层都有一定比率,三者的合计相当稳定。我们可以把这部分迁移人口看作罗杰斯理论模型中的常数成分。

总的来说,中国的年龄—迁移率曲线与罗杰斯的理论模型基本上是一致的,因为除了后劳力成分以外,前劳力成分、劳力成分以及常数成分明显存在,并且各个部分的迁移率曲线也呈现了与理论模型比较接近的变化趋势。但是,由于户口制度对全家迁居的限制,劳动力成了迁移人口的主要组成部分,其结果是前劳力成分的迁移率水平偏低,劳力成分曲线的上扬斜率偏大。从迁移人口的构成来看,前劳力成分主要由随迁家属构成,劳力成分主要由务工经商、学习培训、婚姻迁入、工作调动、分配录用构成,常数成分主要由拆迁搬家、投靠亲友构成。同时,在务工经商、婚姻迁入、随迁家属和工作调动的迁移人口中,存有非常明显的性差。

三、年龄—迁移率理论模型的推导

下面,我们利用第五次人口普查数据,推导年龄—移率理论模型及有关参数。如前文所述,该模型表示迁移率与年龄的理论上的对应关系,即如果知道有关的参数值,我们便可以推测任何年龄下的迁移率,也可以知道实际值与理论值的差别所在、差别大小。

考虑到年龄—迁移率曲线中没有明显的后劳力成分,以及0—4岁的迁移率呈上升趋势,在做计量分析时,我们采用以下的简化模型,同时,把分析对象限定在4—65岁人口。[①]

$$M(x) = a_0 + a_1 \exp(-b_1 x) + a_2 \exp\{-b_2(x - c_2) - \exp[-d_2(x - c_2)]\}$$

表 2.2 所示的数字为理论模型的有关参数值,图 2.5 是理论模型与普查结果的比较。[②] 根据该表的参数值,我们可以得到一些很有意义的发现。首先是常数成分的参数,它的推算结果是 4.33。这表明,在所有的年龄层,不管原因如何,总有 4.33% 的人口在地区之间发生了迁移。其次是反映前劳力成分和后劳力成分迁移水平的有关参数,两者分别为 10.42、47.38。据此我们可以推测,在 90 年代后期,我国的地区间人口流动是劳力主导型的,因为两者的比值 a_1/a_2 仅有 0.22,大大低于其他国家的水平(Rogers,1984)。再次是反映劳力成分曲线的对称指标,即 d_2/b_2,理论模型的结果是 3.62,这说明迁移率曲线的上扬斜率远大于下滑的斜率。这个结果与前面的记述分析一致。最后是年幼子女跟随父母迁居的程度指标,即 b_1/b_2,理论模型的结果是 2.79,这个数值显然大于通常情况下的 1。就是说,在 90 年代后期的中国,年幼子

---

① 上限定在 65 岁是因为可使用的统计数据的限制。

② 我们利用 SPSS 中非线性回归的模拟方法,推算得到了各参数值。

女跟随父母一起迁居的行为受到了较多的制约。

表 2.2　年龄—迁移率理论模型的参数及相关指标（全国、1995—2000 年）

	全体	男性	女性
a_0:常数成分	4.33	4.03	4.56
a_1:前劳力成分的水准参数	10.42	6.84	15.43
b_1:前劳力成分下滑曲线的斜率	0.32	0.22	0.43
a_2:劳力成分的水准参数	47.38	30.03	70.05
b_2:劳力成分下滑曲线的斜率	0.12	0.08	0.18
c_2:劳力成分人口的平均年龄	17.19	16.26	19.74
d_2:劳力成分上扬曲线的斜率	0.42	0.69	0.25
a_1/a_0:前劳力成分与常数比	2.41	1.70	3.39
a_1/a_2:前劳力与劳力之比	0.22	0.23	0.22
b_1/b_2:子女随父母流动的程度	2.79	2.63	2.39
d_2/b_2:劳力成分曲线的对称性	3.62	8.31	1.42
x_1:最小迁移率时的年龄	13	13	11
x_h:最大迁移率时的年龄	20	19	21
X:最小与最大的年龄差	7	6	10
B:最小与最大的迁移率差	24.8	20.3	20.3
GMR:总和迁移率	6.63	6.19	7.08

　　前劳力成分与劳力成分的转换点在 13 岁,迁移率的峰值在 20 岁,间隔 7 岁(理论模型的结果与前述的普查数字略有不同)。与其他国家的理论模型相比,我国迁移人口的平均年龄要年轻两三岁,从谷值到峰值的间隔也要短 1 至 4 年。这与迁移人口大多为劳动力人口有关。[①]　总和迁移率的理论值与实际值一致,为 6.63。因为他是按过去 5 年中发生地区间迁移人口为标准计算

――――――――――――

　　① 据 Rogers(1984)的计算,瑞典在 1974 年的谷值和峰值分别为 15.32 岁、23.71 岁,两者的间隔为 8.39 岁;日本的数值分别为 12.18 岁、23.74 岁、11.56 岁。

的结果,所以按单年计算的总和迁移率为 1. 13。如此看来,我国的人口流动水平还是比较低的。[1]

利用理论模型的有关参数(表 2. 2),我们可以把年龄—迁移率曲线分解成以下三个部分,即常数成分 4. 3264、前劳力成分 $10.4170 \times \exp(-0.3249x)$ 和劳力成分 $47.3766 \times \exp\{-0.1162(x-17.1817) - \exp[-0.4203 \times (x-17.1871)]\}$,这三部分的合计便是年龄—迁移率理论模型的函数方程式。从图 2. 5 示的曲线可以看出,在 20 岁至 35 岁之间,理论值与实际值之间存有一定的误差,除此以外,两者的数值非常接近。可以说,本章推导的理论模型比较好地反映了迁移率随年龄变化的一般规律。

按性别推算的理论模型也表现了非常好的结果,尤其是男性的理论模型极为逼真。从图中可以看出,女性的总和迁移率大于男性,这表明女性发生地区间迁移的预期概率比男性的高,其主要原因之一可能与女性的婚姻迁入有关。男女的迁移都以劳动主导型为特征,但女性的劳力成分曲线比较对称,即女性的迁移率在峰值以后以同样的斜率迅速下降,而男性的则慢得多。这意味着,男性劳力在比较大的范围内以较高的概率进入劳动市场,而女性在达到一定年龄以后,因为结婚、生儿育女、照顾老人等客观需要的增加,她们一般不能和男性一样,轻易地离乡背井、进入劳动市场,或者已经进入的女性也会以较大的概率退出劳动市场。

由此可见,上述理论模型比较准确地反映了迁移率与年龄的函数关系,前一节描述的有关迁移模型的基本特征在本节中得到了统计上的检定。比如,人口流动具有鲜明的劳力主导型特征,劳力成分的迁移率曲线呈非对称形(女性的除外)等。这些特征与其他国家的没有很大的区别。但是,中国也有自己的独特性,如年幼子女跟随父母迁居的机率较低,前劳力成分对总和迁移

---

[1] 根据 Rogers(1984)第 8 页中表 1 所示的结果,在 1974 年的瑞典斯德哥尔摩、1970 年的英国伦敦、1969 年的日本东京,总和迁移率分别为 1. 45、1. 04、2. 60。另据石川(2002)按过去 5 年中常住地发生变化的期间迁移人口计算的结果,日本在 1965—1970 年、1975—1980 年、1985—1990 年的总和迁移率分别为 3. 284、3. 098、3. 098;同期瑞典的总和迁移率分别为 6. 825、5. 958、5. 949;加拿大在 1966—1971 年、1976—1981 年和 1986—1991 年的数值分别为 3. 482、3. 622 和 2. 868。当然,由于各个国家的大小截然不同,迁移人口的内涵存有微妙的差别,所以上列总和迁移率之间不可以直接比较。

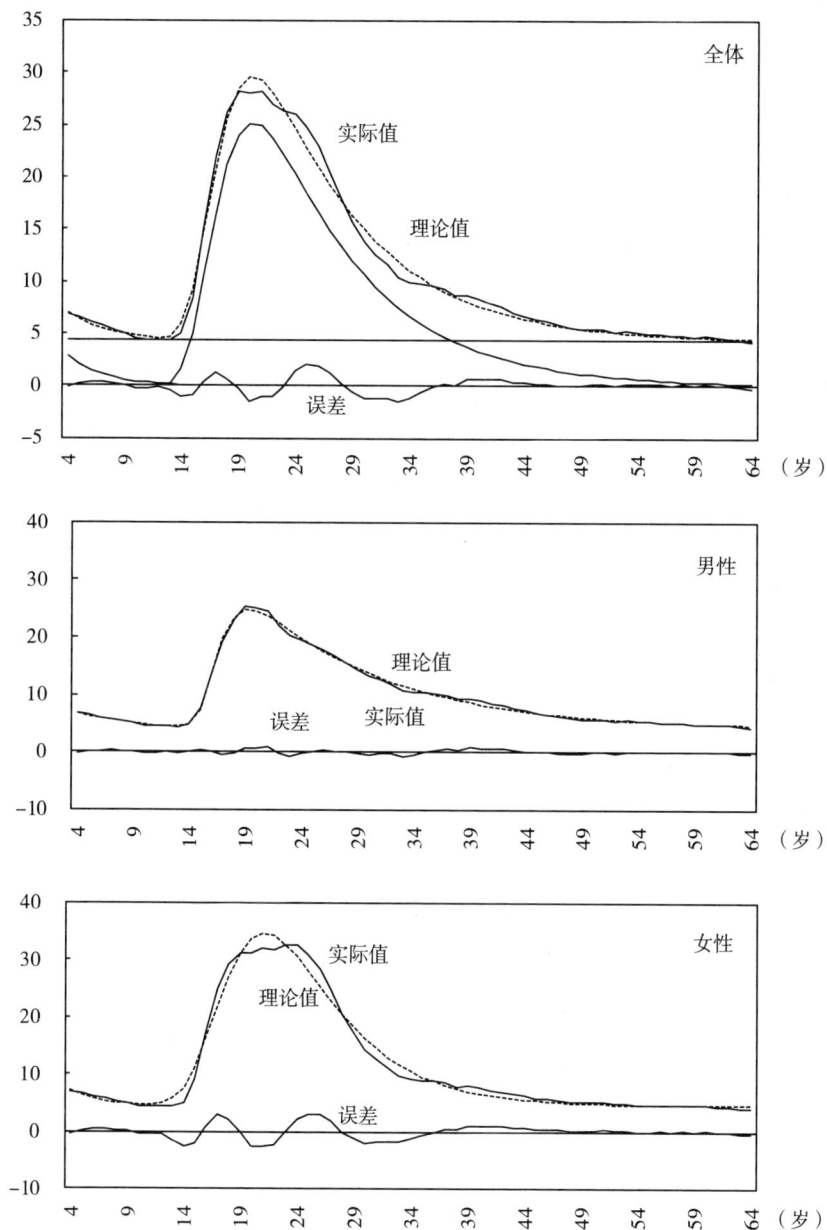

图 2.5　年龄—移动率的理论模型（全国、1995—2000 年）

率的贡献程度较小等①。

四、教育程度、职业性质与迁移率

在前面两节中,我们对全部迁移人口以及按性别和迁移原因分组的迁移人口的迁移模型进行了记述性的描述和统计分析,初步揭示了20世纪90年代后期我国地区间人口流动的基本规律,同时还指出了我国的人口迁移模型与其他国家(或理论模型)的异同点。在本节中,我们将分析教育程度、职业性质与迁移率的关系。因为在其他条件基本相同的情况下,受教育越多,则意味着人力资本也相对较多。按照人力资本的有关理论,具有这些属性的群体有较高的迁移率。但遗憾的是,在公开的迁移人口统计中,没有教育程度与年龄、职业与年龄的汇总数据。故此,在这里我们只能利用有限的数据,对教育、职业与迁移率的关系做简要的分析。

表2.3是根据人口普查的长表汇总数据加工得到的,其中,迁移率为迁移人口与总人口之比,性比为男性人口与女性人口的比例,集中度为迁移人口的职业、学历构成与全部人口的职业、学历构成之比②。从该表所示的结果,我们可以得到几个很有意义的发现。

表 2.3 按职业、学历计算的迁移率、性比和集中度 (单位:%;倍)

职业	全体迁移率	男性迁移率	女性迁移率	移动人口性比	集中度
单位负责人	21.5	20.7	25.3	406.2	1.9
专业技术人员	23.3	21.6	25.0	80.5	2.1
办事人员及有关人员	26.2	25.0	28.9	198.8	2.3
商业、服务业人员	27.5	26.2	28.8	91.2	2.4
农林牧渔生产人员	2.8	1.4	4.2	36.3	0.2
生产工人等人员	28.3	25.1	34.6	144.6	2.5
其他劳动者	20.4	19.9	21.3	164.4	1.8
合计	11.3	10.5	12.3	103.6	1.0

---

① 根据石川(2002)的分析,日本的 a_1/a_0 在1965—1970年、1975—1980年和1985—1990年分别为3.54、5.57和8.77,大大高于中国的2.41。

② 根据人口普查的定义,学历和职业的统计对象分别为5岁和14岁以上的人口,所以,表2.3的数据与前两节的分析对象有所不同。

续表

学历	全体迁移率	省内迁移率	省际迁移率	省际移动比例	集中度（倍）
未上过学	4.3	3.3	1.1	24.8	0.4
扫盲班	2.9	2.4	0.5	18.1	0.3
小学	5.5	3.9	1.7	30.4	0.5
中学	11.4	7.4	4.1	35.6	1.0
高中	18.2	14.9	3.3	18.0	1.7
中专	33.9	29.8	4.0	11.9	3.1
大学专科	35.1	30.9	4.2	11.9	3.2
大学本科	51.2	38.5	12.7	24.8	4.7
研究生	53.5	34.3	19.2	35.8	4.9
合计	10.9	8.0	2.9	26.7	1.0

　　首先来看一下教育程度与迁移率的关系。调查结果显示,小学程度、扫盲班和未上过学的人口当中,在过去 5 年中发生地区间迁移的仅有 5.5%、2.9% 和 4.3%,大大低于全体人口的 10.9%;与之相反的是,随教育程度的提高,迁移人口占总人口的比率迅速上升,高中、中专、大学专科、大学本科和研究生的迁移率分别达 18.2%、33.9%、35.1%、51.2% 和 53.5%,比全体人口高出几倍。教育程度与迁移率的正相关关系从集中率的变化也可以得到进一步的证实:全体人口的迁移率为 1,未上过学的只有 0.4,而研究生高达 4.9,相差十几倍。低学年儿童的迁移率偏低与前述的随迁现象不普遍有关,而学历越高迁移率也越高的现象则表明,在我国的劳动力市场中,具有较多人力资本的群体可以比较容易地在地区间流动,以寻找理想的工作,实现自身的价值。

　　其次是学历与迁移范围的关系。从表 2.3 中的数据可以看出,在全部迁移人口中,只有大约 1/4 的人在省际之间发生了迁移,绝大多数的迁移人口只是在省内的县市之间或更小范围的乡镇之间进行了转移。但在不同教育程度的人群中,跨省迁移的比率呈现了较大的差异。具有中小学文化或研究生程度的迁移人口中,有 3 成以上是在省际之间流动的,而高中、中专和大专文化的迁移人口则主要在省内迁移,大学程度的迁移人口也只表现了与全体人口相当的水平。就是说,教育程度与流动范围之间不存在完全的单方向关系,学历越高并不意味流动的范围就越广;反之,学历低的人也可以在广范围求职流动。这里可能有两个原因:一个是平均教育年数本来就较少的内地劳力,由于本地经济的发展水平较低,他们若要务工经商,就只能背井离乡,奔向远方的沿海地区(严,2004a);二是由于人口输入地还存有各种各样的制度性差异,劳动力市场层化现象比较严重,从内地到沿海打工未必就是一种理想的选择。所以,接受过较好教育的人群,他们往往更倾向在家乡就地择业(Zhao,1997)。

最后是职业与迁移率的关系,即在普查对象的 5 年中,各个职业中有多大比率的人口在不同地区之间发生过迁移。表 2.3 中列举了从事不同职业人口的迁移率、按性别计算的迁移率、性比和集中度。我们可以发现,除了农业从业人员的迁移率很低(2.8%)之外,其他各业的迁移率水平大都在 25% 左右,按性别计算的结果也大致相同。但是,从迁移人口的性比来看,不同职业之间有着非常大的性差。在单位负责人的迁移者中,男性是女性的 4 倍;办事人员及有关人员的迁移者中,男性为女性的 2 倍;生产工人等有关人员的迁移者中,男性也比女性高 5 成左右。与之相反,在专业技术人员、商业服务人员,特别是农业生产人员的迁移者中,女性比男性多。例如,在从事农业的迁移人口中,女性与男性之比为 100∶36[①]。

五、结　论

本章依据计量人口学的有关理论,对 20 世纪 90 年代后期我国的人口迁移率与年龄、学历和职业的关系做了详实的描述,指出了有关的迁移特征、与理论模型的异同点及其形成原因,并通过模拟迁移函数得到有关参数,从统计上进一步证实了记述分析得到的有关印象。主要的结论概述如下。

第一,按年龄求得的迁移率曲线呈现了与理论模型比较接近的变化倾向,即总迁移率可以分解成前劳力成分、劳力成分和常数成分三个部分,并且除很少一部分年龄层(0—3 岁)以外,各个成分的迁移率曲线的变化趋势也基本符

---

① 　农业从业人员中,迁移人口所占比率仅有 2.8%,与全体水平相比并不大,但绝对数多达 220 万人。在上海、广东、山东、浙江、江苏等沿海地区,当地的劳动力主要在乡镇企业等非农部门工作,从安徽、四川等内里来的民工分担了相当一部分的农业作业。

合理论模型的形状。

第二,男性和女性的年龄—迁移率模型存有较大的差异。女性的总迁移率、总和迁移率均比男性的要高出一些,其中的劳力成分曲线也比男性的对称;女性在地区之间流动的发生年龄比男性的早,但持续发生的年龄段却比男性的短得多。这是因为,来自内地的农村女性,他们接受教育的年数比男性的少,从而比较早地进入劳动力市场。由于农村女性比男性更多地承担着教育子女、照顾老人等家务,所以过了一定年龄以后,女性在地区间流动的机率便急速下降,同时,还有相当一部分迁移者较早地退出劳动力市场。

第三,通过对不同原因的迁移人口进行分析发现,年龄—迁移率模型中的前劳力成分主要由随迁家属构成,劳力成分主要由务工经商、学习培训、婚姻迁入、工作调动和分配录用构成,常数成分主要由拆迁搬家、投靠亲友构成。同时,我们还发现,男性与女性的迁移模型因迁移的原因不同而显现了较大的差异,男取女嫁、妇随夫行的传统文化在人口流动过程中仍然有较明显的痕迹。

第四,从理论模型的参数值和有关的指标可以发现,90年代后期我国的人口流动与很多国家一样,有着非常明显的劳力主导型特征,但是,由于户口制度对自由迁居的制约,年幼子女与父母的随迁现象不十分明显,前劳力成分对迁移率的贡献比其他国家的小得多。不过,年幼子女随母亲迁移的倾向略大于随父亲的倾向。

第五,教育程度与迁移率的正相关关系显著,学历越高,在地区间迁移的概率也越大。但学历与流动范围之间呈现了非单方向的变化关系,学历高的人并不一定就在更广的范围流动,同样地,低学历者也不一定只在本地区求职。有关职业与迁移率的关系存有以下一些事实,即除农业从业人员以外,其他各行业的迁移率都比较接近。这意味着,在农业以外的各行各业,劳动力的地区间流动相当活泼,劳动力市场对人力资源的调节机制已基本形成。

众所周知,人口迁移是伴随社会经济发展而产生的一种社会现象,一个国家的发展阶段、自然条件以及各种制度因素对迁移人口的规模、迁移方向等均有较大的影响。本章的分析结果显示,90年代后期,我国的人口年龄与迁移率之间存有与其他国家基本相同的变化规律。由此我们说,经过20多年的改革开放,我国的社会结构基本上实现了从流动性较低的封闭型向流动性较高的开放型的转变,同时,由于这个转变的结果与市场经济国家的状况基本一致,所以我们可以进一步指出,随着社会经济的不断发展,中国将加快实现市场经济社会中普遍存在的迁居自由、择业自由。这就是本章结论的政策含义。

当然,由于资料的限制,本章的结论还有待进一步深化。但通过本章的分析,我们可以清楚地知道罗杰斯人口迁移模型对中国的有效性。为了丰富人口迁移模型的内涵,并依据理论模型的结果制定有关迁移政策,我们有必要掌握更多的迁移数字,如县内乡村之间和省内县市之间按年龄的迁移人口统计、各省市区按年龄的迁出人口统计、地区之间的同类统计(从日本、美国等国家的人口普查资料中可以得到类似的汇总数字)。遗憾的是,我们目前还没有这个条件。

第3章 改革开放三十年上海市的外来人口和农民工动态研究

——基于问卷调查数据的实证分析

一、引　言

上海是中国最大的经济都市,也是改革开放的前沿阵地。改革开放30年来,上海的地区生产总值(RDP)扩大了50倍。上海经济高度增长的源泉何在?丰润的外资注入不可否认,大批廉价劳动力的无限供给也同样重要。本章的分析对象就是那些被称为农民工的外劳,以及他们的家人。规模庞大、但实为社会弱势群体的外来人口,他们是怎样在现代大都市里发展壮大的?由于他们的参入,城市的人口结构发生了怎样的变化?这个特殊群体的基本属性、生活空间、就业、工资待遇等有哪些特征?随着时间的推移,这些特征又是怎样变化的?搞清这些问题,可以加深我们对农民工问题的理解,也可以为我们考虑农民工问题的对策提供必要的基础材料。

所谓外来人口,是指那些在非户口登记地暂住的人群,包括以就业等为目的的成人和随迁的被抚养家属。在确定外来人口数量时,还有个暂住时间的长短问题。人口普查一般把离开户口登记地半年以上定义为暂住人口,即流动人口,但在具体的研究中,根据需要,未满半年的流动人口往往也被纳入分析对象。

早在20世纪80年代初,上海就已经存有大批的外来人口,其中包含相当部分以就业为目的的、后来被称为农民工的群体。在人口流动还被严格限制的80年代,出于对流动人口管理上的需要,1983年上海市有关部门首次组织了全市流动人口调查。此后,市统计局、公安局、社科院等部门密切配合,不定期地进行了七次全市调查,积累了大批一手资料,出版了多部调研报告(张开敏,1989;王午鼎,1995;张声华,1998)。有关学者针对外来人口的就业、工资等问题,进行了专项调查,公开发行了研究成果(严善平,2005;莫建备,2007;钱文荣、黄祖辉,2007;周海旺,2009)。2003 年,笔者曾与上海社科院人口所合作,对上海的户籍居民和外来人口进行了较大规模的问卷调查(分别为1500 人),就大城市劳动市场的基本结构和机能做了较为详细的实证分析(高慧、周海旺,2007;严善平 2006、2007)。2009 年,我们采用同样的问卷和调查方法,再次对上海的户籍居民、外来人口进行了问卷调查。

通过已有研究成果,我们可以了解不同时期上海外来人口及农民工的很多断面情况,但随着时间的推移,这个特殊人群的变化过程却不十分明显。本章的主要目的,就是想利用各种可利用的调查数据,动态描述上海市外来人口及农民工的总体形象,特别是他们的变化过程。全文的构成如下:第 1 节概况描述改革开放 30 年来上海市人口变动及其主要特征;第 2 节利用既有调查的汇总材料,对微观数据进行整理,重点分析外来人口、农民工的基本属性和生活情况,包括他们的年龄、教育、在上海的居住时间、居住空间等;第 3 节重点分析外来就业人员的工作情况、工资水平等。

二、改革开放时代的人口变动

众所周知,在长达 30 多年的计划经济时代,人们几乎没有迁居的自由。1953 年开始对粮食实行统购统销,1956 年工商业的社会主义改造完成以后,国家对城市居民实行统一的用工制度,1958 年实施户口登记条例,同年还在农村建立了人民公社体制。就是说,在那个时代,如果没有国家计划安排,个人是无法擅自离开所属单位,在他乡谋生发展的。

改革开放以后,体制外的空间变大,自己可以搞个体经济,吃饭也用不着粮票。为了得到更多的收入,部分人远离家乡,去城市、去发达地区,开始了打工生活。随着沿海经济的发展,外资源源不断流入境内,就业机会迅速增加。早先打工的人们获得了发展,由此引发了民工潮,引发了一批又一批的农村青年外出打工。这就是农村向城市人口转移的历史背景。

上海市的人口变动怎样呢? 表 3.1、表 3.2 根据有关统计数据整理而成,它反映了改革开放 30 年来上海市人口总量及其内涵的变化,其实也可以说,

它是改革开放时代我国大城市人口变动的一个缩影。上海的户籍人口在
1983 年至 2008 年的 25 年中,增长了 177 万人,增长率为 14.8%,大大低于同
期全国的 28.9%。但如果把居住半年以上的非户籍流动人口包括进去,同期
的人口增长率高达 58%。实际上,目前在上海的常住人口中,流动人口有 500
多万。每 100 个常住人口中,就有 27 人没有上海户口;或者说,与 100 个户籍
人口相对应的流动人口是 37 人。要是把未满 6 个月的也算进去,流动人口总
量要增至 640 万人。显然,流动人口已不再是一个可以忽略的社会存在。

表 3.1　上海市的户籍人口与外来流动人口　　（单位:万人;%）

年份	户籍人口	流动人口	来自其他地区的流动人口		农业户籍所占比率	从事经济活动的比率
			总数	占户籍人口比		
1983	1194.0	50				
1984	1204.8	70				6.6
1985	1216.7	134			25.1	
1986	1232.3	165			45.4	23.0
1988	1262.4	141	106	8.4	47.6	61.4
1993	1294.7	281	251	19.4	67.3	75.6
1997	1305.5	276	237	18.2	52.1	74.5
2000	1321.6	387	387	29.3	85.3	73.4
2003	1341.8	499	499	37.2	80.0	72.1
2005	1360.3	581	581	42.7		

注:流动人口指在本市内的区县之间,以及在上海市和其他省区市之间发生流动而没有迁移户口的人
　员。2000 年及以后的数字不包括本市内的流动人口。
资料来源:1983—1993 年的数字来自王午鼎(1995),1997 年来自张声华(1998),2000 年、2003 年、2005
年来自周海旺(2009)等。

　　上海市外来流动人口早在 20 世纪 80 年代初期就开始大规模出现,并一
直保持了较快的增长速度。据 1988 年的抽样调查推算,全市的流动人口达
141 万人,其中来自外地的 106 万人,占 75%(另外 25% 是上海郊区的农民)。
不过,此时的流动人口中,农业人口比重不是很高,大约占全体的一半(另一
半为外地的城市居民),从事经济活动的人口比重也只有 60% 左右(另外 40%
主要有考察、学习、培训、开会、探亲、治病、旅游等文化型或社会型流动人
员)。但在随后的 10 年中,流动人口总量倍增,来自外地的比重持续上升,达

86%,从事经济活动人口的比重也上升至75%左右。

2000年以后,流动人口调查排除了上海户籍居民的本地流动,统计局公布的相关统计也只有非户籍的流动人口。由此可见,近10年来,所谓的流动人口主要指那些没有上海户口的外地人,本地居民已不再是什么大的问题。据2000年人口普查统计,同年的上海外来人口中持农业户口的占80%。该比率近年来略有下降,差不多在75%左右。就是说,外来流动人口问题,归根结底还是农民问题,是那些持有农业户口的打工者由于不能迁移户口而遭遇种种不公正待遇的问题。把这类人群单列出来,统计他们的数量,调查他们的工作、生活情况才有意义。

表3.2 上海市常住人口、流动人口的构成变化　　(单位:万人;%)

	2000年	2003年	2005年	2006年	2007年	2008年
1. 年末常住人口	1608.0	1711.0	1778.4	1815.1	1858.1	1888.5
(1)户籍人口	1309.0	1327.9	1340.0	1347.8	1358.9	1371.0
(2)流动人口(半年以上)	305.7	383.1	438.4	467.3	499.2	517.4
占常住人口比率	19.0	22.4	24.7	25.7	26.9	27.4
占户籍人口比率	23.4	28.8	32.7	34.7	36.7	37.7
2. 流动人口总数	387.1	498.8	581.3	627.0	660.3	642.3
(1)常住流动人口比率	79.0	76.8	75.4	74.5	75.6	80.6
(2)未满半年的居住者数	81.4	115.7	142.4	159.8	161.1	124.9

注:长期外出的户籍人口除外。半年以上指在上海的居住时间,与国家统计局的定义(离开户口登记地的时间)不一样。
资料来源:上海统计年鉴(电子版)。

总之,改革开放以来,上海市的户籍人口增长缓慢,而实际的居住人口迅猛增加。在同一个天空下,居住着两个性质不同的群体,一个是有户口的居民(主),一个是没有户口的居民(客)。在上海工作、生活,却没有上海户口,这意味着外来人口在就业、工资、社保等方面会遇到种种制度性的障碍,也意味着上海的劳动力市场、人们的居住空间存有人为的分割。实际上,农民工的重劳动、低工资、缺社保等问题由来已久。近年来,民工子弟的义务教育、劳动者的权利保障等方面有所改善,但诸多的农民工问题还是没有得到根本的解决。

三、上海市外来人口的动态考察

1. 外来流动人口的年龄特征

在日常生活中,总有那么一部分人在不停地流动着,原因有就学、就业、工作调动、婚姻、家属随迁等。流动的主体往往因流动的目的不同而有所区别,以就学、就业为主要目的的流动多发生在年轻阶层,从农村到城市、从落后地区到发达地区乃人口流动的大方向。相反,退休人员往往更加向往清静的环境,远离大都市,去宁静的郊区、乡村小城镇(严善平,2004)。每个人在地区间流动的概率是不均等的,通常,学历较高、男性、年轻、未婚等条件对人们的择业流动有较强的促进效果。

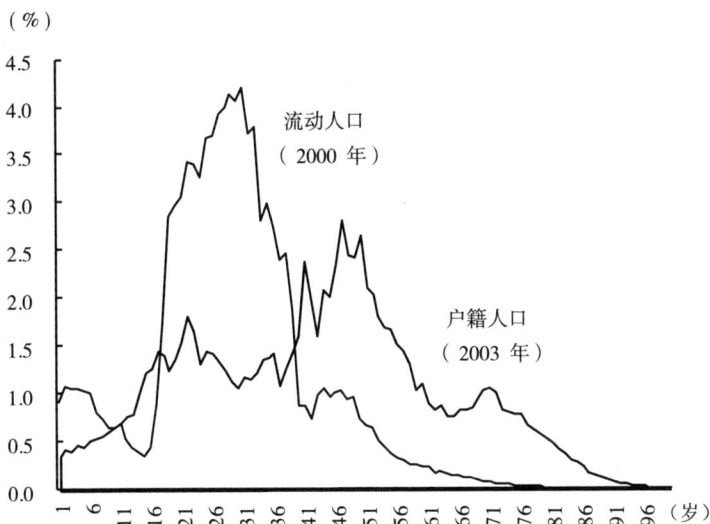

图 3.1　户籍人口与流动人口的年龄百分比构成(上海市)

资料来源:2000 年上海市流动人口普查等。

总体来看,上海市的外来人口具有鲜明的年龄特征。图 3.1 反映了 2003 年上海市户籍居民和 2000 年外来人口的年龄结构。可以很显然地看出,户籍人口与外来人口是两个属性不同的群体。在 1300 万户籍人口中,年轻力壮的 15—39 岁人口相对较少(33.5%),41—55 岁的比重较高。2003 年中国人口的年龄结构:14 岁及以下人口占 24.1%,65 岁及以上占 7.1%,而同年的上海市户籍人口分别为 9.3%、14.9%。发达国家的少子化、老龄化现象在上海的户籍人口中已经十分明显。

相比之下,流动人口刚好弥补了户籍人口的不足。流动人口多集中在15—39 岁年龄段,未满 15 岁的儿童、40 岁及以上的人口较少。根据 2000 年人口普查,在上海市的 387 万流动人口中,儿童占 11.4%,15—39 岁占73.3%,40 岁及以上占 15.3%。

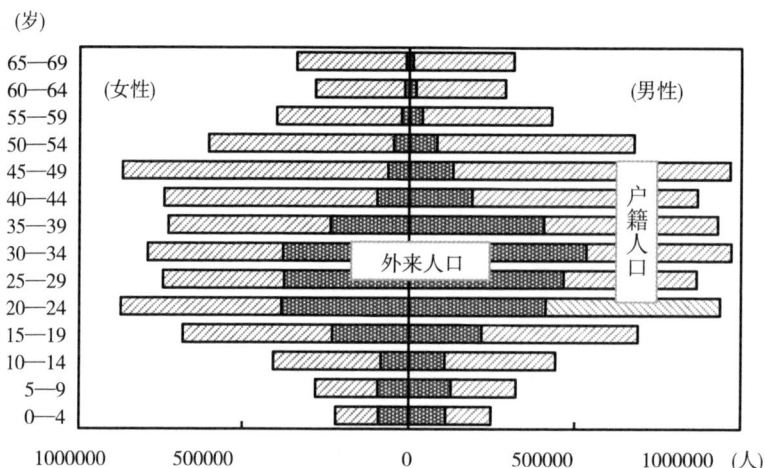

图 3.2 上海市人口年龄塔图(户籍人口+外来人口、2003 年)

注:笔者根据上海市统计年鉴(电子版)等数据制作。

图 3.2 是包含了流动人口在内的总人口年龄塔图,从图 3.2 中,我们可以看出人口年龄结构的另外一番景象。20—49 岁年龄段的人口数量庞大,而年少、年长的人口数量绝对偏少。从社会整体来看,小孩的抚养、教育费用相对较少,同时,老人的护理费、医疗费和养老金所占比重也不是很大。其结果是,全社会的收入大大超过消费,大量的剩余资金通过银行、证券市场形成资本积累,进而转化为生产力,为经济发展做贡献。这就是通常人们所说的人口红利与经济发展的关系。

我们强调的不单单是外来就业人口在人口塔图中的核心作用,更为重要的是,这部分人口是一个活性较高的群体,它与外地人口之间存有较高水平的双向流动,并通过这个流动过程,使整个群体的年龄结构保持相对稳定。就是说,大批内地农村的初高中毕业生源源不断地涌入上海,寻找自己的青春梦。

但随着年龄增长,他们终于会体验到一个无法改变的现实,那就是,无论自己多么努力,绝大多数人也只能生活在与现代都市文明不太相干的边缘,在劳动力市场的最底层挣钱糊口。于是,许多农民工到了三四十岁便纷纷被迫退出打工市场,无奈地回归故乡。如果我们把上海市的人口年龄塔图看作一棵巨松,就可以较为形象地理解上海经济的奇迹与外来就业者的内在关系:上海籍劳动力人口的供给虽然有限,但外地年轻人源源不断的流入为上海经济这棵巨松提供了充分的营养,使它保持了旺盛的活力,并茁壮成长。这一点在后面的分析中可以得到数据的支持。

2. 流动人口的年龄变化

为了进一步考察上海流动人口以及外劳的年龄结构变化,我们搜集了既有的研究成果和部分调查的原始数据,并结合自行设计的同类调查,得到了一些有趣的信息。图 3.3 是利用相关数据得到的结果①,它们分别反映了流动人口总体和外来就业人口的年龄结构、外来就业人口的平均年龄和初到上海时的年龄分布等情况。具体地说,流动人口的年龄变化具有以下一些特征。

第一,流动人口高度集中于 15—34 岁,此前和之后所占的比率很有限。这一点与前面所述的 2000 年普查结果完全相同。外出是为了打工,户口的迁移依然要受到严格限制,所以,小孩和老人的家属随迁比率甚小很合乎道理。同时我们也可以看到,占流动人口比率最大的年龄层在不断地向上滑移。在1988 年至 2003 年的 15 年中,比率最高的年龄层从 20—24 岁滑移到了 30—34 岁,其峰值也从 22% 下降至 18%。此间,上海的外来流动人口总数从 100万增至 500 万(表 3.1)。由此我们可以推测,农民工是构成流动人口主体,他们在上海可以干到三四十岁,但再往上就越来越困难,一部分人不得不离开上海,回归故乡。

从图 3.3b、图 3.3c 所表示的外来就业人口的年龄分布及平均年龄的变

---

① 图 3.3a 的数据来自上海市公安局、统计局等部门组织的流动人口调查(2000 年为普查),调查对象包括在上海居住未满半年的全体流动人口;图 3.3b 至图 3.3d 中的数字分别来自上海社科院人口所等单位的外来就业人口调查(1995 年、1999 年、2006 年),还有笔者与社科院人口所合作的单独调查(2003 年、2009 年的社区样本),调查对象为 15 岁或 16 岁以上的就业人员。1997 年的外来就业人员与图 3.3a 的资料同源。

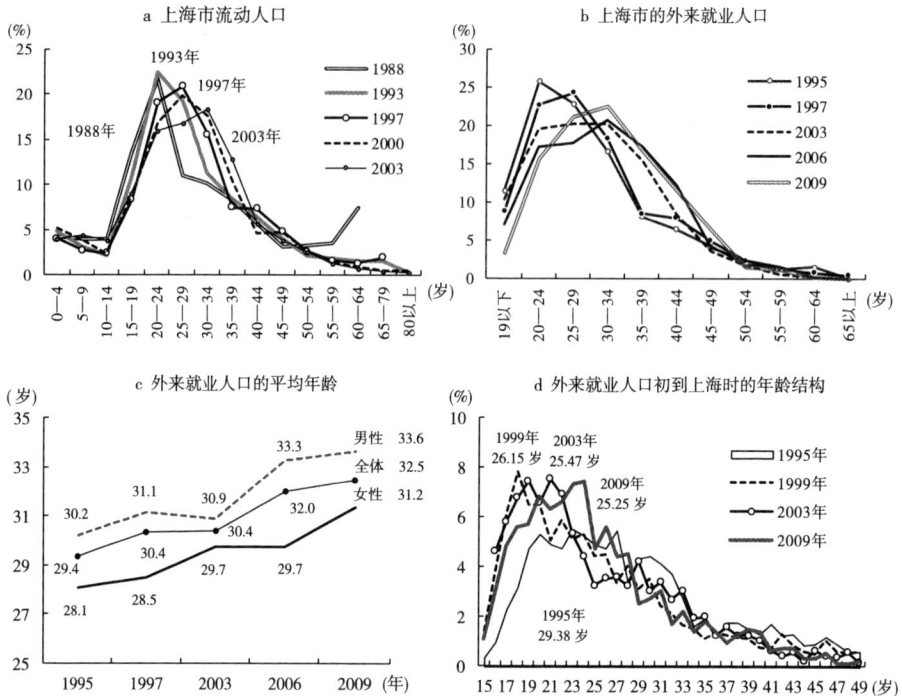

图 3.3　上海流动人口及外劳的年龄结构变化

资料来源：笔者根据王午鼎（1995）、张声华（1998）、周海旺（2009）、上海统计年鉴（电子版）以及各种问卷调查的汇总数据制作。

化中，我们可以进一步证实上述论断。随着时间的变化，外来就业人口相对集中的年龄层从 20—24 岁逐渐滑移至 30—34 岁，平均年龄从 1995 年的 29.4 岁上升为 2009 年的 32.5 岁。总体来看，男性较女性平均大 2 至 3 岁，并且这个年龄差距相对稳定。时隔 14 年，而外来就业人口的平均年龄却只增加了 3 岁。这是为什么？可能有以下一些背景。在 1995 年至 2009 年间，大批农村青年不断流入城市，导致了农民工群体的迅速扩大。其结果是，人口的年龄结构并不随时间推移而同步向上滑移，平均年龄的增速也大大地延缓。

　　如前所述，在上海暂住的外来流动人口很少有机会获得上海户籍，转为可以定居的上海居民。但这并不等于说，流动人口频繁地在上海和外地之间出入，始终处于一种流动的状态。绝大多数外劳很可能在上海干到三四十岁才返乡，有的甚至更晚。尤其是 2003 年以来，各种惠农政策出台，与农民工的择业、工资、福利、迁居等相关的政策也相继付诸实施,在城市长期暂住的倾向越发明显。

图 3.3d 所示的初到上海时的年龄变化也富有道理。外来就业人口初次到上海时的年龄分别是:1995 年为 29.38 岁,1999 年为 26.15 岁,2003 年为 25.47 岁,2009 年为 25.25 岁,呈现了递减倾向。这可能意味着,初次到上海打工的外地人随着时间的推移而逐步年轻化。在 90 年代的广大农村,各个年龄层都拥有大量的剩余劳动力,多样化的打工者也应运而生。到后来,年长者该走的早走了,还能外出打工的只能是那些刚从初高中毕业的年轻人。进入 21 世纪以来,中国的大学等高等教育突飞猛进,升学率从 2000 年的 9.6%急速上升到 2008 年的 23.2%。劳动市场的参入者中,初高中毕业的比率下降,接受了高等教育之后再就业的比率上升。这可能是导致 2009 年调查中 23—24 岁人口比率较高的主要原因。

3. 外来就业人口的教育

我们可以从图 3.4 进一步确认外来就业人口的教育水平是如何逐渐提高的。图 3.4 中教育水平与教育年数的换算方法如下:未曾上过学为 0 年、小学 6 年、中学 9 年、高中或中专 12 年、大专 15 年、大学及以上 16 年。2009 年的 a、b、c 分别是农业户口样本 926 人、社区样本 1009 人、全体样本(社区和企业样本)1536 人的汇总结果,目的是为了尽可能保持数字纵向可比性。

在 1995 年至 2009 年的 14 年中,以农民工为主体的外来就业人口整体素质有较大的提高,农业户口的平均达 9.8 年,即初中以上。如果包括非农业户口在内,平均教育年数为 10.5 年,比 1995 年多 2.3 年。如果把企业样本也放进来,平均教育年数更长,长达 11.4 年。① 同时,个人之间的教育差距呈现了缩小趋势。从图 3.4b 可以看出,外来就业人口的教育水平在不同年龄层都有一定的提高,在 30 岁以下阶层,上升的幅度尤为显著。这当然得益于教育事业的大发展,特别是 90 年代末开始的高等教育的突飞猛进。

这是一个值得称赞的进步。因为教育水平的提高意味人力资本的积累增加,不断增加的人力资本与高储蓄率下的高投资率相结合,必然会产生大量的

---

① 对企业样本 428 人的汇总结果是:平均教育为 14.0 年,其中农业户口者 12.3 年、非农户口者 15.0 年。

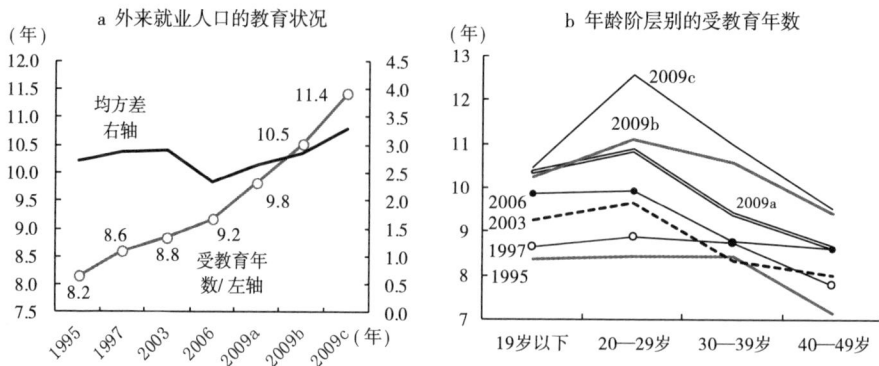

图 3.4 外来就业人口的教育水平

注:2009 年的 a、b、c 分别为社区样本、总样本、企业样本的汇总结果。a 的结果与此前的有一定的可
比性。

资料来源:笔者根据上海流动人口问卷调查数据制作。

生产力。可以说,中国经济的快速发展与大量高水平产业工人的形成密不
可分。

4. 外来流动人口的居住时间

流动人口不流动的事实已广为人知。逢年过节时,外出打工的人们返回
故乡,共享天伦之乐,但绝大多数人在到达一定年龄之前,是不会弃城归乡的。
这种趋势随着宏观政策环境的宽松而越发明显。表 3.3 告诉我们的就是在上
海外来人口中发生的故事。

早在 1988 年,地区间人口流动还受到严格限制的时期,上海的外来流动
人口中就有近一半人是居住 6 了个月以上的常住人口,有将近 1 成的流动人
口在上海居住了 5 年以上。进入 90 年代以后,随着改革开放的步伐加快,流
动人口的规模不断扩大,常年居住上海的人口比率也不断上升。到 2000 年,
大约 8 成的流动人口为上海市的常住人口,约 6 成人口居住 1 年以上。

3/4 的外来人口在上海常住,却没有上海户籍。有的人长期住在自购的
家里,统计上却把他们定义为暂住人口。这样的结果主要来自制度与现实的
矛盾。新生代农民工中,有很多人直接来自学校,他们既没有务农的经历,也
没有务农的技能,更没有务农的意愿。他们之所以被称为农民工,仅仅因为他
们的父辈是农民。所以,我们有必要正视现实,必须让这些常住城市的农民
工,特别是新生代的年轻人,逐步地成为实实在在的城市居民。

表 3.3　上海市外来流动人口居住时间别构成　　（单位:%）

	1988 年	1993 年	1997 年	2000 年	2003 年	2005 年	2007 年
全体外来流动人口	100	100	100	100	100	100	100
未满 6 个月	52.7	50.7	28.7	21.0	23.2	24.6	24.4
6 个月—1 年	15.5	20.4	19.5	21.6	12.2		
1—5 年	22.2	22.6	37.1	39.3	40.2		
5 年及以上	9.6	6.3	14.7	18.1	24.4	75.4	75.6

资料来源:周海旺(2009)等。

5. 外来流动人口的居住空间

根据 2005 年 1%人口抽样调查,全国的暂住人口 19.2%住在镇上,这个数字较 1995 年的 9.2%高 10 个百分点。在这 10 年中,由乡村流向镇上的暂住人口比率从 5.6%上升到 14.1%,由乡村流向城市的比率从 30.4%上升至35.1%,而在乡村之间流动的却从 23.8%下降到 12.1%。这表明,在暂住人口规模相对稳定的情况下(大约 1 亿 4500 万人),流动人口更多地从农村流往城镇,尤其是地方的小城镇。

全国层面的人流倾向在大都市上海表现得尤为突出。表 3.4 反映了2000 年以来上海市外来人口居住空间的变化情况。根据上海统计年鉴,我们先把上海分成市中心 9 区、浦东新区、近郊 3 区、远郊 5 区和崇明区,再来考察各区外来人口的构成变化及各区外来人口总量的增减速度。在 2000 年至2008 年的 8 年中,外来人口增加了 200 多万,但市中心 9 区外来人口的总量非但没有增加,反而有减少倾向,浦东新区的增速也相对较慢。相比之下,郊外各区外来人口的增速却要快得多。有趣的是,郊外各区外来人口增加呈现了十分明显的梯度变化倾向,即在市中心 9 区不再有参入空间之后,外来人口便大量进入浦东新区,再向近郊 3 区推进,直到远郊 5 区、崇明区。其结果是,市中心 9 区外来人口的比重逐渐下降,浦东新区基本持平,而居住近郊、远郊乡镇的外来人口比重稳步上升。

市内的住房紧张,生活费用昂贵,有效的就业机会又不足,所以,外来人口流向郊外本身是个十分合乎情理的结果。但必须承认,外来人口大多流往郊外,居住在城市的边缘,与现行的农民工政策有关,其中包括户籍制度对外来人口的不利影响。在这里,我们没法判断外来人口流入上海后的职业流动和迁居情况。要是大多数人能在工作过程中,通过不断的经验或知识积累,逐步实现从低工资向高工资、从非正规部门向正规部门的流动,我们应该说劳动市场的功能是健全的。但事实上,包括农民工在内的大多数外来就业人口似乎只能停留在都市的边缘空间,在劳动市场的最底层打工糊口,过着一种与现代都市文明不太相干的单调生活。

表3.4 上海市外来流动人口的居住空间 (单位:万人;%)

	流动人口总数及居住地区别构成				期间增长率		
	2000年	2003年	2005年	2008年	2000—2003年	2003—2005年	2005—2008年
流动人口数	387.1	498.8	580.2	517.5	28.8	16.3	18.1
市中心9区	33.6	26.1	21.8	18.1	0.1	-2.9	-4.0
浦东新区	18.9	20.5	17.6	18.1	39.7	-0.1	18.8
近郊3区	28.7	31.6	33.1	31.0	41.9	21.9	10.3
郊外5区	17.4	20.7	26.6	31.0	53.4	49.3	44.1
崇明区	1.4	1.1	1.2	1.8	0.2	24.5	64.0

注:(1)2000年、2005年为人口普查数据,2003年根据第七次上海市流动人口调查推算。数字为在上海滞在2天以上的所有流动人口。
　　(2)2008年为常住流动人口。
　　(3)2005—2008年为常住流动人口的增长率。
资料来源:上海统计年鉴(电子版)。

四、外劳的就业与收入

众所周知,农民工主要在制造业、建筑业、餐饮及零售等服务性行业工作,诸如工作强度大、加班加点多、工资水平低、社保内容差等。近年来,随着劳动合同法等法规的实施,农民工的劳动条件有所变化,但有些问题还远没有得到根本的解决。下面,我们利用有关调查数据,实证考察农民工的工作时间和工作待遇。

1. 外劳的工作时间

这里,我们利用2003年、2009年上海社科院人口所对上海就业人员进行的问卷调查数据,比较分析包括非农户口在内的外来劳力的工作时间变化,并把它与户籍居民的进行对照。图3.5基于汇总数据制作,其中图3.5a表示男女、不同年龄层人口的月工作天数,图3.5b表示每天的工作时间。

第一,2003年调查中的外来就业人员,平均每月要工作28.1天,而户籍居民只有22.0天。外来就业人员基本上没有定期的休息日,但绝大多数户籍居民可以享受周休两天的权利。值得注意的是,外劳与户籍居民间的就业差异存在于各个年龄层和性别之间,外劳处于劣势。

第二,从每天的工作时间来看,两个群体之间同样存有较大的差异。在2003年调查中,外劳的日平均工作时间为10.7小时,而户籍居民仅有8.6小时。不同性别、年龄层之间的差距与总体大致相同(样本数较少的50岁以上人口,差距稍大一些)。

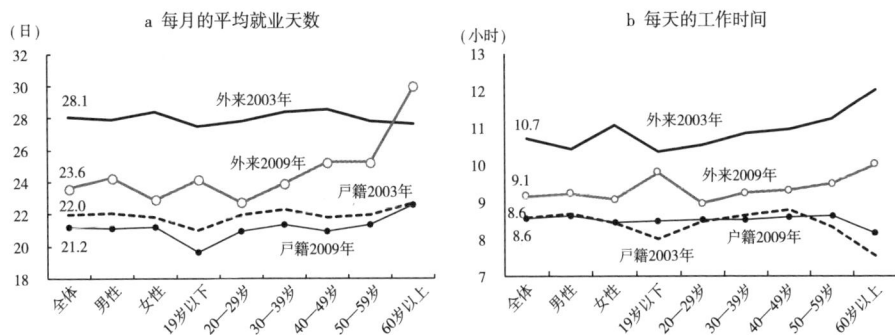

图3.5　上海外来劳力的工作时间变化

资料来源:根据2003年、2009年上海就业情况问卷调查汇总。

第三,2009年调查中,所有这些情况都发生了较大的变化。劳动合同法、就业促进法等法规全面实施,包括农民工在内的所有劳动者的基本权利得到了法律的保护,人们对法定休息日、法定工作时间的概念日趋清晰,用人单位也不得不改善工作条件。外劳的月工作天数、每天的工作时间大幅度减少,与户籍居民的差距也大大缩小。

从工作时间的长短及其变化情况来看,农民工等外劳的工作状况改善较大。对此,我们应当给予较高的评价。但是我们不能忽视被平均数掩盖了的一些问题。比如,在2009年调查中,依旧有32%的外劳每月工作23天以上,有1成的人几乎没有任何休息日;外劳中34%的人每天工作10小时以上,而户籍居民的同一指标仅有15%。

2. 外劳的收入及其变化趋势

关于农民工的工资水平,有各种各样的说法。有的学者认为,在 20 世纪八九十年代,珠江三角洲等沿海地区的民工工资在扣除物价因素后,实质上没有什么大的增长。国家统计局的农村住户调查以及农业部的固定观察点调查也表明,在 2000 年以后,农民工的名目工资年均递增 7.9%,大大低于同期城镇居民的 14.9%。与城镇居民相比,农民工的相对收入从 2001 年的 70% 急剧下降到 50% 左右。[①]

上海外来就业人员的情况如何呢? 为了回答这个问题,我们对历次上海市的就业调查数据进行了整理,得到了 1995 年至 2009 年间外劳的人均月收入、不同年龄层的收入水平、与户籍居民相比的相对收入,以及初次来上海工作时的收入。图 3.6 是对有关数字进行可视化处理的结果。

第一,自 1995 年以来,上海市外来就业人员的收入水平,无论是名目值还是扣除物价因素后的实际值,都有较为明显的上升趋势。在 1995—1997 年、1997—1999 年、1999—2003 年、2003—2005 年、2005—2009 年的 5 个时间段内,人均月收入的年平均实际增长率分别为 4.6%、11.4%、8.5%、12.4%、7.5%(按 1990 年物价为基准计算)。这个结果否定了人们对民工收入的一般性认识。它告诉我们,至少从 20 世纪 90 年代后期开始,包括农民工在内的外劳,其实际收入在不断增加,而且增加的速度也不是太慢。

第二,从不同年龄阶层来看,收入的上涨幅度有较大的区别。在各调查中,收入曲线都呈现了倒 U 型。在 90 年代后期,这种形状不是太明显,收入与年龄的关系不是很强。但自 2000 年以来,收入曲线的倒 U 型渐渐显现。这可能表明,内涵于工作经历的人力资本随时间推移而变得越来越重要,由此我们可以进一步推测,外劳所从事的工作内容对熟练工的要求越来越高,劳动力市场对此进行调节的机制也在不断健全。

第三,虽然外劳的实际收入水平在不断提高,但与户籍居民相比,其相对水平不高,近年来还有所下降。这个倾向与国家统计局的住户调查结果基本一致。我们不排除外劳与户籍居民在能力方面的差距(如学校教育的年数)所产生的影响,但也要注视制度差异带来的效果。先前的有关研究表明,来自

---

① 根据蔡昉主编(2008)等资料计算。

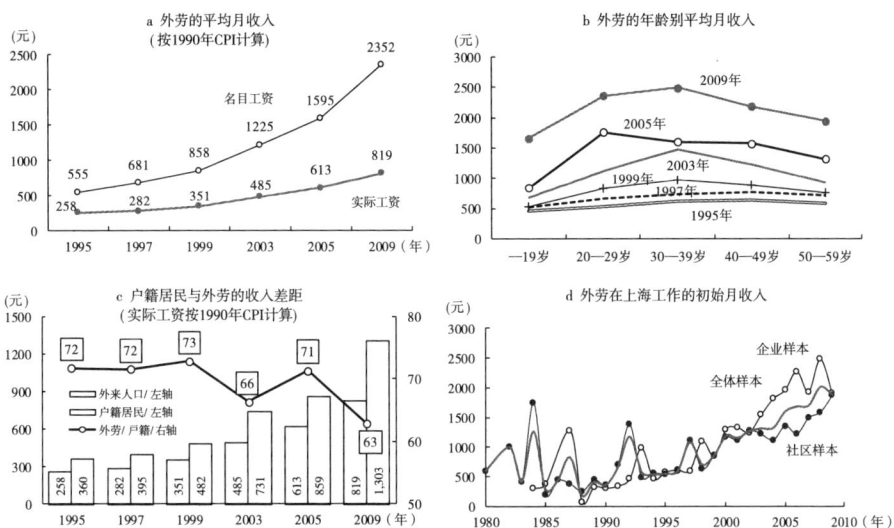

图 3.6　上海外来就业人员情况

注:a、b、c 中 2009 年的外劳为社区样本的汇总结果。d 为 2009 年外劳就业情况问卷调查数据。问卷
　　的提问是:你哪一年第一次来上海工作? 当时的月工资是多少?
资料来源:笔者根据上海流动人口问卷调查数据制作。户籍居民工资、消费价格指数(CPI)来自上海
　　统计年鉴(电子版)。

后者的成分不可否认(严,2009)。

　　第四,外劳初到上海的收入水平随时间推移而逐步增加,2000 年以后的
增速有所加快(见图 3.6d)。在 2009 年调查中,社区样本 991 人,企业一般
508 人。按他们第一次到上海打工的年别统计,20 世纪 90 年代前来沪的仅有
61 人。为了避免人数过少带来的偏差,这里我们主要分析 1990 年以来初始
收入的变化倾向。从图中可以看出,到 2000 年左右为止,社区样本与企业样
本的初始平均收入相差不大,增加速度也大致相同。但在此后的数年中,企业
样本的初始工资明显高于社区样本,直到 2009 年,两者才基本持平。这可能
与近年来劳动力市场中供求关系的变化有关。

五、小　结

　　最后,对本章的分析结果做一个简短的小结。

　　第一,20 世纪 90 年代以来,上海市的常住人口迅速增加,但增量的绝大

部分是那些没有上海户口的所谓外来流动人口。从 90 年代后期开始,外来人口中的农民,或外来就业人口中的农民工比率急速上升。进入 2000 年以后,两者分别占总体的 8 成左右。

第二,外来流动人口以及外来就业人口大多集中在 20—39 岁的中青年阶层。随着时间的推移,占比率最大的年龄层逐渐向上滑移,平均年龄有所增加。

第三,外来就业人口的平均年龄增加十分缓慢,14 年中只上涨了 3 岁。主要原因是,在流动人口总量不断增加的过程中,一方面是年轻人的大量参入,另一方面是年长者的回归农村。

第四,在 90 年代中期,地区间流动人口的年龄分布较广,平均年龄较大。后来,流动人口呈现了明显的年轻化倾向,那些既没有务农经验,或许也没有务农意愿的初高中毕业生构成了流动人口的主体。

第五,外来就业人口的教育水平显著上升,未满 30 岁的外劳尤为突出。同时,外来就业人口之间的文化程度差距有缩小趋势。可以说,总体水平高、素质较为整齐的外来劳动力为产业经济的发展奠定了坚实的基础。

第六,外来流动人口在上海市的居住时间呈长期化倾向,但他们的居住空间却越来越边缘化,大多数人只能过着一种与现代城市文明不太相干的单调生活。他们虽然到了上海,但他们并没有真正融入都市社会。从前的城乡二元结构被搬进了城市,城市里出现了户籍居民和流动人口构成的新型二元结构。

第七,2000 年以来,外来就业人员的工作时间大幅度缩短,与户籍居民的差距也在缩小。这是一个值得称道的变化。但外劳的收入增长缓慢,相对于户籍居民的收入还在下降。

通过对上海市外来人口和农民工的动态分析,我们有理由指出:在中国,那个被称为农民工的庞大群体已经发生了本质性的变化。近年来,"民工荒"时常出现,很多企业为此而慌。为了应对快速的人口转换,中国有必要加快修正有关民工政策,让外来流动人口或外来就业人员真正地能在城里定居下来,真正地融入城市社会,彻底完成由农村向城市的转移。

第4章　城市劳动力市场中的人员
流动及其决定机制

——兼析大城市的新二元结构

一、问题的背景、目的和方法

1. 本研究的背景

进入 20 世纪 90 年代以来,随着市场经济的发展,城镇就业人员的所有制结构发生了很大的变化。据国家统计局的统计,在 1990 年到 2004 年的 14 年中,国有单位就业人员占全体的比率从 61% 下降到 25%,降低了 36 个百分点,就业人员总数减少 3636 万人,减幅为 35%。与之相反,同期非国有单位(不包括集体单位)就业人员净增 6323 万人,扩大了 6.6 倍,大大超过了城镇就业人员的增长速度(55%),占全体的比率也从 5% 上升至 24%。[①] 在这些统计数据的背后可能有各种各样的原因,例如,来自农村的劳动力主要进入了非国有单位,国有企业的改制导致从业人员的身份变化,国有单位的部分职工跳槽到非国有单位等。总之,在 90 年代以后,城市劳动力市场中的人员流动已是一种常见的现象。

劳动力的流动化程度提高,意味着市场竞争机制的健全,也表明人力资本通过劳动力市场得到了更有效的利用。但是,这并不等于所有的人都有平等的机会在不同的单位之间流动。在更换工作单位或职业时,个人具有的客观能力和主观意愿固然重要,但各种外在的制度性因素往往更具有影响力。众所周知,在目前的中国社会里,你出生何处、是农业户籍还是非农户籍对迁居、择业都有着十分重要的意义。90 年代后期,上海、北京等大城市曾有明文规

---

① 数据来自《中国统计年鉴》(2005 年)。下文中的有关数字,除有特别说明,均来自本年鉴。

定,严格限制外地民工参与本地某些行业的就业竞争,就是一个很能说明问题的例子。

在较早时期就有研究指出,中国的城市劳动力市场流动性较高,但并不是一个统一的整体。由于存在各种制度性差异,外来的民工、非本地的城镇居民、本地居民往往只能进入特定的市场阶层(严善平,1997;杜鹰、白南生,1998;姚洋,2001)。厳(1993、1997),王丰、左学金(1999)分别对上海、广东的城市劳动力市场进行了实证研究,并根据有关分析结果,明确指出了劳动力市场的结构性特征,即在同一阶层内部的单位之间,人员流动的可能性较大,但是在不同的阶层之间,人员流动却要少得多,尤其是自下而上的上升流动(厳,1993、1997;Wang 和 Zuo,1999)。Meng 和 Miller(1995)、Meng(2000)、严善平(2000a、2005a)、孟昕等利用问卷调查的微观数据,分别推算了民工和城市居民的人力资本回报率,据此指出了城市劳动力市场存有明显的阶层化现象。在南亮进主持的一项研究中,也得到了类似的结论。他们对民工和城市居民的就业形态、工资差距以及意识结构进行了详细的比较分析,认为城市劳动力市场因户籍制度的存在而严重地呈现了阶层化(南·牧野,1999)。

但是,与正统的劳动力市场阶层化研究相比,有关中国的既往研究在研究视角和分析方法上均存有明显的不足。检验劳动力市场是否存在阶层化,通常使用以下三种方法:第一,分别推算不同阶层劳动力市场的工资函数,把推算结果与总体的工资函数进行比较,以检验相互之间是否存在结构性差异。在一个竞争机制比较健全的劳动力市场中,不同阶层的工资差主要来自人力资本的多少。如果人力资本的回报率在不同阶层之间明显地不同,则表明劳动力市场中存有阶层化现象。第二,按一定标准对劳动力市场进行分类,在此基础上考察不同阶层之间的流动水平,决定流动水平的内在原因,以及伴随流动引起的收入变化。第三,建立计量模型(Probit,Logit,Tobit),实证分析劳动力在不同阶层之间是否流动、流动的频度有多大、以何种方式流动,以揭示个人、家庭的有关属性,制度因素,社会环境与流动的内在关系。①

---

① 关于二元劳动力市场以及劳动市场的阶层化的思路、实证研究的方法,请参照 Piore(1983),Banerjee(1983),Dickens 和 Lang(1985),Graham 和 Shakow(1990),Telles(1993),石川·出岛(1994),Saint-paul(1996),Funkhouser(1997)等文献。

由于缺乏必要的微观数据,上述的后两种方法在劳动力市场的阶层化研究中没能得到很好地利用。[①] 为了能更好地理解转型时期中国城市劳动力市场的基本结构,我们有必要进一步分析不同的阶层之间劳动力的流动状况、影响流动的基本要素,以及流动给个人的社会地位、经济收入带来哪些变化。

2. 本研究的目的、方法

本章的主要目的就是要实证分析中国城市劳动力市场中人员流动及其决定机制,以弥补该领域研究的欠缺。具体地说,本研究企图对以下三个理论假说进行统计分析:第一,中国的城市劳动力市场包含了外劳和本地居民两大部分,但这两部分从业人员所属的市场阶层以及在市场阶层之间的流动状况是不相同的。本地居民主要就业于由大企业等组成的正规部门或公共部门,而外劳则主要在零散的非正规部门谋生。第二,从非正规部门流向正规部门的上升移动会带来工资收入的增加,但本地居民和外劳,以及外劳当中的民工与城镇居民实现流动的机会是不均等的。第三,在求职过程中选择什么性质的部门,以何种方式在不同的部门之间进行流动,主要取决于以户籍为代表的制度因素,而不是个人的教育水平、工作经验等人力资本。

为了对上述假说进行统计鉴定,2003 年底,笔者在上海对 3005 名在业人员(本地居民 1505 人,外劳 1500 人)做了专项问卷调查。调查项目包括个人是否有流动经历、流动之前和之后的工作单位的行业、所有制性质、职工人数、工资水平,以及本人的职业、流动的时期等内容。[②] 在具体的分析过程中,我们不仅可以直接使用有关的个人信息,还可以根据分析需要,对原始变量进行组合,再生新的变量。比如,我们可以按照一定的标准,对每个人从事的单位属性进行定义(正规部门、公共部门和非正规部门),确定每个人在不同阶层之间的流动方式(非正规部门内部、从非正规流向正规、同一阶层内部的不同行业)等。

本章的构成如下:第 2 节利用人口普查的汇总材料,概观上海劳动力市

---

① 在李实、佐藤宏(2004)的一份研究报告中,有专门分析城市劳动力市场流动性的文章(Knight 和 Yueh,2004)。但这份研究报告使用的数据不是来自专项调查的,对有关劳动力市场的流动水平、流动的决定机制和效果的分析不够充分。

② 本调查由日本学术振兴会资助,问卷调查得到了上海社科院等部门的协助。一并致谢。

场的基本结构和近年来的变化状况,以刻画 20 世纪 90 年代以来上海市外劳持续增加,但他们与本地居民的就业结构又截然不同的客观事实。第 3 节利用问卷调查资料,描述上海劳动力市场的流动状况和主要特征。具体地说,我们要从年龄、学历等角度比较分析本地居民与外劳的流动状况、流动的理由和方式,以及部门选择的决定要素等。第 4 节利用计量分析方法,重点考察个人的流动行为、流动频度与人力资本、制度因素的统计关系,流动方式与工资收入的关系,从另外一个角度揭示城市劳动力市场中的制度歧视问题。

二、上海劳动力市场的结构变化

1. 20 世纪 90 年代以来外来人口急速增加

上海是中国最大的经济都市,2003 年的户籍人口为 1340 万人。从外地来上海务工经商的外劳及其子女总数 499 万人(2003 年),如果去除游客等短期滞在人员,实质上的定居人口及其预备军可达 460 万人。就是说,在上海居住的所有人口中,没有上海户籍的占 1/4。这可是个不小的数字。①

表 4.1 反映了上海市户籍人口、外来人口的变动情况。据 1983 年的首次流动人口调查,包括郊区的流动人口也只有 50 万人。在 20 世纪 80 年代,流动人口的增加很有限。邓小平南方谈话以后,市场化和对外开放加快,流动人口的规模相应地迅速扩大。1993 年流动人口总数达 281 万人,其中来自外省市的达 251 万人,相当于户籍人口的 19.4%。在此后的 10 年中,外来人口猛增到 499 万人,占户籍人口的 37.2%。外来人口的内部结构也发生了较大变化,农业户籍所占比率从 80 年代末的 45% 上升到 2000 年的 80% 以上,务工经商的外来人口比率从 80 年代的 23% 上升到 90 年代的 75%。在 20 世纪八九十年代,上海的户籍人口增加缓慢,而经济却取得了突飞猛进的发展。一个主要的原因就是那里有数百万廉价劳动力在默默地工作,在创造财富。

① 数据来自《上海统计年鉴》(2005 年)。

表 4.1 上海市户籍人口及流动人口的变化 （单位:万人;%）

年份	户籍人口总数	流动人口（包括市内流动）	来自外省市区		农业户口占流动人口比	务工经商流动人口比
			总人数	占户籍人口比		
1983	1194.01	50				
1984	1204.78	70				6.6
1985	1216.69	134			25.1	
1986	1232.33	165			45.4	23.0
1988	1262.42	141	106	8.4	47.6	61.4
1993	1294.74	281	251	19.4	67.3	75.6
1997	1305.46	276	237	18.2	52.1	74.5
2000	1321.63	387	387	29.3	85.3	73.4
2003	1341.80	499	499	37.2	80.0	72.1

资料来源:根据《上海统计年鉴》以及上海社科院人口所的有关调查报告整理。

2. 本地居民与外劳的就业结构

外劳的主体是来自内地农村的农民,在城里,人们习惯地叫他们民工。大家都知道,民工的人力资本相对较少,再加上种种人为的限制,他们从事的工种大多是城里人不愿干的,这些活不仅重、脏、险,工资也低。

图 4.1 根据第五次上海市人口普查和流动人口普查的汇总数据制作。从图 4.1 可以看出,按八大职业分类的就业结构中,农林业的比重仅有 11.3%,生产及运输设备操作等人员占 38.2%,商业和服务业人员占 22.4%。构成白领阶层的单位负责人、专业技术人员和办事人员的合计达 28.0%,大大高出全国平均的 10.5%。总体上来说,上海市的职业结构基本上实现了从传统型向现代型的转变,并且达到了相当高的水平。但是,在外劳和本地居民之间,职业的结构分布呈现了十分明显的差异。外劳主要分布在生产、服务、商业等蓝领阶层,白领阶层的比率较低。

是什么原因导致了如此大的结构差异呢?仅仅是因为本地人与外地人拥有的人力资本不同?还是因为存在某种不公平?如果后者是导致职业结构差异的主要原因,我们就很难说这种差异是正当的,它与市场化改革的方向是不吻合的。

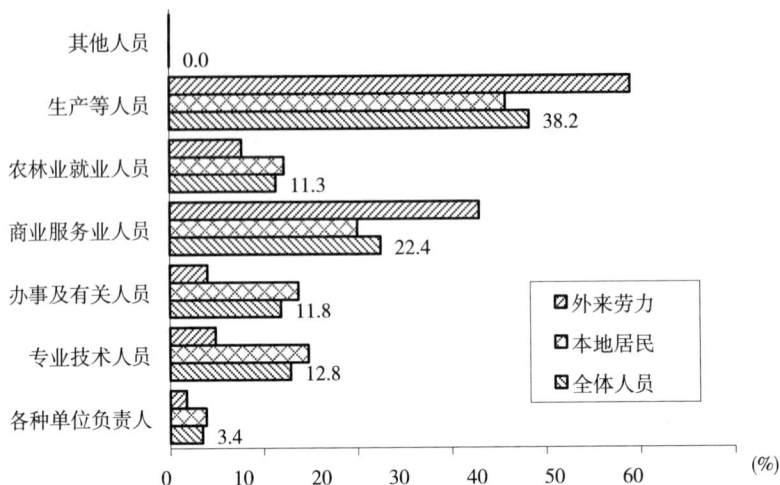

图 4.1　本地居民与外来劳力的就业结构（2000 年）

资料来源：2000 年上海人口普查资料来源。

三、劳动力市场的流动状况、就业选择

1. 劳动流动的定量化、部门的定义

本章的劳动流动专指就业人员在不同单位之间的转移，不包括通常的产业之间、地区之间的劳动力流动，表示流动的数据来自问卷调查的有关项目。[①] 如前文所述，问卷项目包含了很多与流动经历相关的内容，在此，我们把曾经换过工作单位的人定义为流动人员，把流动人员占全体的比率定义为流动率，把个人曾经换单位的次数定义为流动频度。流动率可以表示劳动力市场总体的流动水平，流动频度可以反映个人在劳动力市场中的活性程度。

劳动力市场由各种产业、行业和职业构成，每个人因工作单位的性质、规模不同，工资收入当然也不一样。通常，我们把大型企业等称为正规部门，中小企业和个体工商户称为非正规部门，政府机构、大学等事业单位称为公共部门（Gindling，1991）。正规部门和公共部门的工资水平较高、工作环境和福利

---

① 对外省市来沪的在业人员，问卷的设计项目为：您来上海后是否换过工作单位？换过几次？针对上海市民在业人员，提问的项目为：您至今共换过几次工作单位？

待遇也相对较好,工作本身比较稳定,是人们向往的场所,而非正规部门的情况恰好相反。不过,正规部门和公共部门对个人的教育水平、工作经验和熟练程度有较高的要求,而非正规部门的进入门槛较低。只要有强壮的身体,即使没有什么特殊的技能和资本也可以参入。在没有种族、民族、性别歧视的经济中,劳动力市场最终会让每个人各就各位,充分有效地利用自己的人力资本。在信息不充分的求职过程中,你有可能从非正规部门入场,但随着时间的流逝,你会寻找机会,自下而上地往正规部门或公共部门流动。这个过程也许不是一步到位,但大的方向不会有错(Todaro,1980)。

本章依据工作单位的职工人数和所有制性质,把调查对象分为正规部门、非正规部门和公共部门三大部分。各自的定义如下:(1)正规部门:在国有企业,或职工人数 30 人以上的集体、三资和私营企业工作的全部人员;(2)非正规部门:个体工商户、居民的家政服务人员、职工人数不满 30 人的各类企业就业人员;(3)公共部门:在行政机关、大学、研究所等事业单位工作的全部人员。这里采用的划分标准主要来自现地调查的感受,当然不是绝对的。

2. 劳动力市场的流动水平

首先,我们利用前面定义的流动率指标,简要分析不同年龄阶层、不同教育水平与流动率的关系。根据问卷调查,上海劳动力市场中本地居民和外劳的流动率分别为 48.1%、33.6%。这意味着有将近一半的本地居民,1/3 的外劳曾经换过工作单位。这个水平大大高于全国的平均值。[①] 与计划经济时代相比,劳动的流动化程度大大提高了。在不同学历、性别之间,流动率的差异很小(本地居民男女的流动率分别为 48%、52%,外劳的男女流动率分别为35%、33%)。

但是,在不同的年龄阶层之间,流动率呈现了较大差异。如图 4.2 所示,本地居民的年龄与流动率有较强的正相关关系,年龄越大,有流动经历的人员比率显著增加。与之相反,外劳的年龄大小与流动率高低呈负相关。如按年龄分组,本地居民 40 岁至 49 岁的流动率较低,外劳 25 岁至 29 岁最高。外劳

---

① 根据李实、佐藤宏(2004)的报告,中国城市居民的流动率 1999 年为 22%,不足本调查的一半。产生如此结果的原因可能有两个:一个是国有企业在 2000 年以后加速了改制的步伐,在不同所有制之间的劳动流动有所增加;另一个是上海的非国有经济比较发达,很多国有单位的职工主动流向外资企业等。

在上海的生活时间较短,年纪大的又难以找到新的工作,而本地人较少地受这类因素制约,他们可以利用各种社会资本,不断地往更好的单位流动。

（%）

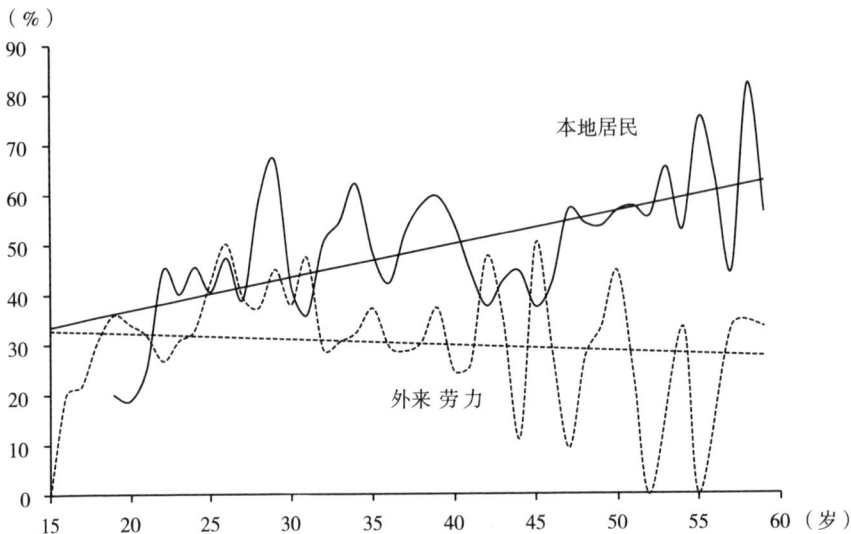

图 4.2　有流动经历人员的比率

资料来源:2003 年上海就业人员问卷调查。

在调查问卷中,我们询问了最近一次更换工作单位的时间。据汇总,本地居民最近一次更换单位的时间在 1989 年之前、1990 年至 1999 年、2000 年至 2003 年的比率分别为 13.5%、31.4%、55.2%,而外劳分别为 0.4%、21.9%、77.8%。外劳在上海没有户籍,多属于暂住人员,故此,绝大多数流动发生在近几年,而本地居民在 90 年代就出现了相当频繁的流动。这从侧面反映了大上海的市场化、国际化的高水平。

其次,我们利用流动频度(曾经换过工作单位的次数)来描述就业人员的活性程度。据汇总资料,至调查时点为止,本地居民和外劳的流动频度分别是 2.24 次、1.98 次,前者略多。① 流动频率与学历的关系在两者之间的表现不尽相同。在本地居民中,除了样本很少的无学历人员,从小学到大学程度的所有人员的流动频率都大致相同,而外劳到高中程度为止基本相同(2.2—2.4),但中专、大专和大学本科以上的明显偏低,分别为 1.9、1.4、1.8。这

———————

① 流动频度 6 次及以上的本地居民和外劳分别有 17 人、18 人,在统计时,均按 5 次处理。

说明,外劳的学历越高,其流动倾向反而较低。实际上,在具有中专及以上学历的 96 人中,非农业户籍的占 78%。他们主要是来自其他城市的打工者,因为他们拥有较多的人力资本,可以比较容易地参入比较上层的劳动力市场,获取较高的收入。所以,一旦有了工作,一般不轻易地到处流动。而学历较低的民工,起初只能进入非正规部门,他们只能在工作过程中等待机会,寻求发展。

最后,看一下流动的理由。在调查问卷里,我们询问了最近一次换工组单位的最主要理由,表 4.2 是问卷的汇总结果。从该表中,我们可以得到以下几点认识:在外劳中,因合同期满、居住地点发生变化等客观原因而流动的比率很低,因工作单位倒产不得不流动的比率也不高,由于原单位的工资待遇较差或不适应原单位的工作内容而主动辞职的分别占 33.7%、10.6%;本地居民因待遇差主动辞职的也不少,但比较醒目的是原单位倒产所致。

表 4.2　最近一次换工作单位的最主要理由　　（单位:%）

	外来劳力	本地居民
合同期满	3.7	8.7
以前的单位待遇差,自己主动辞职	33.7	18.2
不适应以前单位的工作	10.6	6.5
住所发生了变化,自己主动辞职	4.3	9.2
以前的单位倒产了	7.9	20.3
其他	39.8	37.1
有流动经历的人数(人)	508	743

资料来源:2003 年上海就业人员调查。

光从数字来看,外劳似乎更主动积极地在改变自己的工作环境,所以他们的就业状况应该比较理想;相反,本地居民因企业倒产,不得已才更换了工作单位,所以他们的就业状况一定很糟糕。显然,这是一个错误的判断,问题没有那么简单。如果在求职时存在户籍歧视,如果在国有单位丢掉饭碗的本地居民能得到政府的照顾,即使是被动的流动,流动的结果也未必就差。下文的实证分析将对这一判断给予统计支持。

3. 流动方式、部门选择的决定因素

流动的理由多种多样,但流动的方式不外乎以下几种:在非正规部门内部、从非正规部门流向正规部门或反向流动、正规部门内部的同一行业或不同行业之间。表 4.3 反映了调查时点本地居民和外劳的部门分布和流动方式的分布。依据表 4.3 的汇总数字,我们可以得到以下几个重要事实。

表 4.3　就业单位的部门属性、流动的方式　（单位:%）

		外来劳力	本地居民	合计
现工作单位的部门属性	非正规部门	71.5	9.5	41.6
	正规、公共部门	28.5	90.5	58.4
	回答人数(人)	1493	1384	2877
在不同部门间流动的分布状况	非流动人员	66.4	51.9	59.1
	非正规→非正规部门	15.5	1.4	8.4
	非正规/正规→正规部门	14.8	38.1	26.5
	其他方式的流动	3.3	8.6	6.0
	回答人数(人)	1500	1505	3005

资料来源:2003 年上海就业人员调查。

第一,本地居民与外来劳动力所从事的工作单位属于两个截然不同的劳动市场,90.5% 的本地居民在正规或公共部门工作,而外劳的同一比率仅有28.5%。换句话说,70% 以上的外劳就业于非正规部门。

第二,更换工作单位的流动方式在本地居民和外劳中也存有显著的差别。66.4% 的外劳没有流动经历,有流动经历的占 33.6%。其中在非正规部门内部、从非正规部门流向正规部门或正规部门内部的各占 15.5%、14.8%。相反,本地居民的绝大多数属于后者(占 38.1%)。外劳既有水平流动,也有上升流动,而本地居民主要是上升流动。这意味着外劳多处于无奈才流动,而本地居民更多的是积极向上的、以改变自身就业状况的选择。

为了进一步说明这个问题,我们把流动前后的所属部门进行了比较。表4.4 是有关本地居民和外劳流动方式的汇总表。可以明显地看出,在有流动经历的外劳中,流动之前属于非正规部门的占 55.8%,而目前处于非正规部门的却上升到 67.9%。由此可以进一步指出,外劳变换工作单位并不能改变

自己的就业状况,总的来说只会越来越糟。本地居民也有这种倾向,但绝对水平是很低的。

表 4.4 流动人员在部门之间的流动状况 （单位:%）

			现工作单位的部门属性		合计
			非正规部门	正规/公共部门	
外来劳力	前个工作单位的部门属性	非正规部门	46.2	9.6	55.8
		正规部门	21.3	22.1	43.4
		公共部门	0.4	0.4	0.8
	合计		67.9	32.1	100.0
本地居民	前个工作单位的部门属性	非正规部门	3.3	5.6	8.9
		正规部门	11.3	72.7	84.0
		公共部门	0.2	7.0	7.1
	合计		14.8	85.2	100.0

资料来源:2003 年上海就业人员调查。

顺便指出,流动人员从事的行业在流动前后有着非常强的正相关关系,两者的顺序相关系数达 0.78。这意味着,更换工作单位主要是在同一行业内部发生的。一个人掌握的各种技能、知识往往具有一定的专业性,也正因为很多知识是专业的,所以,它一旦离开特定的行业就会变得毫无用处。以行业内部的流动为主,正好说明了劳动力市场在人力资本的配置方面发挥着一定的作用。

问题是,为什么某个人可以在特定的部门就业而别的人就不行? 通常,具有较高教育水平的个人进入大企业、公共部门的概率相对较高。此外,个人的有关属性以及相关的社会因素在较大程度上影响人们就业单位的部门性质。

为了检验上述思路,我们建立了如下的部门决定模型:部门性质 =f(年龄、性别、婚姻、教育年数、政治面貌、户籍所在地),以统计检验各要素是否影响个人部门选择,以及在多大程度上对部门选择发生影响。表 4.5 是多项 Logit 模型的推算结果,各个要素的边际效果表示与非正规部门相比较时的数值。

表 4.5 就业单位属于正规、非正规、公共部门的决定因素（多项 Logit 模型）

说明变量	在正规部门就业		在公共部门就业	
	回归系数	边际效果	回归系数	边际效果
常数项	−3.175***	−0.091	−10.526***	−0.404
实际年龄	0.013*	0.001	0.025**	0.001
性别(男性1,女性0)	0.569***	0.119	−0.381**	−0.046
婚姻(已婚1,未婚0)	−0.195	−0.059	0.543*	0.037
学校教育的年数	0.173***	0.009	0.481***	0.017
政治面貌(党员1,群众0)	0.399*	0.033	0.849***	0.025
共青团员(团员1,群众0)	−0.018	−0.018	0.331	0.017
户籍(上海1,其他0)	2.536***	0.297	3.438***	0.064
观测数占全体的比率	51.7		6.5	
scaled R^2	0.477			
Log likelihood	−1753.56			
样本数	2863			

注:(1) ***、**、*分别表示在 1%、5%、10%的水平下显著。
　　(2) 被说明变量为工作单位的部门属性,非正规部门为 1,正规部门为 2,公共部门为 3。

依据本表的数字,我们可以得到以下的事实。

第一,在其他条件相同的情况下,年龄大小对工作单位的部门属性有十分显著的影响,年龄增加 1 岁,工作单位属于正规部门或公共部门的概率上升 0.1%;学校教育的年数也有同样的效果,学校教育每增加 1 年,工作单位属于正规或公共部门的机率分别上升 0.9%、1.7%。这里,如果把年龄看作就业经验、把教育年数看作人力资本的代理变量,我们则可以引出以下结论,即人力资本较多的人往往更加容易地参入正规或公共部门,换言之,2003 年的上海劳动力市场在人力资本的有效配置方面发挥了一定的积极作用。

第二,对工作单位的部门属性起决定性影响的是个人的户籍所在地。在其他条件相同的情况下,上海籍的本地居民在正规部门就业的概率比外劳高出 29.7%,相当于 33 年的教育所能产生的效果;本地居民在公共部门就业的机率比外劳高 6.4%,与 4 年教育的效果相当。就是说,决定一个人以何种方式在不同单位之间流动、工作单位属于哪个部门,与个人的基本素质关系不大,起决定作用的往往是诸如户籍之类的制度性因素。

四、流动频度、工资收入、流动方式

1. 流动频度与工资收入

在竞争机制较健全劳动力市场中,人们总希望能找一份好的工作,工资高、福利好、比较稳定,如果又是自己喜欢的工作,那就再好不过了。为此,在求职时总要多方收集信息,相互比较,争取一步到位。但实际上,无论怎么努力,总有那么一部分人是出于无奈才找了那份工作,只要机会一到总想要换份新工作;即使是当初认为还可以才选定的单位,过了一段时间又会发现不满之处,或者又发现了新的天地。他们会不断地寻找机会,随时可能换个新工作。当然,还有一种是不得已才流动的,企业倒了产,只好另寻生路。

问题是,无论出于何种理由,更换工作不意味着就业状况肯定好转,也不是说有能力就一定能实现跳槽。特别是在传统体制还有相当影响力的城市劳动力市场中,这种情况并不罕见。图 4.3 显示了流动频度与平均月工资的关系。我们可以发现,本地居民与外劳之间存在非常明显的不同,总体来说,本地居民流动的频度越高,收入也相应增加,相关系数为 0.75;而外劳呈现了完全相反的结果,流动频度越高的人,其收入水平反而越低,相关系数为负 0.86。就是说,本地居民的流动可以改善自身的就业条件,而外劳的流动大多出于无奈,流动对收入的增加没有任何意义。

2. 流动频度的决定因素

既然流动频度与收入有显著的统计关系,我们就有必要进一步考察到底是那些要素决定了个人的流动频度。这里,我们利用 Tobit 模型的性质,统计检验流动频度(没有流动经历为 0,流动 5 次以上的按 5 次计算)与个人属性、地域属性的关系。表 4.6 是 Tobit 模型的推算结果。从推算的结果来看,一个人是否换过工作单位、换过多少次,与他的年龄、性别、婚姻状况均没有统计意义上的显著关系。这个结果有点意外,但是,如果结合中国城市劳动力市场的具体情况来看,似乎又很合情合理。因为,在中国的劳动力市场中,男女的就

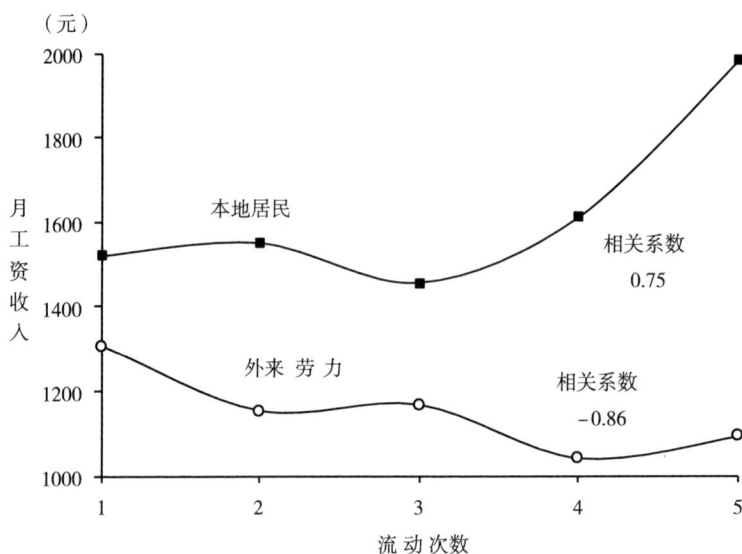

图 4.3　流动次数与工资收入的关系

业率水平基本相同,女性结婚后回归家庭的现象还不多见,国企改革让所有年龄层的人都有可能流动。

表 4.6　流动频度的决定因素(Tobit 模型)

说明变量	平均值	模型 1		模型 2	
		回归系数	边际效果	回归系数	边际效果
常数项		−1.485**	−0.224	−1.184+	−0.178
实际年龄	35.72	0.015	0.002	0.014	0.002
年龄的平方/100	13.96	−0.006	−0.001	−0.004	−0.001
性别(男性=1,女性=0)	0.61	−0.042	−0.006	−0.044	−0.007
婚姻(已婚=1,未婚=0)	0.75	−0.049	−0.007	−0.061	−0.009
学校教育的年数	10.50	0.045*	0.007	0.052**	0.008
政治面貌(党员=1,群众=0)	0.11	−0.370**	−0.056	−0.374**	−0.056
共青团员(团员=1,群众=0)	0.14	−0.490***	−0.074	−0.499***	−0.075
户籍(上海=1,其他=0)	0.50	0.542***	0.082		

续表

说明变量		平均值	模型 1		模型 2	
			回归系数	边际效果	回归系数	边际效果
上海		0.500			0.629***	0.095
江苏		0.150			−0.253	−0.038
浙江		0.043			−0.839***	−0.126
福建	安徽(占 13.1%) 为 0,其他 分别为 1	0.028			−1.192***	−0.179
江西		0.037			−0.281	−0.042
山东		0.022			−0.971**	−0.146
四川		0.027			−0.350	−0.053
其他地区		0.062			−0.453*	−0.068
样本数(个)			2991		2991	

注:***、**、* 分别表示在 1%、5%、10% 的水平下显著。

　　与一般群众相比,党团员的流动频度显著较少。这个结果与他们工作单位的部门属性有关。如表 4.5 所示,党员职工大多就职于收入水平较高的正规或公共部门,如果没有特别的理由,他们的流动倾向是较低的。当然,这是在其他条件相同前提下的结论。

　　反映人力资本的教育年数与流动频度有显著的正相关关系,教育年数增加 1 年,流动频度增加 0.007 至 0.008 次;本地居民与外劳之间的流动频度差距较大,本地较外劳多 0.082 次,相当于教育 10 年的效果;另外,同样是外来劳动力,因他们的户籍所在地不同,各自的流动倾向颇为不同,本地居民最多,其次是安徽籍外劳,来自浙江、福建、山东的外劳流动频度显著较低。

3. 流动方式对收入的影响

　　在具体分析流动方式对收入的影响之前,我们先来考察一下不同部门的平均工资水平以及各个部门内部的工资分布状况,表 4.7 是问卷的汇总结果。总体来看,本地居民的平均工资比外劳高 25% 左右,但因部门的属性不同,两者之间的工资差距大小不一,非正规部门的几乎差不多,正规部门相差 12%,而公共部门相差 1 倍。公共部门的外劳多为临时工,他们与正式职工的工资差别有合理的成分,但正规部门的偏大。在不同部门的内部,本地居民之间的工资差相对较小,而外劳之间的明显偏大(两者的离散系数分别是 0.66、

1.45)。在正规部门就业的外劳之间,工资收入的离散系数达1.93。

　　既然在不同部门之间以及部门内部存在如此大的工资差距,劳动力在部门之间进行流动应该是顺理成章的现象。问题在于,每个人的流动理由不一样,流动的增收效果也未必明显。特别是户籍制度的影响,流动的效果变得更加复杂。

表4.7　按部门属性看平均工资水平及分散状况　　　（单位:元）

	外来劳力		本地居民		本地居民为外劳的倍数
	平均工资	离散系数	平均工资	离散系数	
非正规部门	1177	1.13	1235	0.74	1.05
正规部门	1359	1.93	1524	0.67	1.12
公共部门	918	0.26	1838	0.55	2.00
合计	1226	1.45	1538	0.66	1.25

资料来源:2003年上海就业人员调查。

　　表4.8是基于明瑟工资函数改良的工资决定模型的推算结果,工资函数中包括个人的年龄、教育、性别、政治面貌、工作单位的规模和所有制性质、户籍登记地、月工作天数、日均工作时间、户籍、流动方式等变量。这里主要检讨流动方式对工资的影响,所以,表4.8中只列出了流动方式变量(非正规部门内部的水平移动、非正规流向正规的上升移动、正规部门内的同行业之间或正规部门内部的异行业之间的水平移动。以没有流动经历为准)。

表4.8　流动方式对工资收入的影响（OLS）

	说明变量	按流动方式的结构比	全部调查对象	男性	女性
外来劳力	非正规→非正规部门	51.1	0.076+	0.141**	−0.036
	非正规→正规部门	24.0	−0.027	−0.010	−0.056
	正规→正规/相同行业	16.3	−0.124	−0.105	−0.116
	正规→正规/不同行业	8.6	−0.119	−0.125	0.145
	修正后的决定系数		0.185	0.205	0.139
	样本数		1000	600	399

续表

	说明变量	按流动方式的结构比	全部调查对象	男性	女性
本地居民	非正规→非正规部门	3.5	−0.023	0.054	−0.152
	非正规→正规部门	12.1	0.073	0.255 ***	−0.158
	正规→正规/相同行业	33.4	0.106 ***	0.145 ***	0.046
	正规→正规/不同行业	50.9	0.030	0.088 **	−0.035
	修正后决定系数		0.350	0.318	0.388
	样本数		1455	907	547

注: *** 、 ** 、 * 分别表示在 1%、5%、10% 的水平下显著。

先来看一下外劳的情况。上述 4 种流动方式占全体的比率分别为 51.1%、24.0%、16.3%、8.6%，非正规部门内部的占全体的一半以上。从有关统计量来看，男性在非正规部门内的水平流动有利于工资收入的增加，和没有流动经验的人员相比，这种流动方式可增加 14.1% 的工资。其他各种流动方式对工资变化的影响不十分显著，但回归系数都呈负值。这个结果与前面的定量描述是一致的。

再来看一下本地居民的情况。首先可以指出，本地居民的绝大多数流动属于上升移动或正规部门内部的移动。如果只看总体情况，只有正规部门内部同行业之间的流动可提高 10.6% 的工资，其他方式均没有统计显著性。但如果按性别来看，男性的流动可以明显地提高工资。具体地说，除了 3.5% 的非正规部门内部的水平移动没有统计显著性，其他三种方式分别可以提高工资 25.5%、14.5%、8.8%。

但是，本地女性居民的流动对提高工资水平没有显著作用，大多数流动甚至还会降低工资收入。如前面所述，男女的流动频度相差无几，为什么女性的流动没有增收效果呢？据问卷调查结果，女性更换工作单位的理由与全体的差不多。所以我们可以推测，女性的流动更主要地受非经济因素影响，如结婚、家属随迁等（严，2005a）。

从上面的分析中，我们可以得到以下的结论：流动会带来工资收入的增加，但不是在任何情况下都可以实现的。本地男性居民通过流动可以十分显著地增加收入，而对女性来说，无论是本地的还是外来的，工资与流动几乎没有显著的统计关系。外劳中的男性人员在非正规部门内部流动可以增加收入，其他各种方式的流动与增收均没有关系。

4. 流动方式的决定要素

从上述分析可以知道，上海劳动力市场的流动水平是比较高的，但是，由于户籍的制约，外劳与本地居民参入的劳动市场截然不同。按所有制和职工人数划分的三大部门之间以及各个部门的内部，工资差别十分明显。尽管如此，外劳和本地居民的流动频度、流动方式以及流动带来的增收效果显著不同。那么，个人的流动方式到底受哪些要素影响呢？最后，我们来计量分析流动方式的内在机制。

表4.9是多项Logit模型的推算结果。被说明变量是表示流动方式的定性指标，没有流动经历者取值0，在非正规部门内的流动者取值1，从非正规流向正规或正规部门内的流动者取值2，说明变量包括了反映个人属性以及家庭特征的定量、定性指标。

从表4.9可以看出，无论是外劳还是本地居民，年龄、教育程度对流动方式的选择基本上不发生有意的影响。这一统计事实与前面的分析结果一致。流动时的年龄与流动方式之间存有显著的负相关，年龄越大，变换单位的可能性越小。这个现象与人力资本理论的思路完全一致。年轻人的可塑性大，伴随流动而产生的心理成本很小，流动后的期望收入相对较多。

个人的流动行为还受家庭因素的制约。已婚外劳人员在非正规部门内部、从非正规流向正规或在正规部门内部流动的机率显著地比未婚者高，分别高出10.1%、7.8%。本地居民的婚姻要素对流动方式的影响更为显著，已婚者比未婚者流动的机率高出33.1%。[①] 在人们的印象中，未婚者来去自由，流动的机会成本较小，他们应该是最活跃的流动群体。但统计分析的结果恰恰相反。这也许是因为，未婚者没有养家的义务，而已婚者却没有那么潇洒，要多多地挣钱，越多越好。所以，只要有多挣钱的机会，他们就更倾向流动。

---

① 婚姻状况、家庭结构均为调查时点的情况，与最近一次换工作单位时不一定完全一致。所以，模拟结果所显示的统计量可能含有部分误差。

表 4.9　流动方式的决定因素(多项 Logit 模型)

		非正规部门→ 非正规部门	边际效果 dp/dx	非正规/ 正规部门→ 正规部门	边际效果 dp/dx
外来 劳力	占全体的比率(%)	16.0		15.3	
	常数项	-0.386	-0.052	0.077	0.019
	男性	-0.105	-0.024	0.421***	0.054
	最近流动时的年龄	-0.061***	-0.006	-0.085***	-0.009
	没上过学	0.2340.040		-0.393	-0.054
	中学	-0.128	-0.019	0.081	0.013
	高中	0.175	0.013	0.410	0.046
	大专及以上	-1.859*	-0.231	-0.421	-0.006
	共产党员	-0.219	0.008	-1.491**	-0.175
	共青团员	-0.675**	-0.080	-0.332	-0.024
	已婚人员	0.934***	0.101	0.826***	0.078
	非农业户籍	0.086	-0.011	0.898***	0.107
	户籍登记地	yes		yes	
	Log likelihood	-1144.95			
	样本数(个)	1450			
本地 居民	占全体的比率(%)	1.5		41.3	
	常数项	-15.605	-0.242	1.847	0.496
	男性	-0.669	-0.011	0.192	0.045
	最近流动时的年龄	-0.139***	-0.001	-0.092***	-0.019
	中学	17.328	0.252	0.358	-0.040
	高中	16.665	0.244	0.179	-0.073
	大专及以上	16.708	0.244	0.288	-0.051
	共产党员	-0.397	-0.005	-0.103	-0.019
	共青团员	-0.373	0.002	-1.105***	-0.232
	已婚人员	0.305	-0.006	1.571***	0.331
	0—6 岁幼儿人数	0.901	0.018	-0.661***	-0.146
	7—15 岁少年人数	-0.628	-0.008	-0.253*	-0.050
	60 岁及以上老人	0.062	-0.001	0.271***	0.057
	有自己的房子	-0.147	0.000	-0.318***	-0.066
	Log likelihood	-913.911			
	样本数(个)	1362			

注:(1) ***、**、*分别表示在 1%、5%、10%的水平下显著。

　　(2)没有流动经历者为 0,在非正规部门内部的流动者为 1,非正规/正规部门流向正规部门的为 2,
流动方式没办法确定的除外。

在本地居民中,家里如果有学龄前儿童或中小学生,流动的机率会显著下降,有自己住房的一般也不倾向流动(这些变量的回归系数呈负数,且有显著的统计意义)。但是,家里如果有 60 岁以上老人的,流动的机率会显著上升,达 5.7%。这些结果与我们的常识基本吻合:家里有未成年的孩子,需要有人照顾,流动在一定程度上会受些制约;有了房子,流动的机会成本也相应增加;但是家里如果有老人,孩子就可能得到照应,年轻人就可能比较放心地寻找新的工作。总之,个人的流动行为不仅受自身因素的制约,还受家庭条件的制约。

外劳的流动行为在一定程度上与自身的户籍状况有关。在非正规部门内部的流动,户籍因素没有统计显著性,但能否从非正规流向正规,或者在正规部门内部流动,非农业户籍的作用很重要,户籍的边际机率达 10.7%。

根据以上分析结果,我们可以得出以下结论:一个人能否在不同单位之间流动,起决定性作用的不是性别、教育、政治身份等个人的基本属性,各自的家庭情况往往具有更强的影响力。在所有可以考虑的要素中,最主要的还是个人的户籍所在地以及户籍的性质,总体来说,本地居民、外劳中的非农业户籍人员比一般民工的流动倾向高得多。年龄与流动相关,但教育基本无关。就是说,在目前的城市劳动力市场中,户籍等制度因素的作用依然存在,它的影响力在某些方面甚至大大超越个人的能力要素。

五、小 结

本章利用专项问卷调查的微观数据,实证分析了大城市中劳动力市场的二元性质,即劳动力的总体流动水平很高,但由于制度性因素的制约,本地居民和外来人员在不同市场阶层之间的流动频度、流动方式以及流动的效果截然不同。简言之,高度的流动性和严格的阶层化并存于城市劳动力市场。具体地讲,有以下几点重要发现。

第一,进入 20 世纪 90 年代后期以来,来上海务工经商的外来人口,特别是来自农村的所谓民工人数迅速增加,社会流动出现了空前的活跃。外劳主要从事蓝领工作,与主要从事白领的本地居民形成了鲜明的对照。表面来看,外劳与本地居民各占其所,似乎没有问题。

　　第二，曾经换过工作单位的人员占全员的比率（流动率），本地居民和外劳之间有较大的差距（分别为 48.1%、33.6%）。年龄、学历与流动率的关系在外劳和本地居民之间的表现也不一样，外劳的流动率随年龄增加、学历上升呈下降趋势；本地居民的流动率随年龄增加而上升，但与学历几乎没有关系。

　　第三，在同一水平的市场阶层内部，更换工作单位相对容易。个人从属什么样的市场阶层（非正规、正规、公共），在一定程度上与自身的年龄、性别、学历等个人属性有关，但更重要的还是户籍的所在地，以及户籍的性质（是农业还是非农业）。

　　第四，本地居民可以通过调换工作单位提高工资收入，但外劳的流动大多是徒劳的，流动本身与增收的总体关系十分微弱。至今是否换过工作单位、换过几次、年龄和性别均与此无关，起决定性作用的还是户籍因素。在其他条件相同的情况下，本地居民流动的频度显著高于外劳。

　　第五，不是所有的流动方式都会带来工资收入的增加。本地男性居民的流动增收效果最明显，不管它以何种方式流动；但是，外劳的流动只在非正规部门内部才有增收效果，从非正规部门流向正规部门，或正规部门内部的流动均没有显著的增收效果；女性的流动总体来说与增收无关，她们更多地是因为结婚或随迁才要换单位，为了更多收入而流动的不多。

　　第六，以何种方式流动取决于每个人自身的属性、家庭条件以及制度因素。年龄和婚姻状况很重要，家里是否有未成年子女、是否有老人同居、是否住自己的房子也同样影响个人的流动方式，但最重要的还是户籍因素。

　　既往的有关研究主要通过推算工资函数，比较不同层次劳动力市场的人力资本收益率，据此判断市场的分割性。本章借用了劳动力市场阶层化研究的思路和方法，利用专项调查获取的大量数据，从另外一个角度实证分析了劳动力市场中流动以及阶层化的内在机制。本章最后想要强调的是，通过劳动力市场的竞争机制，人力资本的利用状况得到了明显改善，但由于户籍制度的制约，目前的劳动市场还是二元性质，还没有达到完全的统一。如何消灭城市内部的新二元结构，应该是下一步改革的重要目标。

第 5 章　人力资本、制度与工资差别

——对大城市二元劳动力市场的实证分析

一、本章的背景、主题及构成

在 20 世纪 90 年代后期,中国出现了历史上少有的大规模地区间人口流动。据 2000 年第五次人口普查统计,在 1995 年至 2000 年的 5 年中,有 1 亿 2759 万人改变了常住地,占总人口的 10.3%;离开户口登记地半年以上的所谓暂住人口①也达 1 亿 4439 万人,占总人口的 11.6%。与 1995 年 1% 人口抽样调查的推算结果相比,暂住人口总数 5 年中增加了 140%。

但是,进入 21 世纪以来,流动人口的增速明显减慢。根据 2005 年 1% 人口抽样调查的统计公报,调查时点的暂住人口为 1 亿 4735 万人,比 5 年前的普查数字增加 296 万人,增加率 2.1%,大大低于同期的人口增长率 5%。

在短短的 10 年中,为什么会发生如此大的变化呢? 一般来讲,一个人能否从农村迁居城市,不仅受自身的素质和家庭背景影响,还与所在农村地区的社会经济条件、城市的就业、收入等因素相关。由于农村地区劳力过剩、收入低、文化福利设施落后,其内部时常存有一种推力,对劳力的外向流动发生作用。与之相对应的是,城市部门收入较高,各种社会福利、文化设施较齐全。这些条件往往形成一种强大的拉力,诱引着农村人口的到来。城乡之间流动人口的总量取决于这两种力量的相互作用,推力或拉力越大,从农村流向城市的人口就会增多,反之则会减少。

---

① 据国家统计局的定义,暂住人口指离开户口登记地半年以上,并且没有发生户口迁移的流动人口,它表示到某个调查时点为止的暂住人口的存量。这个统计指标是中国特有的,它起因于户籍制度。国际上通用的是在一定期间内发生移动的流量指标,例如,在过去 5 年中居住地(户口登记地)发生变化的总人口等。

　　党的十六大以来,中央出台了一系列惠农政策,农户收入保持了较高的增长速度。① 这些举措客观上削弱了农村内部的推力。但是,引起城乡流动人口增速减慢的更主要原因可能还在城市内部。就是说,城市部门传统的用工、工资、福利等制度带有明显的歧视性质,对新时代的年轻农民来说,这种制度不公已难以接受。在没有其他更为有效的方法来改变这种不公的情况下,他们选择了市场退出。农民工不仅在就业竞争时与城市居民机会不均等,同工不同酬的现象也比比皆是(Meng,2000;姚先国、赖普清,2004;王美艳,2005a)。有学者指出,中国的城市劳动力市场还没有实现完全的统一,以农民工为主体的外来劳动力(以下简称外劳)基本上位于劳动力市场的最下层,而本地居民则主要在较好的部门就业(孙立平,2003),并且这种分层的依据不是个人的能力和努力程度不同,仅仅是户口的差异。在公然的制度歧视面前,很多年轻的农民子弟放弃了外出打工。

　　有关中国城市劳动力市场存有民工歧视和市场分割,已有很多论说和实证研究,其中经济学和社会学的研究文献尤为突出(厳,1997;Wang 和 Zou,1999;丸川,2002;蔡昉等,2005;蔡昉、白南生,2006;Knight 和 Li,2005)。例如,Meng(2000)利用 1995 年上海市居民和外来人口调查的有关数据,实证分析了农民工与本地居民的工资差别。她的研究结果表明,两者工资差的47%—96%来自人力资本等要素以外的制度歧视(户口);王美艳(2005a)利用 2001 年全国 5 个城市的大样本资料,实证分析了户口制度对工资差的影响,指出农民工与城市居民工资差的 4 成以上来自户口歧视;姚先国、赖普清(2004)也使用了同样的方法,对 2003 年的调查数据进行了分析,得到的结果是,在其他条件相同的情况下,农民工与城市居民工资差的 30% 来自户口歧视。据此我们有理由认为,随着时间的推移,起因于户口的工资差别有所缩小,但它的绝对水平依然很高。

　　但另一方面,不同的劳动力市场阶层内部也存有激烈的就业竞争。为了能得到更高的工资收入或良好的工作环境,外劳也好,本地居民也好,他们都不同程度地在行业之间、企业之间寻找更好的工作,只是外劳大多在非正规部

---

　　① 税费改革加快步伐,2006 年废除了农业税;政府对种粮农户实行直补,免除中西部地区中小学生的学杂费、贫困家庭的课本费等,加大对新型农村合作医疗的财政投入。在 2004 年到 2007 年的 4 年中,农户人均纯收入年增长率都在 6% 以上。

门,本地居民大多在正规部门罢了(严善平,2006;嚴,2006b)。在各自的市场阶层内部,劳动力的供求和工资决定主要受市场机制的约束。其结果是,不管是在农村还是城市的劳动力市场,人力资本的收益率均有较大的上升(李春玲,2003b;李实、丁赛,2004;侯风云,2004;南·羅,2006;杨金风、史江涛,2006),但是在城市的下层劳动力市场中(非正规部门),由于中西部农村可以源源不断地提供廉价劳动力,人力资本往往得不到适当的评价(嚴,2005b)。

基于大量的先行研究,本章将利用包括独自调查在内的有关数据,进一步分析城市劳动力市场的分割性和竞争性。具体地讲,本章以上海市为对象,实证分析外劳和本地居民构成的劳动力市场的基本结构,以阐明大城市二元劳动力市场的主要特征。选择上海市作为分析对象,除了那里有大量的外来人口,更重要的是存有非常丰富的调查资料。①

本章的构成如下:首先,概要说明二元劳动力市场理论的基本思路,并在此基础上提出本章的理论假说和计量分析的框架;其次,简要说明本章使用的调查数据,定量描述劳动力市场的基本特征;再次,援用明瑟的工资函数理论,计量分析人力资本、户口制度等因素与工资的关系,旨在说明城市劳动力市场的二元性质,即外劳与本地居民的市场分割性和各阶层内部的竞争性;最后,总结实证分析的要点,指出近年出现的"民工荒"现象主要起因于劳动力市场的制度性分割,尤其是对农民工的就业和工资歧视。

二、二元劳动力市场理论的思路与本章的假说

1. 二元劳动力市场理论的思路

根据人力资本理论的思路,个人拥有的知识、技能、教养等综合能力与物质资本具有同样的提高生产率的功能。这种能力又可以分为通过学校教育得到的、通用性较强的一般性人力资本和在工作实践中体验得到的、专业性较强的特殊人力资本(小塩,2002)。前者通常用个人的最终学历或在学的年

---

① 为了加强流动人口管理,早在20世纪80年代初,上海市统计局、上海社会科学院等部门便开始了较大规模的流动人口调查。迄止2003年,包括2000年的人口普查,上海市一共进行了7次大规模的流动人口调查。最近的调研报告有王午鼎(1995)、张鹤年(1998)、Wang和Zou(1999)、嚴(2005a)等。

数,后者用工龄来表示。新古典经济学派认为,在充分竞争的劳动力市场中,同等的人力资本应该可以得到大致一样的收益率。

但是,在现实中,由于种族、性别、年龄的不同,人们在就业竞争、工资待遇等方面常常要面临一些难以逾越的有形无形的歧视。众所周知,在典型的市场经济国家美国,白人与黑人的工资依然存有难以解释的差异,日本的性别工资差之大也是很有名的,还有中国的农民工与城市居民的工资差,等等。也就是说,同等的人力资本未必就能得到一样的收益率,新古典经济学派勾画的劳动力市场并不能准确反映现实的情况。

二元劳动力市场理论认为,现实的劳动力市场不是一个统一的整体,它由两个性质截然不同的子市场构成,即人力资本可以得到正当评价的第一部门(primary sector)和得不到正当评价的第二部门(secondary sector)。前者主要由一些大企业、政府机关、教育研究机构等正规部门组成,它的基本特征是工资水平高、工作稳定、就业环境良好;与之相反,后者主要由非正规的中小企业构成,工资低、福利差、就业不稳定是该部本的最大特征(Doeringer 和 Piore,1971;Piore,1983;Dichens 和 Lang,1985)。刚从学校毕业的学生能否一次性的进入第一部门,已经就业的人员能否从第二部门转移到第一部门,重要的不仅仅是个人的人力资本有多少,个人的属性因素也十分重要,尽管这些因素与个人的能力未必有很大关系(王美艳,2005b;Lu 和 Song,2006)。

劳动力市场中存有的种族或身份歧视不仅违背了人人平等的时代精神,对当事人和整个社会来说,因人力资本得不到有效利用而产生的经济损失也是个重大的问题。所以,我们有必要对劳动力市场的二元化程度进行研究,考察二元结构的基本特性、就业歧视的内涵及其变化的机制,以寻找其背后的深层原因。

2. 本章的理论假说

进入 20 世纪 90 年代以来,市场化改革进一步深化,个体、私营、外资等非公有制部门成长壮大,包括国有部门在内的所有企事业单位灵活利用市场的调节机制,在录用员工、决定工资水平等方面享有了很大的自主权。同时,伴随户口制度的改革,大批农村劳动力流向沿海地区,参与市场的就业竞争。由此,我们可以说中国的劳动力市场在某种程度上已经形成。

之所以说在某种程度上,是因为劳动力市场的机制还没有充分健全。人们确实可以在地区间自由流动,也可以自主择业,但半个世纪前制定施行的户口登记条例依然生效,户口的迁移依旧被严格限制。很多农民工移居他乡工作生活多年,成了实质上的当地居民,但由于在现住地没有户口,就业受限制,工资待遇、社会福利、子女教育等方面也不同程度地受到差别对待,甚至公然的歧视。

就是说,中国的城市劳动力市场既有竞争的一面,也有制度歧视的另一面。在比较健全的市场经济体制下,劳动力市场的基本功能是对劳动资源的有效配置。因为企业要实现利润最大化,它必然地会依据边际劳动生产率等于工资率原理支付员工工资,所以个人拥有的人力资本越多,他的劳动生产率水平也就越高,相应的工资当然也就越多。

但是,在存有制度歧视的就业环境下,这种情况有可能不会发生。在中国的城市劳动力市场中,即使你有较高的工作能力,也有较强的工作热情,但如果你的户口是农民,你很有可能进入不了工作条件较好的第一部门。相反,如果是当地居民,即使你的能力平平,说不定也能找到一份比较称心的工作。因户口限制而不得不选择第二部门的农民工,他们的人力资本往往得不到正当评价,全社会也因此蒙受损失。

针对上述城市劳动力市场的两面性,本章提出以下三点理论假说。

假说1:随着市场化改革的不断深入,劳动力市场的调节功能逐渐增强,并且这种倾向在所有部门都有所显现,具体地表现为人力资本收益率的大幅度上升。

假说2:城市劳动力市场呈二元结构,第二部门(secondary sector)主要由外劳构成,而本地居民主要从业于第一部门(primary sector)。在第一部门,工资收入随人力资本增加而迅速上升,而在第二部门,两者关系相对微弱。

其结果是,尽管市场化程度不断提高,但城市劳动力市场的二元结构并没有解体,外劳与本地居民的人力资本收益率总体来说没有缩小倾向。

假说3:个人属性(性别、政治面貌、户口),工作单位的性质(所有制形态、行业)等因素也对工资水平发生影响,但各个因素的影响程度随时间推移而变化。总的来说,社会对女性的工资歧视有所改善,不同所有制形态和行业之间的工资差距有所缩小,户口所在地的作用有所减弱,政治身份和非农业户口依然保持着较高的价值。

3. 工资函数的定义

人力资本与工资水平的关系可以用以下的半对数函数表示（Mincer，1974；中马，1995）：

$$\ln w = \alpha + \rho s + \beta x - \gamma x^2$$

其中 w、ρ、β 分别表示工资水平、一般性人力资本（教育 s）和特殊人力资本（工龄等 x）的收益率，α、γ 为常数项和工龄平方的系数。通常，一个人的工资所得与其教育程度、工作经验相关，受教育的年数越多，收入也就越高；工龄与工资之间也存有正相关关系，但工龄达到一定水平后，工资开始下降。

在充分竞争的劳动力市场中，等同的人力资本应该可以得到大致相同的回报，彼此之间不会因为人种、性别、户口的不同产生收益率的差异。人们可以根据自身的情况在不同地区、行业、企业之间流动，以实现最大的收益率。反之，在不同的群体之间，如果人力资本收益率相差较大，则意味着这里可能存有制度性壁障，劳动力市场有可能被人为分割。故此，在实证研究中，为了提高不同群体之间的可比性，有必要在上列函数中增加相关的控制变量，如反映个人属性的性别、户口等制度因素、工作单位的所有制性质和行业等。

三、上海市劳动力市场的基本特征

1. 本研究的数据概况

本章数据来自上海市有关部门对流动人口及本地居民进行的 4 次抽样调查。第 1 和第 2 次分别是 1995 年 10 月的流动人口调查和 1996 年 1 月的常住及流动人口调查。按照本章的分析需要，我们从两次调查的原始样本中分别抽出了外地来上海的受雇就业者 3210 人、持有上海户口的本地受雇就业者 2449 人。第 3 次是 1997 年 9 月进行的流动人口调查。因为该调查包括了在县区之间流动的本地居民，所以我们可以把这部分人从原始数字库中抽出来进行分析。去除非就业型流动人员，分别得到外劳和本地居民有效样本 28984 人、1876 人。第 4 次是 2003 年 10—11 月进行的外劳及本地居民就业状况调查，调查样本分别为 1505 人、1500 人。笔者直接参与了此次调查的设计和实施，调查项目参照了此前的有关调查问卷，在一定程度上保持了前后的可比性。

由于每次调查都有特定的目的,所以4次抽样调查的对象、调查项目及其定义等方面存有一定程度的差异。在做纵向比较分析时,有必要对部分变量做适当的处理,例如在行业、职业分类时,要对某些项目做调整。但尽管如此,调查的实施主体和主要参与人员基本上没有大的变动,这就从根本上保证了数据的连续性和质量,利用这些数据的分析结果应该是有效的。

2. 本地居民的整体形象及其就业状况

表5.1是对上述调查数据的汇总结果,它反映了三个调查时点上海本地居民的个人属性、工资和就业等基本情况。根据本表的数字所示,我们可以对本地居民的属性特征及其就业状况做以下概括。

表 5.1　上海籍居民调查对象的基本情况　　　　（单位:%）

	1995 年	1997 年	2003 年
平均月收入(元)	830	851	1499
月收入的自然对数	6.72	6.75	7.31
教育年数(年)	10.3	10.6	12.0
年龄(岁)	40.1	36.8	40.7
男性	53.4	60.9	62.4
非农业户口	93.1		
中共党员	17.7		19.7
月就业天数(日)			22.0
日工作小时数(小时)			8.6
周工作天数(日)	41.7		
国有企业	(68.5)	41.7	44.4
集体企业	(20.4)	13.8	8.8
三资企业	(4.0)	12.0	14.1
私营企业	(1.6)	5.4	11.4
党政机关		0.9	12.0
个体户	(2.0)	10.9	2.0
居民家庭		1.1	0.2

续表

	1995 年	1997 年	2003 年
事业单位		4.8	
乡镇企业		2.8	
其他	(3.5)	6.8	7.2
样本数(人)	2135	1876	1505

注:(1)空白表示没有调查数字,没有单位表示的均为百分比。
　　(2)1995 年调查表中的工作单位被划分为国有、集体、个体、私营及其他,可以认为"党政机关""事业单位"包含在"国有"当中。
　　(3)2003 年的"党政机关"包含"事业单位"。

第一,2003 年上海本地受雇就业者的平均教育年数、年龄和男性比率分别为 12.0 年、40.7 岁和 62.4%,与 1995 年、1997 年的调查结果相比,三项指标的数值均有所上升;中共党员比率也上升了 2 个百分点。不过,这些变化是起因于人口的结构变动,还是调查对象的变化,在此不得而知。从调查样本的规模来看,很可能来自前者。

第二,本地居民基本上周休两天,日工作 8 小时,属于比较规范的就业状态。在 1995 年以后的 8 年中,从业于国有单位(党政机关、企事业单位及教育研究机构)的比例大大下降,相对应的是外资企业、私营企业、个体户等非国有单位比率大大上升。应该说这个结果是符合实际情况的,因为此时正是所有制改革步伐和市场化进程最快的期间。

3. 外劳的整体形象及其就业状况

下面再来看一下外劳的基本情况。表 5.2 是三个时点抽样调查的汇总结果。首先,有关外劳的属性特征,我们可以得到以下 4 个基本事实:第一,外劳的平均教育水平从 1995 年的 8.2 年增加到 2003 年的 9.0 年,相当于初中毕业水平。虽有上升趋势,但比本地居民少 2 至 3 年。第二,外劳的平均年龄在三个时点分别为 28.5 岁、29.9 岁、30.7 岁,比本地就业居民的平均年龄小 10 多岁。值得注意的是,调查前后间隔 8 年,而平均年龄仅上升了两岁。这表明了以农民工为主体的外劳具有较高的流动性,年轻人源源不断地流入,上了岁数的被迫离城回乡。第三,外劳中男性人口所占比率有所下降,但 2003 年调查中仍有 6 成为男性。这个现象可能与上海市的产业结构相关。第四,非农业户口占外劳的比率比较稳定,大约为 14%。反过来说,外劳的主体是持有农业户口的农民。这个数字与 2000 年上海流动人口普查的结果基本一致。通过上列指标,我们可以判断,本研究的原始数据具有一定的代表性,该数据的分析结果应该可以用来说明上海劳动力市场的一般情况。

其次,看一下有关外劳就业的基本情况。如表 5.2 所示,1995 年调查中外劳的周工作时间达 51.5 小时,比本地居民多 10 个小时。在 2003 年调查中,外劳的月工作日及日工作时间平均达 28.1 日、10.7 小时,比本地居民多 6 日、2 小时。实际上,除了部分在大企业等单位工作的人员,绝大多数农民工基本上处于无休息日、长时间的就业状况。尽管如此,其平均工资收入大大低于本地居民。

再次,外劳从业单位的所有制性质和行业方面也有明显的不同于本地居民的特征。例如,在 1995 年、1997 年调查中,在建筑业工作的外劳较多,而在 2003 年调查中,从事商业工作的明显较多。这里可能存有调查样本的偏向问题。

最后,我们来看一下外劳的户口所在地及来上海后的逗留期间。在三个时点的调查对象中,来自不同省区的比率有所变动,但总的结构基本稳定,来自近邻的江苏、安徽、浙江、江西占了前 4 位,四川籍的也较多。抽样调查结果与人口普查的基本一致。外劳在上海的逗留期间逐渐变长也是个值得注意的现象。例如,在 1997 年调查中,逗留期间不满 1 年的占了总人口的大约一半,5 年以上的仅有 1 成左右,而在 2003 年调查中(不完全可比),这两个指标分别变化为 14%、40%。

表 5.2　外来从业人口的基本情况　　　　　(单位:%)

1995 年雇用流动人口		1997 年经济型流动人口		2003 年外来从业人口	
平均业收入(元)	588	平均业收入(元)	695	平均业收入(元)	1225
月收入的自然对数	6.38	月收入的自然对数	6.54	月收入的自然对数	7.11
教育年数(年)	8.2	教育年数(年)	8.6	教育年数(年)	9.0
年龄(岁)	28.5	年龄(岁)	29.9	年龄(岁)	30.7
男性	67.1	男性	70.3	男性	59.8
非农业人口	14.9	非农业人口	14.5	非农业人口	12.5
				中共党员	2.9
				月工作天数(日)	28.1

续表

1995 年雇用流动人口		1997 年经济型流动人口		2003 年外来从业人口	
周工作天数（日）	51.5			日工作小时数（小时）	10.7
		国有企业	31.5	国有企业	5.8
		集体企业	14.7	集体企业	5.2
		三资企业	6.6	三资企业	4.2
		私营企业	5.0	私营企业	28.5
		党政机关	0.3	党政机关	0.7
		个体户	29.6	个体户	54.5
		居民家庭	2.0	居民家庭	0.7
		事业单位	2.4	其他	0.5
		乡镇企业	8.0		
建筑业	36.4	建筑业	28.8	建筑业	5.7
		运输业	5.4	运输业	2.8
商业	14.2	商业	12.6	商业	48.1
服务业	9.0	服务业	12.1	服务业	18.8
制造业	26.2	加工、手工业	24.8	制造业	19.9
农林牧渔业	1.2	农林牧渔业	3.7	农林牧渔业	0.7
其他	10.2	其他	12.5	其他	3.9
安徽省	28.2	安徽省	23.3	安徽省	26.3
江苏省	35.6	江苏省	29.1	江苏省	30.1
浙江省	8.7	浙江省	14.2	浙江省	8.5
江西省	3.4	江西省	6.4	江西省	7.4
四川省	12.5	四川省	9.7	四川省	5.3
其他地区	12.0	其他地区	17.3	其他地区	22.3
		来上海未满 1 年	50.7	来上海未满 1 年	14.1
		来上海 1—5 年	37.5	来上海 1—5 年	37.3
1992 年以后来上海	78.1	来上海 5—10 年	8.7	来上海 5—10 年	24.3
1986—1991 年来上海	14.7	来上海 10—15 年	2.5	来上海 10—15 年	12.5
1985 年以前来上海	4.9	来上海 15 年以上	0.7	来上海 15 年以上	3.2
有效样本数（人）	3208	有效样本数（人）	28984	有效样本数（人）	1500

注：空白表示没有调查数字，没有单位表示的均为百分比。

四、基于工资函数的实证分析

如前所述,现实的劳动力市场并非完全统一,每个人在寻找工作时,因其基本属性(性别、户口等)所限,往往不能够完全凭自己的能力和态度,进入理想的工作场所。换句话说,在不同的劳动力市场阶层中,同等的人力资本未必可以得到相同的回报。比如在中国,男女之间、农民工与本地居民之间,无论是从事的行业、职业,还是工资待遇、晋升方面,都存有能力差所无法解释的差异。故此,在比较外劳与本地居民的人力资本收益率时,有必要排除有关因素的影响,在同等条件下对比。

我们在明瑟工资函数中导入反映个人属性(性别、户口)、工作单位特征(所有制、行业、职业)的有关变量,建立如下的工资函数:

$$\ln(w_j^t) = a^t + b_1 E_{1j}^t + b_2 Exp_j^t + b_3 Exp_j^{2t} + \sum_i DummyH_{ij}^t + u^t$$

其中 j 表示个人代号,t 表示外劳和本地居民,w、E、Exp 分别表示工资、教育年数和年龄(工龄的代理变量),a、b、u 分别为常数项、回归系数、误差项,H 表示性别、户口、所有制、行业、职业等虚拟变量。表 5.3 是扩展型工资函数的推测结果。

表 5.3 人力资本收益率的比较(明瑟工资函数)

	1995 年流动人口调查	1995 年常住人口调查	1997 年流动人口调查		2003 年上海籍居民、外来人口就业状况调查	
	外来劳动人口	上海籍居民	外来劳动人口	上海籍居民	外来劳动人口	上海籍居民
常数项	4.780 ***	5.331 ***	4.997 ***	5.967 ***	4.776 ***	5.950 ***
教育年数	0.046 ***	0.049 ***	0.065 ***	0.063 ***	0.061 ***	0.104 ***
年龄	0.063 ***	0.040 ***	0.044 ***	0.007	0.089 ***	−0.002
年龄平方/100	−0.069 ***	−0.046 ***	−0.052 ***	−0.016 **	−0.115 ***	0.000
修正后决定系数	0.199	0.082	0.140	0.133	0.118	0.218
样本数	2962	1952	28766	1726	1477	1496

注:***、**、* 分别表示在 1%、5%、10% 的水平下显著。

1. 人力资本(教育)收益率

根据回归系数及其有意水准,我们可以得到以下几点有趣的事实:第一,在所有的模拟结果中,表示人力资本数量的教育年数①与工资之间均存有正的相关关系,总的倾向是学校教育的年数越多,工资的相对水平也就越高。第二,在 1993 年 11 月党的十三大提出建立社会主义市场经济之后的调查(1995年)数据分析表明,无论是本地居民还是外劳,教育收益率都明显偏低,多一年学校教育,工资增幅仅有 2.6% 至 3.7%。第三,90 年代后半期以来,市场化改革不断深入,教育的收益率也随之明显上升,本地居民尤为显著,2003 年调查结果为 8.5%。第四,本地居民与外劳的教育收益率存有较大的差距,并且这个差距随时间推移而扩大。

即使教育程度相当,但户口在上海还是外地,工资水平会截然不同。图5.1 是扩展型工资函数中教育与工资关系的图示结果,它表示了在其他条件相同的情况下,教育年数与工资水平理论值的对应关系。可以很显然地看出,在三个不同的调查时点,外劳与本地居民的工资差距不仅大,而且越来越大,受教育程度的层次越高,两者的差距也就越大。例如,在 1995 年调查中,接受16 年教育(大专以上学历)的本地居民与外劳的工资差是 1.7 倍,1997 年调查中的两者差距为 2.3 倍,而到了 2003 年,该数字增大到 6.4 倍。要强调的是,上述倾向在所有的教育程度层都明显存在。就是说,在 90 年代以来的城市劳动力市场中,本地居民的教育投资可以得到较高的收入回报,而对外劳来说,教育投资的增收效果十分有限。这种现象与二元劳动力市场理论的主张基本吻合(Doeringer 和 Piore,1971;Cain,1976;Dickens 和 Lang,1985)。

2. 年龄增加与工资

我们再来考察一下年龄对工资的影响。这里的年龄为工龄的代理变量,它可以反映一个人的工作经历或经验的多少,也可以理解为明瑟工资函数中的特殊人力资本。如表 5.3 的数字所示,年龄与工资的关系在外劳和本地居民之间也呈现了完全不同的状况。依据同表的系数,可以得到图 5.2,它反映了在其他条件相同情况下年龄变化与工资水平的关系(因为这里主要考察工

———————————
①　在本章中,学历与教育年数的关系定义如下:没上过学 3、小学 6、中学 9、高中或中专12、大专或大学以上 16。

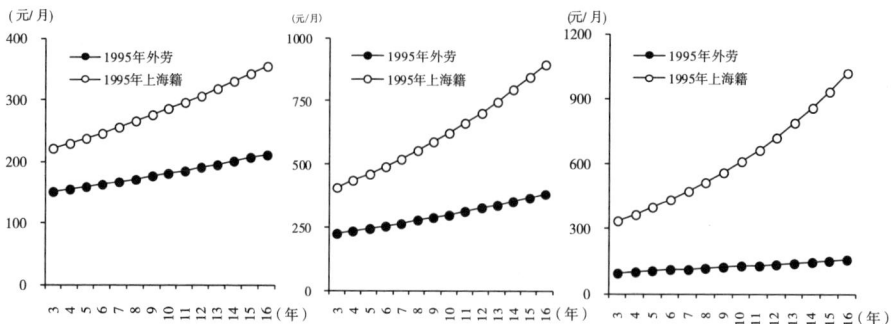

图 5.1 外劳与上海籍居民教育年数—收入曲线的比较（其他条件相同情况下的理论值）

资曲线的相对位置和斜率，所以没有对工资做可比价处理）。从图 5.2 中可以得到两条有趣的事实。

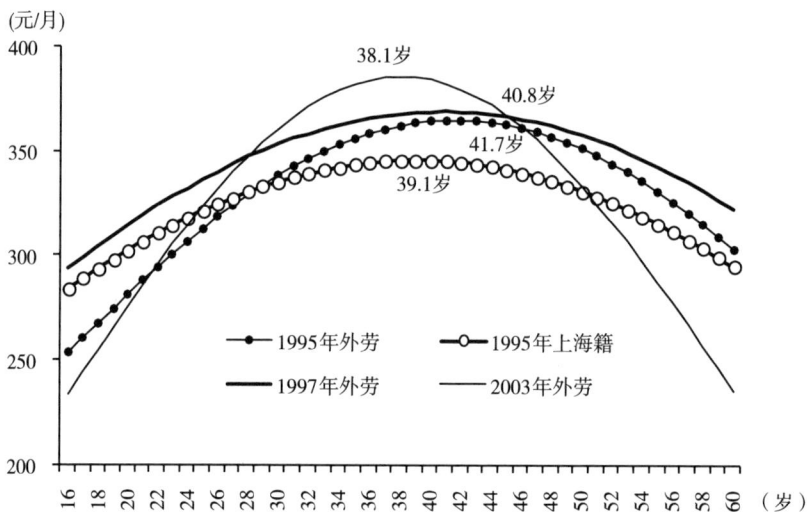

图 5.2 外劳与上海籍居民年龄—收入曲线

第一，1995 年调查的分析结果显示，外劳和本地居民的工资收入均与年龄之间存有二元函数关系，而在 1997 年和 2003 年的调查分析结果中，这种关系只存于外劳中，本地居民的工资收入与年龄的二元函数关系不怎么显著。

第二，外劳与本地居民达最高工资时的年龄也存有差异，1995 年调查中两者之差为 2.6 岁。值得注意的是，在 1997 年和 2003 年调查中，外劳的最高工资年龄有所下降，并且工资曲线的斜率也较大。根据现地调查的感性认识，我们可以对这一统计现象做如下的解释:大多数外劳主要就业于劳动强度大、休假时间又少的建筑工地、工厂、餐馆、商店等行业,他们的工作往往更需要旺盛的精力和健壮的体力。在具备了这些条件的青壮年时期,工资收入有可能迅速增加,而一旦体力下降,手脚不怎么灵巧了,作为劳动力的价值则很快下降。

3. 性别与工资

在日本等市场经济国家,男女的工种、工资、晋升等方面同样存有差别,并且这种差别不完全起因于男女的能力差。女性往往只因为是女性,她们得不到与男性相同的就业、晋升机会,工资收入也因此大大低于男性。实际上,如果女性固有的生命周期(结婚、出产、子女教育等)得不到社会的应有照顾,她们只能在工作和家庭之间做无奈的选择。这就是所谓的社会性差问题,也是一个全球性的难题。

根据表5.4的数据显示,对女性的工资歧视在社会主义中国也同样存在。三个时点的数据分析结果均表明,中国的女性歧视在外劳中有,在本地居民中也有,可以说是一个非常普遍的社会现象。在其他条件相同的情况下,男性工资收入比女性的要高出15%—30%。[1] 不过总的来说,随着时间的推移,女性的工资歧视有改善的倾向,其中本地居民尤为明显,两者的工资差从1995年的28.6%下降到2003年的14.8%。[2]

表5.4　明瑟工资函数扩张型的推测结果

	1995 年流动/常住人口调查			1997 年流动人口调查			2003 年上海籍居民及外来人口就业状况调查	
	外来劳动力	上海籍居民		外来劳动力	上海籍居民		外来劳动力	上海籍居民
常数项	4.937***	5.286***	常数项	5.299***	5.831***	常数项	4.466***	5.560***
教育年数	0.026***	0.037***	教育年数	0.041***	0.060***	教育年数	0.038***	0.085***

[1] 我们对男性、女性的工资函数分别进行了推测,得到的结果耐人寻味。在本地居民中,男女的教育收益率1997年分别为5.5%、6.3%,2003年分别为7.7%、8.5%,女性略高于男性。这个结果与国外的很多研究基本一致。在平均教育水平相对较低的女性群体中,人力资本的稀缺性较高,接受过较多教育的人,自然地可以得到相对多的收入。但是,这个常识性现象不适用于外劳,例如在2003年调查中,男女的教育收益率分别为5.5%、1.6%。

[2] 姚先国、赖普清(2004)利用全国11个城市900人的调查数据做了类似的分析,得到的结果是,城市居民的男女工资差为18.6%,农民工的男女工资差为20.1%。

续表

1995 年流动/常住人口调查			1997 年流动人口调查			2003 年上海籍居民及外来人口就业状况调查		
	外来劳动力	上海籍居民		外来劳动力	上海籍居民		外来劳动力	上海籍居民
年龄	0.046 ***	0.029 ***	年龄	0.030 ***	0.003	年龄	0.078 ***	0.011
年龄平方/100	-0.055 ***	-0.037 ***	年龄平方/100	-0.037 ***	-0.010	年龄平方/100	-0.103 ***	-0.017
男性	0.175 ***	0.286 ***	男性	0.163 ***	0.196 ***	男性	0.155 ***	0.148 ***
非农业户口	0.167 ***	0.135	非农业户口	0.133 ***		非农业户口	0.154 ***	
中共党员		0.072 ***				中共党员	0.184 **	0.177 ***
						月就业天数	0.019 ***	0.008 **
周工作小时数	0.004	0.004 ***				日就业小时数	-0.010 *	0.009
单位负责人	0.333 ***	0.164 *	集体企业	0.021 ***	0.045	集体企业	0.036	-0.170 ***
专业技术人员	0.144 ***	0.064 *	三资企业	0.038 ***	0.150 ***	三资企业	0.489 ***	0.227 ***
办事人员	0.136 **	0.063	私营企业	0.034 ***	0.112 **	私营企业	0.200 ***	-0.045
商业工作人员	0.205 ***	0.062	党政机关	-0.057	0.166	党政机关	-1.302 ***	0.023
服务性工作人员	0.045	-0.007 *	个体户	-0.077 ***	-0.062	个体户	0.334 ***	-0.021
农业劳动者	0.166	-0.388 ***	居民家庭	-0.081 ***	0.088	居民家庭	0.327 *	-0.710 ***
其他劳动者	0.170 ***	-0.145	事业单位	-0.102 ***	-0.142 ***			
			乡镇企业	-0.037 ***	-0.128 *	其他	0.208	-0.345 ***
建筑业	0.064 ***	-0.026	建筑业	0.208 ***	0.059	建筑业	-0.034	0.156 **
运输业		0.006	运输业	0.118 ***	0.449 ***	运输业	0.240 ***	0.247 ***
农林牧渔业	-0.154	0.334	农林牧渔业	-0.122 ***	-0.349 ***	农林牧渔业	-0.249	-0.152
商业	-0.204 ***	0.024	商业	0.183 ***	0.227 ***	商业	-0.140 ***	-0.071 *
服务业	-0.161 ***	0.105 *	服务业	-0.027 ***	-0.006	服务业	-0.153 ***	-0.102 **
教育研究机关		-0.104 ***				采掘业	-0.824	

续表

1995 年流动/常住人口调查			1997 年流动人口调查			2003 年上海籍居民及外来人口就业状况调查		
	外来劳动力	上海籍居民		外来劳动力	上海籍居民		外来劳动力	上海籍居民
党政机关及社会团体	-0.125 ***		手工业	0.013	-0.036	电煤水生产供应	0.293	0.131
其他行业	-0.003	-0.093 *	其他行业	-0.011	0.000	金融业	0.185	0.324 ***
						房地产业	-0.067	0.036
						卫生体育等	0.075	0.065
						教育文艺等	0.430	0.178 ***
						科研单位	0.560 ***	0.181 **
						其他行业	-0.798	-0.008
修正后决定系数	0.297	0.216	修正后决定系数	0.253	0.262	修正后决定系数	0.208	0.35
样本数	2901	1951	样本数	28756	1726	样本数	1477	1493

注：(1)空白表示该变量没有数字。

　　(2)***、**、* 分别表示在 1%、5%、10% 水平下显著。

　　(3)表示职业、行业、所有制性质的控制变量分别以生产运输建筑工人、制造业或加工业、国有企业为参照系；性别、户籍和政治身份分别以女性、农业户口、非中共党员为参照系。

出乎意料的是，在 1995 年、1997 年调查的分析结果中，本地居民中女性的工资歧视程度比外劳要高出很多。一般来说，本地居民主要就业于党政机关、国有企事业单位、科研教育机构等，那里的社会性差应该是较小的，但现实并非如此。外劳中的性差问题相对易于理解，因为在以体力劳动为主的行业、职业中，性别因素固然重要，但更为重要的是年轻力壮，精力旺盛。

关于性别差异，还有一点值得注意的倾向。随着时间的推移，外劳与本地居民的性差程度趋于收敛，2003 年调查中两者均降低到大约 15% 的水平。这也许表明，伴随市场化改革的深入，劳动力市场的调节功能增强，外劳与本地居民的性别差也逐渐缩小。

4. 职业、行业、所有制与工资

如前所述，4 次调查中均含有个人的职业、工作单位的行业和所有制等指标。经过对相关指标进行处理，我们可以对三个时点工资函数中的有关变量作纵向比较,以把握劳动力市场结构变动的有关特征。

首先,依据 1995 年调查的分析结果,考察职业对工资的影响。从表示职业的说明变量的回归系数可以看出,外劳中单位负责人、专业技术人员以及办事人员等白领的工资水平比生产建设劳动者的高出许多,连商业从业人员的工资水平也呈现了同样的倾向。本地居民中虽然也有类似现象,但不同职业之间的工资差别却要小得多。为什么外劳与本地居民之间有如此大的不同?最大的原因可能在于劳动力市场的形成状况有所不同。在国有企业改革还没有全面展开的 1995 年,本地居民之间就业竞争机制尚未健全,分配上依然存有较为严重的平均主义。而对外劳来说,他们利用各种关系来到了上海,再通过激烈的市场竞争才找到了一份工作,所以,处于白领阶层的自然会得到比蓝领高得多的收入。

其次是不同行业间的工资差别。表 5.3 的回归系数显示,1995 年的外劳劳动力市场中,因所属的行业不同,各自的工资水平也截然不同。相比之下,本地居民的情况却大不一样:与制造业的工资水平相比,党政机关、教育科研机构的工资反而较低,其他行业均没有显现统计上的有意性。但是,到了 2003 年,上述情况发生了根本的变化。具体如下:

第一,无论是外劳还是本地居民,交通运输业的从业人员总体上要比制造业的工资高出 25% 左右。与 1997 年时的状况相比,该行业中外劳的工资相对上升,本地居民的相对下降,两者呈现了收敛趋势。换句话说,在各行业中,交通运输业的工资优势仍然存在,但在本行业内部,外劳与本地居民的差距在缩小。据此我们可以说,劳动力市场的统一化程度有所提高。

第二,在本地居民中,金融业从业人员的高工资非常显著。这种情况与日本等发达国家相似。教育研究机构的工资水平相对上升,比制造业高 2 成左右,与 1995 年时的情形形成了鲜明的对照。这个结果如实反映了全社会越来越重视知识、收入分配政策实现了向脑力劳动的倾斜。

第三,对那些不需要很多资金和技术,参入壁垒较低的商业、服务业,劳动力市场中的就业竞争越发激烈。故此,在该行业的从业人员,不管是外劳还是本地居民,其工资水平都相对较低。由此我们可以进一步推测:在上海的下层劳动力市场中,外劳与本地居民之间业已形成了直接的就业竞争。

第四,除了上述行业以外的其他领域,行业间的工资差别没有显示统计上的有意性。这或许可以说明,在经济发展和市场化的不断推进过程中,劳动者逐步实现了在不同行业之间的择业流动,其结果是行业间的工资差相对缩小,以致最后消失。

最后,我们有必要进一步考察所有制与工资的关系,因为在转型时期的中国,所有制形态多种多样,不同所有制之间还存有不同程度的制度性差异。1997 年调查的分析结果显示,在集体、外资和私营企业工作的外劳比在国有企业能得到较多的工资收入,而个体户、家政服务人员的工资水平则相对较低。本地居民中也存有类似现象。

但是,在市场化过程中,所有制与工资的关系也发生了较大的变化。如2003 年调查的分析结果所示:对外劳来说,不仅外资、私营企业,连个体户、家政服务人员的收入也较国有企业的高出很多;对本地居民来说,国有企业相对于集体企业和家政服务,它仍然保持了一定的优越性,但与外资企业相比,其劣势明显突出,与私营企业、党政机关、个体户相比,统计上有意的工资差别业已消失。这很可能起因于国有企业的一系列改革,特别是 1998 年至 2003 年的 5 年中大举推进的私有化、民营化改革。上述变化应该归根于市场化改革的深化,这也从另一个侧面反映了劳动力市场的完善和发展。

5. 逗留期间、户口所在地与工资

根据发展经济学有关城市非正规部门中就业、劳动移动与收入之关系的思路,我们来进一步考察外劳来上海后的居住期间对工资收入的影响。一般来讲,外劳在上海生活的时间越长,他不仅可以逐步习惯当地的风土人情,还可以通过熟人介绍,找到更为满意的工作单位。换言之,在其他条件相同的情况下,外劳在上海逗留的时间越长,其工资收入因该逐渐增加,两者之间存有正相关关系。

另外,我们还考察了外劳的户口所在地与其工资收入的关系。在没有分割的劳动力市场中,每个人的户口所在地本身不应该对他的工资水平发生作用,大家都凭自己的能力和努力参与就业竞争、晋升竞争。但反过来说,如果其他条件大致相同,仅因为户口所在地不一样而产生工资差别,则说明劳动力市场因出生地不同而被分割。

基于上述考虑,我们在表 5.3 的外劳工资函数中增加了逗留期间和户口所在地变量,模型的推测结果如表 5.5 所示。首先来看一下户口所在地的影

响。在 1995 年调查中,来自江苏和浙江的外劳工资较安徽的高 8% 左右,在
1997 年调查中,来自江苏和浙江的工资仍然较高,而江西和四川来的反过来
比安徽的低。这表明,在 90 年代中期前后,由外劳构成的劳动力市场很有可
能因各人的出生地不同而被分割。但是,到了 2003 年,情况发生了较大的变
化。除了浙江和福建两省来的工资较高之外,其余地区之间的差别基本消失。
这也应该归根于劳动力市场进一步完善和发展。①

表 5.5 外劳的户口所在地,逗留上海的时间与工资的关系(工资函数的一部分)

1995 年调查		1997 年调查		2003 年调查	
江苏省	0.077 ***	江苏省	0.057 ***	江苏省	0.016
浙江省	0.085 ***	浙江省	0.130 ***	浙江省	0.136 ***
江西省	0.059	江西省	−0.072 ***	江西省	0.016
四川省	0.022	四川省	−0.049 ***	四川省	−0.069
				山东省	0.014
				福建省	0.262 ***
		来上海 1—5 年	0.055 ***	来上海 1—5 年	0.220 ***
		来上海 5—10 年	0.109 ***	来上海 5—10 年	0.290 ***
1986—1991 年来上海	0.143 ***	来上海 10—15 年	0.129 ***	来上海 10—15 年	0.251 ***
1985 年以前来上海	0.152 ***	来上海 15 年以上	0.067 **	来上海 15 年以上	0.263 ***

注:(1)空白表示该变量没有数字。
　(2)***、**、* 分别表示回归系数的统计显著性为 1%、5%、10%。
　(3)户口所在地及逗留时间分别以安徽省,1992 年以后来上海,或来上海未满以年为参照系。

其次是逗留期间的影响。如表 5.4 所示,在其他条件相同的情况下,来上
海一年以上的外劳比不满一年的工资收入要高出不少,2003 年调查的结果尤
为显著,达 20% 至 30% 左右。在 1997 年调查中,逗留的时间越长,工资水平
逐渐上升,而 2003 年调查的结果没有显现这种倾向。就是说,外劳在抵达上
海后的第一年中,随着对环境的适应,收入水平会逐渐增加,但这种效果此后
随即消失,逗留的时间再长,其本身对增收没有多大意义。

────────────

① 出生地对工资的影响并不是绝对的。即使不是上海本地出身,但通过上大学、参军等方
式定居上海的本地居民,他们的出生地基本上不成问题。倒不如说,具有类似性质的本地居民
往往比土生土长的有更好的职业和较高的收入。根据 1995 年调查的数据分析,土生土长的和从
外地迁入的上海籍本地居民,其教育收益率分别为 3.5%、4.2%,后者居高。

五、小　结

本章利用了上海市有关部门进行的 4 次大型调查的微观数据,动态分析了外来就业人口及本地居民的就业状况和工资决定机制,在一定程度上揭示了上海劳动力市场的基本结构和变化趋势。在实证分析中,我们援用了明瑟工资函数的基本思路,并结合中国的特殊情况,分别建立了本地居民和外劳的工资决定模型。

通过数据分析,我们提出的三个理论假说大部分得到了计量结果的有力支持。就是说,在市场化改革进展较快的 1995 年到 2003 年之间,上海劳动力市场在整体上取得了较大的发展,竞争机制逐渐形成,人力资本的收益率快速上升便是有力的佐证。但是,外劳与本地居民的人力资本收益率上升速度不同,两者的差距甚至有扩大化的倾向。

有关个人的属性特征(性别、政治面貌、户口)、职业、工作单位的行业和所有制性质等因素与工资之关系的分析结果也表明:随着时间的推移,女性的工资歧视有所改善,并且外劳与本地居民有趋同倾向;不同所有制之间的工资差距逐渐增大,特别是在外资企业等竞争性单位,工资水平显著较高;不同行业之间的工资差距较大,运输、金融等行业的高工资与商业、服务业的低工资形成了鲜明的对比,同时值得注意的是,本地居民与外劳的行业工资表现了非常类似的结构;外劳的户口所在地在工资决定方面的作用已大大缩小,但另一方面,政治面貌和非农业户口与工资的关系在三次调查的分析结果中都没有表现出大的变化,逗留上海的时间长短对工资的影响也十分有限。

上述分析结果很具有政策启示。上海是中国最大的经济城市,也是改革开放的前沿阵地。近些年来的“民工荒”现象在上海并不怎么显著,但数据分析的结果告诉我们,由于二元劳动力市场的存在,外劳的人力资本难以得到正当的评价。能否找到一份好的工作,与户口的所在地及其性质密切相关。这样的情况长期下去,必然会丧失部分农民外出就业的积极性。特别是在新的“三农”政策实施以后,农村内部的推力有所减弱。所以,为了充分利用农村的剩余劳动力,保持国民经济的持续增长,有必要尽快消除城市劳动力市场中的制度壁垒,让劳动力市场从二元走向一元,实现就业机会平等,同工同酬。

第6章 大城市劳动力市场的结构转型

——对 2003 年、2009 年上海就业调查的实证分析

一、前 言

据国家统计局统计,2009 年度中国农村外出务工劳动力大约有 1 亿 4500 万人,其中在长江三角洲务工的农民工为 2816 万人(2009 年农民工监测调查报告)。据上海统计局公布的数字显示,2009 年末上海市常住人口 1921 万人中,有 542 万人是没有上海户籍的外来人口。如果再加上非常住人口的 154 万,上海市的外来人口总数达 696 万人。这个数比 2000 年的 387 万人多 80%(上海统计年鉴,2010)。

众所周知,农民工是外来人口的主体。由于户籍制度及相关政策的影响,长期以来,在中国的大城市,农民工往往只能在劳动力市场的最底层就业,在城市的周边地区居住,过着一种与现代都市文明不太相干单调生活。城市内部存在着两个截然不同的社会阶层,一个是有当地户口的户籍居民,另一个是农民工及其家属等外来人口。在就业、工资待遇、社保等方面,两者之间差距巨大,并且还存有一道难以逾越的制度壁垒(蔡昉等,2001;李强、唐壮,2002)。

传统的发展经济学认为,发展中国家的经济多为二元结构,即落后的农村和先进的城市并存,两者各有自己的运行规则,同时也相互作用。随着工业化的进展,农村的剩余劳动力源源不断流向城市,二元结构最终走向消失(蔡昉,2010)。改革开放以来,中国的市场经济不断发展,城乡二元结构日趋显现,起因于户籍制度的城乡分割也逐渐消失。但是,在大城市和广大沿海地区,人移动了,户口不能随迁的所谓人户分离现象十分普遍。农民工由于没有现住地的户口,在工作、生活等方面,难以享受当地户籍居民的各种权益和社

会福利,城市变成了一个由户籍居民和外来人口组成的新型二元社会。在大城市的劳动力市场中,户籍深度影响着劳动者的择业行为和工资水平,变成了分割劳动力市场的制度壁垒。

在过去的10多年中,国内外的专家学者在全国城乡实施了多项调查,为劳动力市场研究提供了大量第一手资料。中国社会科学院的住户收入调查(Chinese Household Income Project,CHIP),中国人民大学的中国综合社会调查(Chinese General Social Survey,CGSS),美国北卡罗来纳大学的中国健康和营养调查(The China Health and Nutrition Survey,CHNS),以及上海社科院、浙江大学、中山大学等学者主持的相关调查,具有较高的知名度和代表性。

邓曲恒(2007)、塞尔维等(Sylvie 等,2008、2009)利用 CHIP 的微观数据,实证分析了城市劳动力市场中的分割现象,明确指出农民工在择业和工资收入方面存有严重的户籍歧视;章元、陆铭(2009)利用 2002 年农村家庭收入调查(CHIPS2002),从另外一个角度计量研究了城市劳动力市场的分割问题,得到了相似的结论。

王甫勤(2010),徐伟、宁越敏(2009),田丰(2010)分别利用 CGSS 调查了2003 年、2005 年和 2008 年的部分数据,对劳动力市场分割的现状和内在机制做了严密的计量分析,揭示了当前中国劳动力市场的某些重要特征。例如,户籍身份影响劳动者进入劳动力市场的层面,农民工进入正规部门的门槛较高;工作单位之间(是否为垄断部门、国有部门等)的收入差距是总体收入差距的主要部分;在同一部门内部,城市工人与农民工的同工不同酬现象不甚显著,人力资本的回报率比较接近。

姚亚文、赵卫亚(2010)利用 2006 年 CHNS 的部分数据,分别对东部、中部和西部地区劳动者在职业选择(金领、白领、灰领和蓝领)和工资收入的决定因素进行了计量研究。结果表明:在城乡劳动者的工资差距中,户籍歧视的成分约为 21%,但东部的较高(25%);在同一职业内部,起因于人力资本差距的城乡工资差较大。乔明睿等(2009)也利用 2006 年 CHNS 的相关数据,从另一个角度分析了劳动力市场分割的基本情况。

部分学者利用 2000 年人口普查的部分微观数字,成功地描述了中国城市劳动力市场的产业分割或职业分割特征。每个劳动者因户籍身份不同,他们所能参入的行业(垄断部门)或选择的职业(白领)也全然不同,农民工进入开放性行业、选择蓝领职业的概率显著高于城市居民（张展新，2004；姚先国、黄志岭，2008）。

还有不少学者独自收集数据，发表了大量关于城市劳动力市场分割的论文。浙江大学的姚先国、黄志岭（2008）利用浙江省企业职工调查数据（2007年调查），对教育程度与户籍歧视的关系做了有趣的分析，指出高中学历群体遭遇的户籍歧视比中学及以下学历的群体还要严重。吴愈晓（2011）利用中国大城市社会网络与求职调查的有关数据（2009年调查），重点分析了高学历群体与低学历群体在职业流动的有无、流动的次数、职业流动与人力资本的关系、流动对收入的影响等问题，认为高学历群体的收入主要取决于人力资本的多少，而低学历群体主要取决于职业流动。万向东（2008）利用珠江三角洲的农民工调查数据（2006年调查），田永坡（2010）利用北京市职业介绍数据库（2007年调查），分别定量或计量分析了户籍与劳动力市场分割的内在关系。Wang 等（2002）、严善平（2006、2007）和厳（2006b、2011b）是对上海劳动力市场分割结构的研究成果，他们依据独自的调查数据（1995年、1997年、2003年调查），分析了户籍与职业流动、工资的关系。

综观上述研究成果，我们有理由认为：在中国，户籍成了一种实质的社会身份，身份歧视导致了劳动力市场的二元化。在二元化的劳动力市场中，农民工的潜在能力和主观努力难以得到公正的评价，在就业、工资、福利等方面，就业机会不均等、同工不同酬现象十分普遍。

为了消除人为因素带来的不公正，缓解户籍居民与农民工在社会、经济等方面的巨大差异，近年来，中国政府在制度改革方面做了很多努力。比如，2006年3月，国务院下发了《关于解决农民工问题的若干意见》，针对农民工在就业、生活等方面存在的问题，提出了具体的改进措施；2008年，《劳动合同法》《就业促进法》相继实施，农民工的权利保障也被列入了新法的适用范畴。从制度层面来看，农民工和户籍居民在职业选择、就业条件、工资待遇等方面的差异应该有所缩小，个人的属性特征、潜在能力、主观努力等要素在工资决定、职业流动中的作用应该有所增大。如果是这样的话，我们便可以说：随着制度改革的深化，中国大城市的新型二元结构已经开始松动，中国的社会经济已经步入了城乡统筹和城市内部一体化的轨道。反之，我们则要进一步分析问题的根源何在，探讨制度改革的可能性。

不过,上述文献的对象期间大多集中在农民工政策大转换的 2006 年之前,也鲜有纵向的动态比较研究。本章的主要目的就是要对农民工政策大转换前后的劳动力市场进行比较,实证考察分析劳动力市场的结构转型。全文的结构如下:第 1 节简要说明本章的调查概况和样本特征;第 2 节利用调查数据,定量描述户籍居民和外来人口在就业、工资、流动方面的总体情况、两者的主要异同点;第 3 节建立实证分析的计量模型,提出本章的理论假说;第 4 节分别推算户籍居民、外来人口的工资函数,详细分析个人属性、人力资本、制度因素对工资的影响和变化的方向;第 5 节是全文的小结,并在此基础上指出分析结果的政策含义。

二、上海就业调查的概况

本章数字来自上海社会科学院人口与发展研究所等单位 2003 年、2009 年进行的就业调查。两次调查的街道、居委会基本相同,样本的规模及地区分布、调查对象的界定、调查表的格式和内容也保持了较高程度的可比性。

第一,选定调查点。根据上海市外来人口的分布情况,调查组在宝山、闸北、徐汇、虹口、浦东、嘉定 6 个区分别抽出 1 个街道,每个街道抽取 2—5 个居委会,共有 18 个调查点。

第二,确定调查对象。两次调查的样本总数均为 3000 人左右,户籍居民、外来人口各半。根据居委会掌握的户籍居民、外来人口名册,在每个居委会随机抽样 50—100 人。户籍居民指有上海市非农业户口、年龄在 16 周岁及以上的在业人员;外来人口指本人户口不在上海市、年龄在 16 周岁及以上、在上海居留并工作 1 个月以上的在业人员。在同一户籍居民家庭,调查对象不超过 2 人,外来人口的同一家庭户只调查 1 人。同时,在外来人口比较集中的各类企业也做了相同内容的问卷调查。

第三,填写问卷。课题组专家负责对各街道、居委计生干部讲解问卷,计生干部具体负责问卷的发放、填写、回收、核实等工作。户籍居民的问卷原则上自己填写,流动人口中文化程度较高的也自己填写,文化水平较低的由调查员代写。社科院的研究生、青年科研人员等部分地参加了问卷填写的具体工作。

表 6.1 是两次抽样调查的样本总数及分布情况。2009 年的外来人口样本中,企业的比重较大,居委会的样本相对较少。为了提高两次调查的可比性,本章把数字库分成社区样本和企业样本两大块。通过居委会抽样得到的样本,我们称之为社区样本,在国有企业、集体企业、外资企业和私营企业工作的,我们称之为企业样本。一般而言,社区样本更能反映外来人口的总体情况,而企业样本可以反映外来人口主体部分的就业、生活。所以,在以下的具体分析中,我们还是以社区样本为基础,从中揭示外来就业人口的一般特征。同时,也考虑企业样本的分析结果,加深对劳动力市场的多维理解。

表 6.1　上海市就业抽样调查的样本分布　　　　（单位:人;%）

		外来人口	户籍居民	全体
2003 年调查		1500	1505	3005
2009 年调查		1539	1506	3045
社区样本	2003 年	1479	1463	2942
	2009 年	1010	1506	2516
企业样本	2003 年	655	1184	1839
	2009 年	1165	1147	2312
社区样本	2003 年	50.3	49.7	100
	2009 年	40.1	59.9	100
企业样本	2003 年	35.6	64.4	100
	2009 年	50.4	49.6	100

注:社区样本来自 6 个区的抽样,企业样本专指那些在国有企业、集体企业、外资企业以及私营企业从业的样本,在机关事业单位的从业人员、个体户、家政服务人员除外。

三、就业与工资的描述性统计

1. 从业人员的基本属性、就业及职业流动

在上海的劳动力市场中,户籍居民和外来人口在就业、工作等方面有哪些属性特征? 这些特征在两次调查期间发生了哪些变化? 这里,我们主要利用社区样本的相关数字,回答这些问题。表 6.2 反映了外来人口和户籍居民的年龄、教育、就业、流动、性别、政治面貌等方面的基本情况。从这些数字中,我

们可以加深对有关社会印象的理解。

第一,外来人口的平均年龄显著低于户籍居民,但差距有缩小趋势,2003年调查样本相差 10 岁,而 2009 年样本只相差 6 岁。主要原因是,外来人口 30 岁以下居多,而户籍居民 40 岁以上居多。

第二,外来人口的平均教育年数增加较快,户籍居民的变化不大,其结果是两者的教育差距相对缩小。① 因为在外来人口中,小学及以下的比重下降,高中及以上的比重大幅度上升。进入 21 世纪以来,中国的高等教育突飞猛进,升学率持续快速上升。近年来,大学生就业难成了全社会关注的大问题,相当部分的大学生纷纷步入打工市场,与农民工争饭碗的现象也不罕见。教育是形成人力资本的重要途径,外来人口教育水平的提高,意味着他们参入各类劳动力市场的潜在能力不断增大。

第三,外来人口中男性比率显著下降,而户籍居民的变化相对较小。已婚外来人口比率上升 8 个百分点,占全体外来就业人员的 75%。这个结果可能与外来人口的平均年龄上升有关。户籍居民的已婚人口比率基本上没有变化。

表 6.2　调查对象的基本属性、就业及流动情况(社区样本)　(单位:%)

	外来人口		户籍居民	
	2003 年	2009 年	2003 年	2009 年
样本数(人)	1479	1010	1463	1506
平均月收(元)	1227	2350	1469	2806
15—19 岁	10.1	3.8	0.7	0.4
20—29 岁	39.6	36.8	21.9	24.9
30—39 岁	35.5	39.0	19.0	29.5
40—49 岁	12.3	17.7	37.1	26.7
50—59 岁	2.3	2.6	20.6	17.6
60 岁以上	0.2	0.1	0.7	0.8
平均年龄(岁)	30.7	32.8	40.7	38.9

① 教育水平与教育年数按以下方法换算:小学以下为 3 年,小学为 6 年,中学为 9 年,高中及中专为 12 年,大专及以上为 16 年。

续表

	外来人口		户籍居民	
	2003 年	2009 年	2003 年	2009 年
小学及以下	20.8	7.8	1.5	2.3
初中	57.9	51.9	27.0	21.4
高中	14.7	16.2	31.3	20.3
中专	3.3	7.1	12.4	11.3
大学专科	1.8	10.0	18.7	23.4
大学本科及以上	1.4	6.9	9.0	21.4
平均教育年数(年)	9.0	10.6	12.2	13.0
男性	59.2	48.5	61.8	56.1
已婚人员	67.7	75.6	79.1	78.6
共产党员	2.9	3.2	19.5	13.3
非农业户口	12.7	29.6		
月均从业天数(日)	28.1	24.1	22.0	21.2
日均工作时间(小时)	10.7	9.2	8.6	8.6
正规/公共部门就业比率	27.5	44.1	83.5	78.4
没有换过工作单位	65.7	63.7	50.6	45.9
换过工作单位 1 次	14.1	8.4	21.5	17.1
换过工作单位 2 次	7.2	11.7	14.1	15.6
换过工作单位 3 次	7.3	9.9	8.5	14.5
换过工作单位 4 次	2.2	2.6	3.1	4.4
换过工作单位 5 次及以上	3.5	3.8	2.1	2.6
换单位的平均次数(次)	0.8	0.9	1.0	1.2
正规部门→正规部门	21.9	34.6	61.2	56.5
非正规部门→正规部门	10.2	15.4	12.6	12.8
非正规部门→非正规部门	46.5	33.2	4.5	10.6
正规部门→非正规部门	21.5	16.8	21.7	20.0
主动辞职人员比率	44.3	49.5	24.5	57.1
来上海不满半年	8.5	2.5		
来上海半年—1 年	7.3	4.9		
来上海 1—5 年	40.8	31.8		

续表

	外来人口		户籍居民	
	2003 年	**2009 年**	**2003 年**	**2009 年**
来上海 5—10 年	26.1	34.8		
来上海 10 年以上	17.4	26.0		
来上海的平均年数(年)	5.3	7.5		

注:表中所系数字为汇总结果,四舍五入部分项目的构成相加不等于100%。
资料来源:2003 年、2009 年上海就业调查。

第四,外来人口中,仅有3%的人为中共党员,在两次调查的6年中变化很小。户籍居民中,中共党员的比率从20%下降到13%,但依然是外来人口的4倍。户籍样本中党员比率下降,可能与平均年龄下降、女性比率上升有关。

第五,伴随高学历现象的出现,外来人口中持非农户口的人员比率迅速上升。2003 年调查样本中,仅有12.7%的外来人口持有非农业户口,而在2009年样本中,该比率达29.6%。上海市对外地户口的迁入严格限制,不要说外地大学生进上海,就是在上海读完大学的外地学生,如果不是特别优秀,可以进入正规的机关、事业、国企等单位工作,也很难在上海安家落户。近些年来,不少接受过高等教育的外地学生,只能以流动人口的身份在上海暂时居住下来,与农民工一样,过着一种非常不安定的生活。

第六,从每月的从业天数、每天的工作时间来看,外来人口在两次调查期间有非常明显改善,分别从28.1 天降到24.1 天、10.7 小时降到9.2 小时,与户籍居民的差距大大缩小。应该说,这是新时期农民工就业政策带来的积极效果,是值得高度评价的新动态。

外来人口主要在非正规部门从业的状况还没有根本改变。本章依据各人工作单位的职工人数和所有制性质,把样本分成正规部门、非正规部门和公共部门三大块。(1)正规部门:在国有企业,或职工人数30 人以上的集体、三资和私营企业工作的全部人员;(2)非正规部门:个体工商户、家政服务人员、职工人数不满30 人的各类企业从业人员(严善平,2006);(3)公共部门:在行政机关、大学、研究所等事业单位工作的全部人员。其结果是,在正规部门从业的外来人口比率,2003 年为27.5%,2009 年为44.1%。在两次调查的6年中,外来人口在正规部门从业的比率虽有较大的上升,但依旧低于户籍居民的水平。

第七，外来人口与户籍居民的职业流动水平相差较大，没有换过工作单位的外来从业人员达 60% 多，而户籍居民不满半数；换工作单位的平均次数，外来人口为 0.8—0.9，而户籍居民为 1.0—1.2。这可能起因于两者的年龄差距，年龄越大，更换工作单位的机会当然就越多。两者之间也有相似之处，在两次调查期间，换过两次以上单位的人员比率均有所上升。

通过进一步考察最近一次职业流动的类型，我们发现：外来人口中，在正规部门内部，或从非正规部门流向正规部门的人员比率明显上升，而在非正规部门内部，或从正规部门流向非正规部门的逆向移动明显减少；户籍居民的职业流动类型变化不大，总体来说，依旧是正规部门内部，或非正规部门流向正规部门的人员占绝大多数。另外，在有职业流动经历的外来人口中，近半数属于主动辞职，两次调查期间的变化也较小。相比之下，户籍居民的职业流动已经从被动的下岗、失业，转为主动的跳槽，这种情况的人员比率甚至比外来人口的还高。①

第八，外来人口来上海后的平均年数由 2003 年的 5.3 年增加到 2009 年的 7.5 年，来上海 5 年以上的人员从 43.5% 上升到 60.8%。可以说，相当一部分外来人口已经是实际上的上海住户，只是没有上海户口而已。两次调查时隔 6 年，但平均年龄只增加了 2 岁多，可能有两个主要原因：一个是部分上了岁数的农民工退出了打工市场，回归故乡；还有一个是大批年轻人源源不断地从外地流入上海，抑制了从业人员平均年龄的上升。

最后，我们来比较一下从业人员的工资收入情况。根据社区样本的汇总，在 2003 年到 2009 年的 6 年中，外来人口、户籍居民的平均月收入都增长了 91%，外来人口与户籍居民的平均收入之比 2003 年为 83.5%，2009 年为 83.7%，变化甚微。由此可以推论，在 21 世纪初的上海，由外来人口和户籍居民形成的二元劳动力市场，其基本结构与此前的差别不大，还没有发生质的变化。当然，此说只是简单的定量分析结果，要得到更加确实的结论，还需要进一步的计量分析。

---

① 在我们的调查表里，特意询问了最近一次换工作单位之前的有关情况，包括前一个单位的所有制性质、职工人数、行业、本人所从事的职业、工资收入等。

2. 职业流动与收入

职业流动的原因多种多样,但概括起来讲,不外乎两种类型:一种是自己主动辞职,再寻求更好的工作;还有一种是迫不得已才辞职再就业。比如,企业经营不佳引起的下岗、失业和再就业属于被动流动,而接受高薪聘请流动的属于前者。职业流动的类型不同,由流动带来的结果当然也不一样,被动的更换工作可能引起收入下降,而主动跳槽则可以增加收入、提高社会地位(玄田·中田,2002)。

笔者曾利用 2003 年上海就业调查数据,实证分析了职业流动对收入的影响,主要结论是:户籍居民的职业流动水平相对较高,并且,职业流动可以明显地提高个人的收入水平;相比之下,外来人口不仅流动水平较低,流动对个人收入的影响也十分有限(严善平,2006)。

时隔 6 年,职业流动与收入的关系发生了怎样的变化? 图 6.1 是两次就业调查的汇总结果,横轴表示职业流动次数,纵轴表示相应的月收入水平(5次以上的样本较少,在此没有列入)。2009 年的调查结果表明,无论是社区样本还是企业样本,也不管是户籍居民还是外来人口,更换工作单位对增加收入

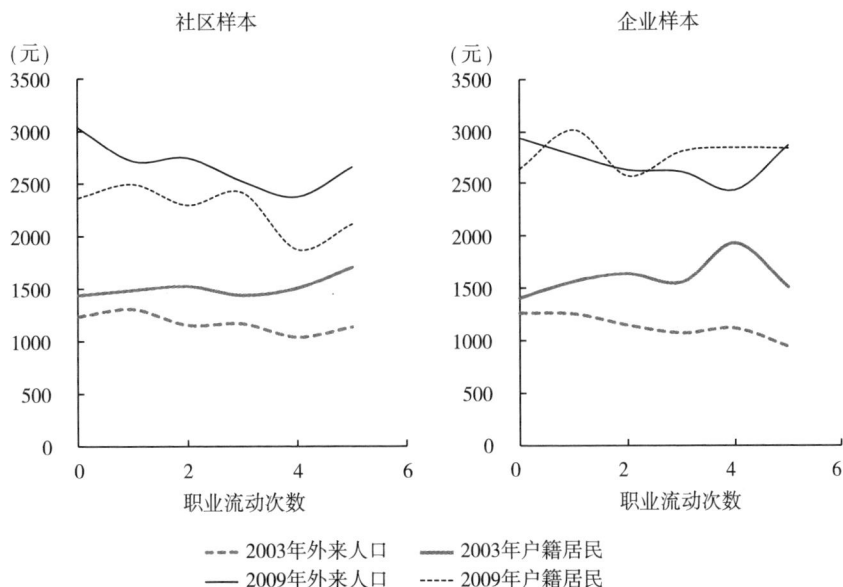

图 6.1　职业流动次数与月收入的关系

没有什么特别的意义。与没有流动经历的从业人员相比,更换过工作单位的平均收入反而较低,并且更换次数越多,收入水平呈现减少趋势。当然,这也是总体而言的情况,职业流动的类型不同,其效果也可能不一样。

3. 个人属性与收入的关系

个人的性别、年龄、教育与收入的关系也是劳动经济研究的重要部分。根据劳动经济学的思路,随着年龄增加,工资水平也逐渐上升,但超过一定岁数

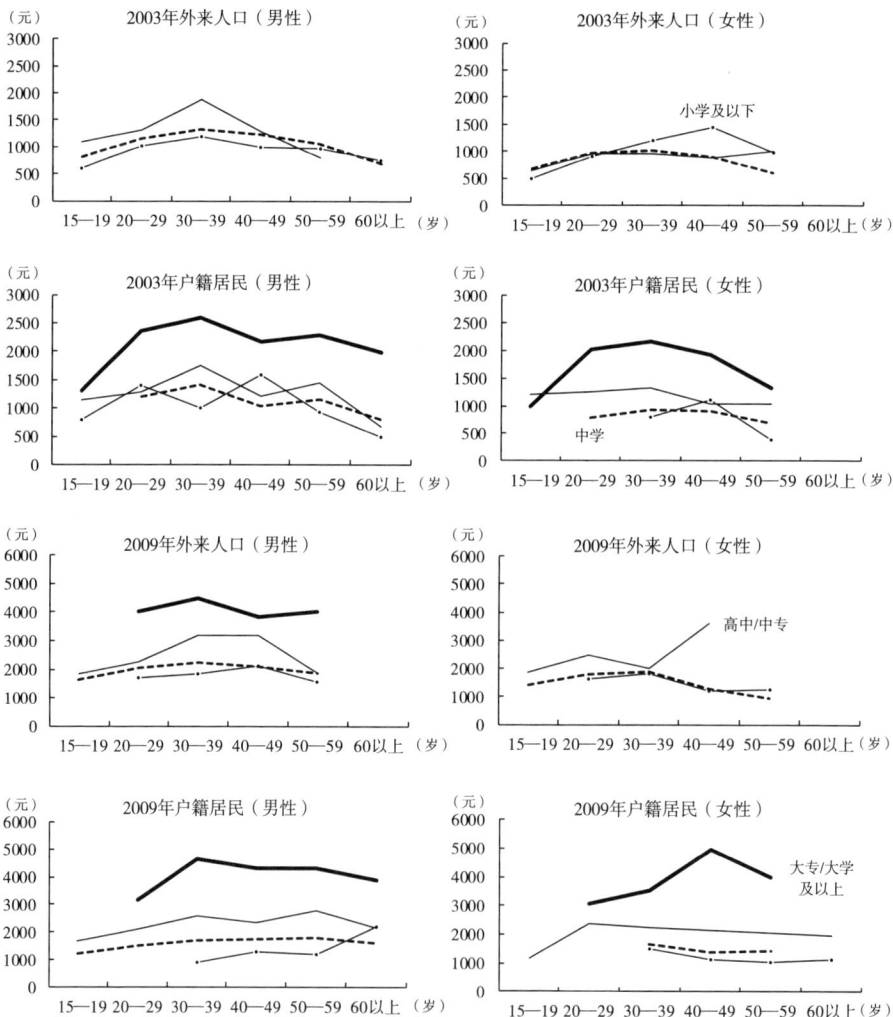

图6.2 个人属性与月收入的关系

以后便开始下降;接受学校教育的多少、工作经验的长短也直接影响工资收入,学历越高、工作经验越丰富,收入也越多。这里,我们利用两次上海就业调查的社区样本,描绘劳动力市场中个人属性与收入的关系。图 6.2 是汇总结果所反映的收入曲线,以下所述是性别、年龄、学历与收入的基本关系。

第一,在大多数情况下,年龄—收入曲线呈二次函数关系,即收入随年龄增加而上升,达到一定年龄后趋向减少;第二,接受教育的水平越高,收入水平也越高,两者之间存有较为明显的正相关关系,即大专及以上>高中/中专>中学>小学及以下;第三,男性收入显著高于女性。在 2003 年调查中,外来人口高 30%,户籍居民高 15%;在 2009 年调查中,外来人口高 15%,户籍居民高 10%。

需要注意的是,这里的汇总数字没有考虑个人工作单位的性质,也没有考虑个人的从业行业、工龄等因素,上述各因素对收入的影响程度也不清楚。所有这些工作,必须通过工资函数的模拟,方可以得到确切的结论。

四、分析方法、计量模拟的结果及其含义

1. 劳动力市场分割研究的方法

为了进一步理解上海劳动力市场的结构变动,我们利用传统的人力资本理论,计量分析教育、工作经验、职业流动对收入的影响大小和方向,并对外来人口与户籍居民的情况做全面的比较。在此之前,简要综述一下近年来的研究动态。

如前所述,在过去的 10 多年中,国内外各学科的专家学者通过大量的实证研究,多维地揭示了中国城市劳动力市场的分割结构(田丰,2010;王甫勤,2010;吴愈晓,2011)。虽然各项研究采用的计量模型有所不同,但它们的基本思路大同小异。其要点可以概括如下。

在一个信息充分、竞争完全的劳动力市场下,劳动者的工资水平取决于他所拥有的人力资本(受教育的程度和质量、工作经验)多少,不管他居住何地,也不管他在什么产业或行业,从事何种职业,也不管其性别、种族如何。但是,在现实的市场经济中,即使是高度发达的劳动力市场也难以达到这种境界。在人力资本大致相等的群体里,因为居住地的不同,或从事的产业、行业不一

样,个人之间的工资水平往往大相径庭。并且,在很多情况下,低工资群体难以实现从低工资部门向高工资部门的职业流动。换言之,现实的劳动力市场往往因性别、种族、行业、职业而分割,人为的制度或社会习俗有意无意地对特定的社会群体形成择业歧视和工资歧视,即就业机会不平等、同工不同酬。

在20世纪70年代初,明瑟(1970、1974)体系提出了工资与人力资本关系的计量模型,瓦哈卡(Oaxaca,1973)、布赫德(Blinder,1973)在此基础上,开发了劳动力市场中性别工资差距的分解方法,试图把个人的工资差距还原到各自的人力资本差距和制度歧视上去。这种分析方法后来在西方的劳动经济研究中发挥了重要作用,特别是二元劳动力市场理论(Cain,1976;Dickens等,1985)出台以后,瓦哈卡-布林德分解法,以及进一步改良的布朗分解法(Brown,1980)成为计量研究性别、种族工资差距及其原因的常规武器。

在对中国劳动力市场分割研究的文献中,Meng(2000)较早地使用了瓦哈卡-布林德分解法,前文所述的Sylvie等(2008),田丰(2010),姚亚文、赵卫亚(2010),姚先国、黄志岭(2008),王美艳(2005a),馬(2009),黄乾(2009)也都使用了这种方法。但与此同时,对明瑟工资函数进行扩展的实证研究也非常普遍,例如,张车伟(2006)、李春玲(2006)、严善平(2006、2007)、田永坡(2010)、王甫勤(2010)、吴愈晓(2011)都使用了明瑟工资函数的基本思路,比较成功地解释了中国劳动力市场的有关结构问题。

2. 本章的工资函数及理论假说

本章为第4章、第5章的续篇,分析数据来自2003年和2009年上海就业调查。本章企图通过两个时点的比较分析,搞清楚大城市劳动力市场的结构转型及其内在机制。鉴于这个理由,以下的实证分析依旧采用明瑟关于工资与人力资本的思路,建立工资函数:

$$\ln(w_j^t) = a^t + b_1 E_{1j}^t + b_2 Exp_j^t + b_3 Exp_j^{2t} + u^t$$

其中j表示个人代号,t表示外来人口和户籍居民,w、E、Exp分别表示收入、教育年数和年龄(工龄的代理变量),a、b、u分别为常数项、回归系数、误差项。

在上式中,进一步导入反映个人属性(性别、户口、政治面貌)、工作单位的性质(所有制、行业)等变量,便可以得到与第5章相同的扩展型工资函数:

$$\ln(w_j^t) = a^t + b_1 E_{1j}^t + b_2 Exp_j^t + b_3 Exp_j^{2t} + \sum_i DummyH_{ij}^t + u^t$$

其中 H 表示性别、户口、政治面貌、所有制、行业等虚拟变量。

如表 6.1 所示,从两次就业调查中,我们可以得到性质不尽相同的 8 组数字,并且每组数字库的规模也较大。故此,通过对各组数字的计量分析,我们便可以得到两个时点外来人口、户籍居民的教育回报率、职业流动的效果等指标,进而可以判定劳动力市场的结构变动情况。下面是本章的理论假说。

假说 1:随着时间的推移或农民工政策的转换,市场对外来人口人力资本的评价趋高,即教育的回报率上升。"民工荒"现象发生以来,劳动力市场的供求关系逐渐变化,卖方的交涉能力有所增强;同时,最低工资水平年年上调、总体教育水平不断上升,也有利于劳动者的工资交涉。换言之,如果统计分析的结果能有力地支持教育回报率假说,我们便可以肯定劳动力市场的结构变化。

假说 2:外来人口与户籍居民的教育回报率趋同,单从工资收入来看,大城市劳动力市场中的二元结构基本消失。这个假说源于狄更斯和朗(Dickens 和 Lang,1985)的二元劳动力市场理论:由于人种、民族、性别、户口等制度性因素的影响,一部分人可以比较优先地在正规部门从业,他们的收入与各自的人力资本(教育)显著相关;而另外一部分人却由于制度的限制,只能从业于非正规部门,他们的收入与各自的人力资本关系微弱。反过来说,如果不同群体之间的教育回报率趋同,我们便可以推断二元劳动力市场趋向解消。

假说 3:职业流动影响收入。水平流动或上升流动、主动辞职后的再就业引起收入增加,相反,则导致收入下降。在一个充分竞争的劳动力市场中,人们往往通过积极的职业流动,以获得更高的收入和地位;相反,由于种种原因,被动失业也不奇怪。我们希望通过统计分析,验证本假说的存在,进而探讨上海劳动力市场的结构转型。

假说 4:性别、政治面貌、婚姻、户口等因素影响收入。一般而言,男性高于女性、党员高于一般群众、已婚高于未婚、非农高于农业户口。但是,如果这些差距在两次调查的 6 年中有所扩大或缩小,则表明劳动力市场发生了的内在变化。

3. 工资函数的模拟结果

表 6.3 是扩展型工资函数的推测结果。从调整后的决定系数 R^2 来看,工

资函数具有较好的说明能力。下面,我们分别讨论教育、职业流动、个人属性、工作状况等对收入的影响,以验证本章的 4 个理论假说。

首先,我们来看看教育对收入的影响。外来人口的社区样本显示,教育回报率从 2003 年的 3.7% 上升到 2009 年的 6.1%,增幅达 65%。相比之下,户籍居民的教育回报率从 5.6% 上升至 6.2%,仅增加 11%。这种倾向在企业样本的分析结果中,也明显存在。更为值得注意的是,在 2009 年调查的工资函数中,外来人口与户籍居民的教育回报率基本相同,企业样本中的外来人口甚至比户籍居民的还要高一些。这些结果有力地验证了假说 1、假说 2 的要点。2003 年以来,随着农民工等外来人口就业、工资、福利政策的改善,外来人口的人力资本可以比较好地体现在工资收入方面。这意味着户口因素对劳动力市场的分割程度有所下降,是值得高度评价的大趋势。

根据表 6.3 的教育回报率和常数项,我们推算了教育年数与月收入理论值的对应关系,图 6.3 是两个时点 8 组数据的教育—收入曲线。2003 年调查的推算结果表明,在其他条件相同的情况下,户籍居民的月收随教育年数增加

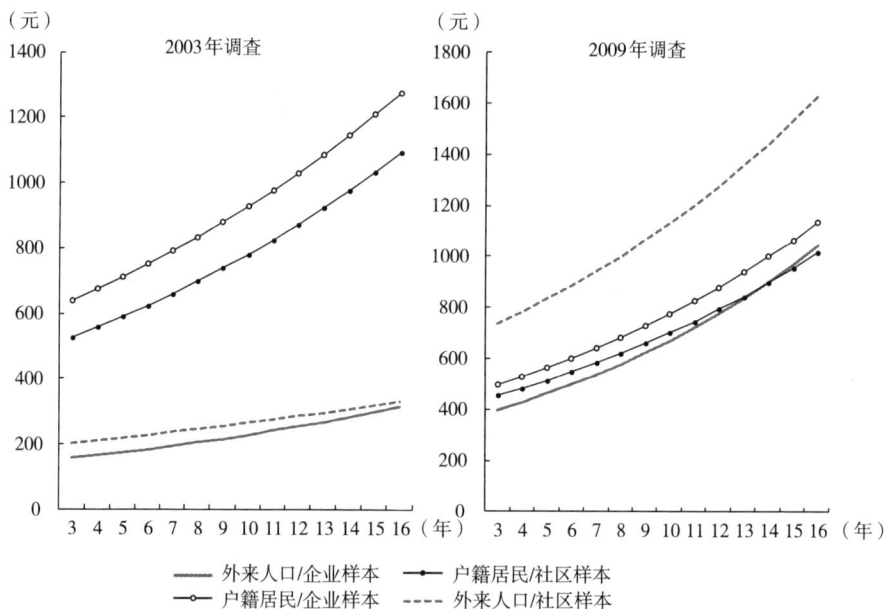

图 6.3 教育年数与月收入的关系(上海市)

注:利用月收入函数中常数和教育收益率推算的理论值。横轴为教育年数,纵轴为月收入水平(假定其他条件相同)。

而迅速上升。可以反映全体户籍人口的社区样本如此,在企业从业的企业样本亦然。相比之下,外来人口的月收入对教育年数的反映要弱得多。外来人口与户籍居民的教育—收入曲线呈现了极为典型的二元劳动力市场结构(Dickens 和 Lang,1985)。

但是,2009 年调查的结果完全是另外一番景象。外来人口、户籍居民的月收入与教育年数呈现了非常一致的倾向,社区外来人口的月收入甚至比户籍居民的更高。单从收入与人力资本(教育)的关系来看,我们可以判断,2009 年的上海劳动力市场已经完成了从二元分割走向一体化的结构转型,外来人口与户籍居民的收入差距可能主要来自教育水平的不同。

在两次调查的 6 年中,教育水平对收入的影响也发生了较大的变化。这里,我们把表 6.3 中的教育年数换成教育水平,进一步检验不同层次的教育对收入的作用程度。表 6.4 是推算结果的相关部分。我们发现:无论是外来人口还是户籍居民,学历越高,收入也越高;教育水平与收入的正相关关系在外来人口中越发显著;随着时间的推移,外来人口中高中、中专学历的相对回报率上升,而大专、本科等高学历人员的回报率显著下降,其结果是不同学历之间的差距相对缩小;在户籍居民中,高中及以上所有学历的相对回报率都显著上升,比如在 2009 年的社区样本中,高中从 7.1% 上升到 10.8%,中专从 13.0% 上升到 29.9%,本科及以上从 57.6% 上升到 62.2%(只有大专学历的略有下降)。

表 6.3 上海市外来人口与户籍居民月收入函数(OLS 回归)

	外来人口			
	2003 年社区	**2009 年社区**	**2003 年企业**	**2009 年企业**
常数	5.209***	6.421***	4.897***	5.765***
年龄	0.051***	0.004	0.067***	0.040***
年龄 2 次方/100	−0.072***	−0.012	−0.097***	−0.056***
教育年数	0.037***	0.061***	0.053***	0.074***
男性(男性=1,女性=0)	0.164***	0.188***	0.169***	0.215***
已婚(已婚=1,未婚=0)	0.057	0.067+	0.048	−0.021

续表

	外来人口			
	2003 年社区	**2009 年社区**	**2003 年企业**	**2009 年企业**
共产党员(党员=1,其他=0)	0.196 **	0.151 *	0.140+	0.121 **
非农业户口(非农=1,农业=0)	0.092 **	0.088 **	0.079+	−0.012
月均从业天数	0.009 *	0.009 **	0.007	0.003
日均工作时间	−0.005	0.021 ***	−0.003	0.025 ***
职业流动1(正规→正规)	−0.061	0.007	−0.050	0.098 ***
职业流动2(非正规→正规)	−0.062	−0.023	−0.051	0.047
职业流动3(非正规→非正规)	0.082 *	−0.103 *	0.027	0.056
职业流动4(正规→非正规)	−0.024	−0.145 **	−0.013	0.057
主动辞职(是=1,否=0)	0.068	0.027	0.111 **	−0.048
来上海未满半年	−0.246 ***	−0.126	−0.176 ***	−0.247 ***
来上海半年—1 年	−0.181 ***	−0.119 *	−0.046	−0.123 **
来上海5—10 年	0.026	0.085 **	0.012	0.031
来上海10 年以上	−0.016	0.117 ***	0.034	0.023
修正后决定系数	0.258	0.319	0.431	0.414
样本数	1315	941	573	1097
	户籍居民			
	2003 年社区	**2009 年社区**	**2003 年企业**	**2009 年企业**
常数	6.099 ***	5.935 ***	6.302 ***	6.016 ***
年龄	−0.002	0.033 ***	−0.005	0.033 ***
年龄2 次方/100	−0.006	−0.043 ***	−0.002	−0.045 ***
教育年数	0.056 ***	0.062 ***	0.053 ***	0.064 ***
男性(男性=1,女性=0)	0.149 ***	0.079 ***	0.136 ***	0.046 *
已婚(已婚=1,未婚=0)	0.078 **	0.086 ***	0.057	0.099 ***
共产党员(党员=1,其他=0)	0.135 ***	0.163 ***	0.178 ***	0.144 ***
月均从业天数	0.004	0.008 **	0.000	0.006 *
日均工作时间	0.016 ***	0.010+	0.014 **	0.008
职业流动1(正规→正规)	0.061 **	−0.128 ***	0.106 ***	−0.111 ***
职业流动2(非正规→正规)	0.064	−0.208 ***	0.114 *	−0.250 ***

续表

	户籍居民			
	2003 年社区	2009 年社区	2003 年企业	2009 年企业
职业流动 3（非正规→非正规）	−0.095	−0.163 ***	−0.081	−0.197 **
职业流动 4（正规→非正规）	−0.173 ***	−0.139 ***	0.021	−0.136 **
主动辞职（是＝1，否＝0）	0.199 ***	0.117 ***	0.173 ***	0.137 ***
修正后决定系数	0.382	0.458	0.354	0.456
样本数	1493	1464	1176	1111

注：（1）***、**、*、+分别表示在 1%、5%、10%、15%的水平下显著。

　　（2）月收入函数中包含了工作单位的规模、性质、行业等虚拟变量，但数字没有列出。

　　（3）男性、非农业户口、共产党员、已婚、来上海的年数、职业流动的种类等虚拟变量的回归系数，分别以女性、农业户口、非党员、未婚、1—5 年、没换过工作单位为基准。

　　总之，在 2003 年至 2009 年的 6 年中，不同教育水平之间相对回报率的差距有所缩小。外来人口中接受过高等教育的人员比率逐渐上升，高学历人员的供求关系趋向买方市场固然是个重要背景，同时，它也可能意味着劳动力市场的二元结构开始解消，一体化的新型结构已初步形成。应该说，这个基本事实与前述的教育回报率趋同相辅相成。

　　其次，我们来考察职业流动对收入的影响。如表 6.2 所示，在两次调查期间，从业人员的职业流动水平总体不高，变化也不是很大，但户籍居民略高于外来人口。同时，如图 6.1 所示，2003 年调查的分析结果表明，户籍居民可以通过职业流动增加工资收入，而外来人口却很难做到这一点（严善平，2006；严，2006b）。时隔 6 年，有哪些新的变化？

　　表 6.3 的社区样本显示，在 2003 年，外来人口在非正规部门内部流动，可以增加 8.2%的收入，户籍居民在正规部门内部流动，可以增加收入 6.1%，除此以外的各种形式的职业流动，均不能带来收入的增加，有的甚至导致收入水平下降。但是，2009 年调查的推算结果显示，外来人口、户籍居民的职业流动，总体来讲均没有促进收入增加。特别是在户籍居民中，无论是正规部门内部、非正规部门内部，还是在两者之间的各种形式的职业流动，与没有流动经历人员相比，其收入都有所下降。

　　如果职业流动起因于主动辞职，情况似乎有所不同。在户籍居民的社区样本中，主动辞职引起的职业流动，可以增加收入 10%—20%。企业样本的推算结果也差不多。不过,外来人口在这一方面的表现并不明显。这可能表明,在职业流动中,外来人口与户籍居民之间存有较大的差异,外来人口即使主动辞职,也不能因此改变自身的状况。因此可以指出,大城市劳动力市场在职业流动方面,依旧存有一定程度的制度壁垒。

最后,简要说明一下个人属性与收入的内在关系。从表6.3的结果中,我们可以归纳出以下4个特点。第一,年龄(工作经验的代理变量)与收入的关系在两次调查中表现得不是很稳定。通常,收入随年龄增加而增加,但达到一定年龄后再减少,呈二次曲线关系。在2003年的户籍居民和2009年社区外来人口的样本中,不存在这种关系。第二,男性收入显著高于女性。外来人口中男女收入差距不仅较大,并且有进一步扩大的趋势;户籍居民也存有男女收入差,但差距较小,并且呈缩小趋势。第三,结婚与否对收入的影响不一。在户籍居民中,已婚者的收入较未婚者高8%左右(社区样本),而外来人口在这一方面表现得不是很明显。第四,党员作为一种政治资本,对收入增加有很显著的正面影响。与一般群众相比,党员的收入要高10%—20%。有趣的是,党员身份的增收效果不仅在户籍居民中有,在外来人口中也有,并且增收效果的大小也差不多。

表6.4 不同教育水平的相对回报率(以初中为基准)

外来人口	2003年社区	2009年社区	2003年企业	2009年企业
未上过学或扫盲班	-0.068	-0.020	0.081	-0.022
小学	-0.076*	-0.056	-0.063	-0.030
高中	0.090**	0.201***	0.149***	0.234***
中专	0.130+	0.242***	0.209**	0.309***
大学专科	0.599***	0.451***	0.632***	0.508***
大学本科及以上	1.192***	0.724***	1.341***	0.743***
户籍居民	2003年社区	2009年社区	2003年企业	2009年企业
未上过学或扫盲班	0.065	-0.247	-0.104	-0.258
小学	0.084	-0.208***	0.053	-0.235**
高中	0.071**	0.108***	0.062*	0.098**
中专	0.130***	0.299***	0.087*	0.300***
大学专科	0.387***	0.381***	0.354***	0.394***
大学本科及以上	0.576***	0.622***	0.589***	0.636***

注:在表6.3所示的月收入函数中,把教育年数换成教育水平,再进行回归计算。本表是计算结果的一部分。

五、小　结

众所周知，20 世纪 90 年代以来，随着市场经济改革和对外开放的深化，大批农村青年涌入沿海发达地区和大小城镇。但是，由于户籍等制度改革滞后，以农民工为主体的所谓外来流动人口在迁居、就业、工资、福利等方面，与户籍居民之间存有较大差距。大城市的劳动力市场呈二元结构，户籍居民大多从业于工作稳定、收入较高、人力资本可以得到评价的正规部门，而外来人口大多只能在那些稳定性较差、收入也不是很高、人力资本难以得到正当评价的非正规部门就业。近年来，伴随农民工政策的调整，诸多农民工问题已逐步得到解决。

本章利用 2003 年、2009 年上海就业调查数据，实证分析了大城市劳动力市场的结构转型。通过对比外来人口、户籍居民的从业部门、职业流动的程度与类型、教育回报率、职业流动对收入的影响等，我们得到了一些意味深长的新事实。主要有：从业于正规部门的外来人口比率上升，外来人口的教育回报率增大，外来人口与户籍居民的教育回报率趋同等。由此我们可以推论：经过数年的民工政策改革，从收入与人力资本的内在关系来看，上海劳动力市场的二元结构已基本消失，或者说，劳动力市场基本上完成了从二元分割走向一体化的结构转型。目前，在外来人口与户籍居民之间存有的收入、行业分布等差异，可能更多地起因于两者在教育等人力资本方面的差距。

尽管如此，目前农民工在择业、迁居、社保等方面，依然面临很多制度性差异，在社会层面的分割现象还随处可见。所以，仅仅依据收入与人力资本关系的变化，断定大城市内部新型二元结构已完全解消还为时过早。要从根本上解决农民工的就业歧视和工资歧视问题，有必要进一步加大户籍制度改革的步伐，尽早消灭户籍身份，真正实现公民的权利平等。同时，要加大农村的教育投资，提高新生代农民子弟的人力资本，为他们日后的职业选择、岗位竞争提供必备的基础条件。应该说，要彻底消灭二元结构，我们还任重道远。

最后需要指出的是，本研究的数字来自两个时点的抽样调查，被调查对象并非相同。故此，有些结论还只是暂时性的，有待进一步讨论。在分析方法上，也存有进一步改善的地方，如采用瓦哈卡-布林德分解法，验证人力资本和制度因素对工资差距的影响程度等。

第7章 当代中国教育发展的不均衡

——基于 CHIP 数据的实证研究

一、导　言

在经济学、社会学等社科领域的实证研究中,人们历来十分关注教育与就业、收入、晋升、社会地位等方面的相互关系。比如,薛进军、高晓淳(2011),夏庆杰等(2012),孙志军(2013)利用中国居民收入分配研究(Chinese Household Income Project,CHIP)的相关数据,计量分析了教育对收入的影响程度和变化趋势。但是,在类似的文献中,教育只不过是众多因素中的一个说明变量,教育本身如何形成、教育差距有多大、教育水平及教育差距的决定机制又如何等重要问题,议论甚少。

众所周知,学历可以间接反映一个人的社会地位或所属阶层,它和收入、资产一样,往往成为人生追求的重要目标。在现实的社会生活中,不可能每个人都可以获得同样的学历,即使同为大学毕业,如果大学的档次相异,毕业生的社会评价当然会有所不同。这是无可回避的社会现实。重要的是每个人是否有均等的机会接受公共教育。如果绝大多数人都能通过自己的能力和努力,而不是父母的社会经济地位或其他特殊的制度性因素,获得相应的教育水平,那就应该说这个社会相对公平。

从当代中国教育研究的有关文献中,可以看到两个的倾向性特征:一是着重研究教育是否影响收入水平、代际间的社会阶层移动、影响程度的大小以及变化趋势;二是着重分析个人的属性特征、家庭环境、青少年期的时代背景对学历形成的作用。孙志军(2013)利用 CHIP 数据,严谨细致地分析了改革开放30多年来中国城镇居民的教育与收入差距的关系,明确指出:城镇居民的平均教育水平显著提高,居民之间的教育不平等明显改善,教育回报率有所上升,但居民之间的收入差距进一步扩大。

约翰等(2013)利用 CHIP2007 城乡住户的相关数据,计量分析了教育不平等的内在机制。他们着眼于代际之间的教育继承性,认为中国的教育不平等相当部分来自父母对子女的直接传递。薛进军、高晓淳(2011)利用 CHIP1988、CHIP1995 和 CHIP2002 的相关数据,也从不同角度对教育与收入等关系作了深入的考察。他们的分析结果表明,中国城市居民的收入差距不断扩大,学历因素与收入差距的相关不断增强,父母的学历和经济状况显著影响子女的教育水平。

本章利用 CHIP 调查的相关数据,从不同角度对当代中国教育的总体发展情况和各种形态的教育差距进行定量描述,并通过计量模型分析,揭示个人学历和学力的内在形成机制,以弥补宏观教育统计无法提供的重要信息。

第 2 节,我们对 CHIP 数据的结构、可能性进行评说,详细说明数量分析时的注意事项和具体方法;第 3 节,根据有关调查指标,推算调查对象的学历构成、教育年限、全国高考总分偏差值等指标,对教育获致的总体水平和差距进行多层面的量化分析;第 4 节,建立教育年限(学历)、高考总分偏差值(学力)等多元回归模型,计量分析个人的属性特征、户口制度、居住地等因素对个人的教育获致的影响;第 5 节是全文的总结和政策含义。

二、数据与方法

1. CHIP 数据中的教育及相关信息

中国居民收入分配研究(CHIP)课题组自 1988 年成立以来,在全国城乡进行了多次住户调查,本章利用的数字来自 1988 年、1995 年、2002 年和 2007 年的 4 次 CHIP 调查。如表 7.1 所示,4 次调查涉及的住户总人数达 24 万多,其中乡村住户占 63.6%。由于多种原因,各次调查的样本总数变化较大,样本的城乡比例也不尽相同。与同年的全国城乡人口统计相比,1988 年、1995 年调查的样本中,乡村比率偏低,而 2002 年、2007 年调查的样本中,乡村比率偏高。就是说,城乡样本规模都比较大,分别利用城镇样本和乡村样本得到的分析结果,在一定程度上可以反映各自的总体情况,但如果把城乡样本合在一起,并以此来说明全国的总体情况,可能需要细心的注意。

表 7.1　4 次 CHIP 调查的样本分布　　　　（单位:人;%）

	调查对象年份				合计
	1988	**1995**	**2002**	**2007**	
乡村样本	51104	34739	37969	31659	155471
城镇样本	31776	21696	20633	14741	88846
合计	82880	56435	58602	46400	244317
乡村样本所占比率	61.7	61.6	64.8	68.2	
全国农村人口比率	74.2	71.0	60.9	55.1	

资料来源:CHIP 调查、《中国统计年鉴》。

　　4 次 CHIP 调查的地区分布也不尽相同。如表 7.2 所示,课题组曾在河北、江苏、浙江、安徽、河南、湖北、广东和四川 8 个省连续 4 次实施了农村住户调查,同时对其中 5 省的城镇住户也连续 4 次调查;在前 3 次调查中,课题组还对其他 11 个省区市的农村住户和 5 个省区市的城镇住户实施了调查;在剩余的部分地区也存有非连续的住户调查信息。同表中的数字表示 16 周岁及以上住户人口的地区、调查年份分布。4 次调查的间隔分别为 7 年、7 年、5 年,并且各年份、各地区都有较大的样本,故此,我们可以对有关数据加工汇总,动态观察全国城乡,以及不同地区、不同人群的教育发展情况。

　　为了尽可能准确把握教育的发展情况和教育差距,我们有必要对 4 次调查中相关项目进行归类调整。

　　首先,文化程度与教育年限的可比性存有问题。在 1988 年的 CHIP 调查中,城乡住户采用了相同提问,但仅有文化程度一项;在 1995 年、2002 年的 CHIP 调查中,除了文化程度,还追加了受教育年限的提问;到了 2007 年,城镇调查表中仍然有文化程度和教育年限的提问,而农村调查表中仅有教育年限一项。所以,在纵向分析教育发展和教育差距之前,有必要先对相关的调查项目归类、调整。

表 7.2　4 次 CHIP 调查样本的地区分布（16 岁及以上人口）（单位：人）

			调查对象年份				合计
			1988	**1995**	**2002**	**2007**	
四次连续调查对象地区	农村住户	河北	2211	1586	1245	1533	6575
		江苏	1704	1571	1353	3138	7766
		浙江	1486	1277	1622	2946	7331
		安徽	1939	1407	1430	2998	7774
		河南	2342	2264	1738	3278	9622
		湖北	1750	1231	1664	3500	8145
		广东	1576	1786	1956	3886	9204
		四川	2830	2526	1511	3456	10323
		合计	15838	13648	12519	24735	66740
	城镇住户	江苏	3172	2039	1888	1477	8576
		安徽	2369	1227	1244	1317	6157
		河南	2880	1564	1713	1594	7751
		湖北	2619	1902	1741	1052	7314
		广东	2909	1501	1469	1861	7740
		合计	13949	8233	8055	7301	37538
前三次调查地区		乡村	13536	12193	14022		39751
		城镇	10627	7389	7321		25337
其他调查地区		乡村	6655		3559	1530	11744
		城镇		2043	2181	5379	9603
乡村样本合计			36029	25841	30100	26265	118235
城镇样本合计			24576	17665	17557	12680	72478

资料来源：CHIP 调查数据。

以下是本章定义的文化程度与教育年限的关系：文盲或半文盲＝0,1—3年小学＝2,小学以下＝3,3 年或 3 年以上小学学历＝4,4 年以上小学＝5,小学毕业＝6,初中毕业＝9,高中/中专毕业＝12,大专毕业＝15,大学本科＝16,研究生＝19。这里，我们把基于文化程度得到的教育年限称为给定值,并把它与实际回答的教育年限进行比较。如果两者之差的绝对值大于3,我们则可以认为该样本的可信程度较低,在实证分析时把它们排除在外。

其次,界定城镇人口与乡村人口对本章的研究主题也十分重要。根据调查设计,城镇住户的调查对象是业已居住城镇的人口,他们当中不乏通过农转非从乡村迁入城镇的,而农村住户的调查对象仅限于农户,它难以捕捉那些通过各种途业已经迁出乡村的人口。故此,要准确理解城乡的教育发展和两者之间的差距变化,有必要把那些通过上学、参军、转干、土地征用、购房等途径,实现了农转非的农家子弟从城镇样本划归乡村样本。实际上,从2002年和2007年的城镇住户调查中,我们可以得到通过农转非实现市民化的有关信息,重新界定城镇样本和乡村样本的范围。

经过数据汇总,我们发现,在2002年和2007年的城镇住户调查样本中,共有5441人(18岁及以上的非在校人员)回答他们通过农转非实现了市民化。其中24.8%的农转非人员通过上学获得非农户口,通过参军、转干、土地被征用和在城镇购房获得非农户口的分别占3.7%、9.0%、13.2%、6.7%,其他为42.4%。农转非人员的学历构成为大学本科及以上11.7%、大学专科18.3%、高中/中专31.4%、初中25.1%、小学及以下13.5%,明显高于农户调查样本的学历构成(18岁及以上非在校人员的比率依次为0.3%、1.3%、12.1%、49.1%、37.1%)。如果把全部农转非人员划归农户样本,重新计算农户样本的学历构成,其比率依次为1.5%、3.0%、14.1%、46.7%、34.8%,高中及以上层次的人员比例有所上升(4.9%)。如果把学历换算成教育年限,再计算城乡居民的平均教育年限可以发现,2002年、2007年乡村样本的平均教育年限分别上升0.45年、0.22年,达到7.31年、7.84年,而城镇样本几乎没有发生变化(2002年下降0.01年、2007年上升0.08年)。

最后,由于4次CHIP调查的地区分布不完全一致,所以,要依据样本调查的分析结果推测全国的总体情况,有必要事先检验4次调查数据的组合方式对分析结果可能产生的影响,比如调查表中要求回答的正规教育年限与按照最高教育程度给定的教育年限有无差异等。这里,我们按城乡和出生年代为基础,汇总几组有关平均教育年限的情况。图7.1a是对1995年、2002年和2007年城乡18岁以上非在校人员汇总的结果,可以反映不同年代出生人群的教育情况,图7.1b表示从3种不同方式的样本组合得到的结果,教育年限为 18 岁以上非在校人员的正规教育年限。

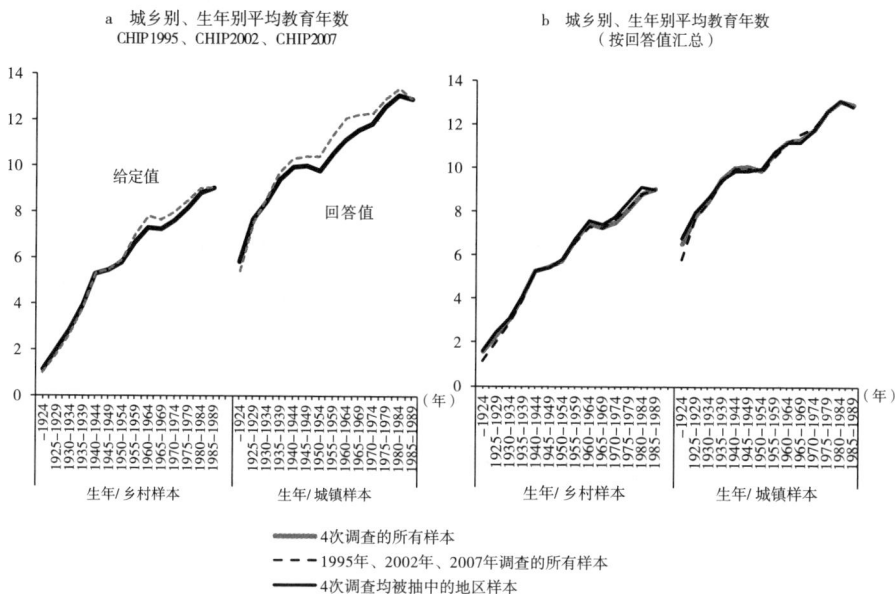

图 7.1　CHIP 调查样本城乡居民平均教育年数（1995 年、2002 年、2007 年）

以出生年代为基础,把不同调查时点的非在校人员样本混在一起汇总,从道理上讲没有问题,因为一个人一旦离开学校,他的正规教育年限是不会改变的。当然,在中国,由于存在函授等成人教育,依调查时点最高学历给定的教育年限与学校正规教育年限之间可能存有一定差距。实际上,从图 7.1a 可以看出,教育年限的回答值与给定值并非完全吻合,在 20 世纪 50 年代以后的各个年龄层,给定值均大于回答值,城镇居民尤为明显。这表明很多人在离开学校之后,通过函授、电大、党校等途径,继续深造,进一步提高了自身的学历水平,实质性地延长了教育年限。另一方面,从图 7.1b 可以看出,不管以何种方式组合调查数据,不同年龄层的城乡居民都显现了大致相同的结果。这说明,我们可以根据分析的需要,对各次调查数据进行必要的组合,并依据数据分析的结果,进一步推测全国城乡的教育发展、教育差距,以及教育发展和教育差距的内在机制。

2. 教育水平的量化指标

为了定量分析教育发展和教育差距,首先必须明确有关指标,即衡量教育的尺度。通常，一个人的能力大小与其接受的教育程度相关，在校教育的年限越长、最终学历越高，他所积累的人力资本也就越多。与没有接受过同等教育的人群相比，他们往往可以从事收入较高的职业、以较快的速度晋升。这里的教育程度不仅包括教育年限和最高教育程度，同时还包括教育的内容或教育的质量。基于以上考虑，本章从三个方面量化分析城乡居民的教育发展和教育差距。

第一，依据调查表中所提问的最高教育程度，对 4 次城乡住户调查中的有关回答进行必要的分类整理，得到小学及以下、初中、高中/中专、大学专科、大学本科及以上 5 个学历层次，在此基础上分析比较城乡居民的教育程度。当然，其中包括完成学校正规教育之后得到的成人学历。

第二，被调查者根据问卷提问回答的正规教育年限（扣除跳级、留级年数）。在普及 9 年义务教育之前，由于各种社会经济原因的限制，很多中国人并不能如愿读完中小学，中途退学属于正常现象，甚至很多人从来就没有进过校门。所以，单单以最高教育程度衡量教育显然有较大的局限性。

第三，以曾经参加过全国高考的人员为对象，使用高考成绩等信息，计算高考人员的全国统考得分偏差值，并据此分析城乡居民的学力状况和学力的形成机制。通过偏差值的计算分析，我们可以进一步了解高中毕业生内部的学力差距，也可以说，进一步掌握同等教育程度下教育质量的差异。

三、教育的发展过程与教育差距

本节利用上述 3 个反映教育程度的尺度，定量描述我国城乡的教育发展和教育差距。首先，利用 4 次 CHIP 调查表中有关最高教育程度和正规教育年限等变量，观察分析不同时代出生的城乡居民的教育水平、各种形态的教育差距及其变化趋势，定量描述在过去数十年中我国城乡教育所取得的成果和主要特征。其次，利用 2007 年 CHIP 调查中有关参加高考的信息，对同等教育程度下城乡居民的教育质量，即学力水平的基本状况、高等教育的机会不均等问题进行深层分析，以揭示城乡居民教育质量的巨大差异。

1. 出生年代、居住地区与教育程度

中国幅员辽阔，地区之间社会经济发展水平高低不一，各个地区内部的城

乡之间又存有较大差距。在这样的社会经济背景下,地区之间、城乡之间存有一定程度的教育差别是一件很自然的事,也是大家的共识。但遗憾的是,在国家统计局或教育部发布的各种教育统计中,特别是按城乡口径统计的学历结构、居民的平均教育年限等指标,我们没法找到相关的数据。依据人口普查等汇总资料,我们可以大致推算各地区城乡居民的教育情况,但所有数据都没有考虑通过上学等途径实现农转非的那一部分人口,结果导致城镇居民的教育被高估,而农村居民的被低估。

　　为了尽可能准确衡量城乡居民的教育发展和教育差距,我们按照前述方法,把农转非的城镇样本划归乡村样本,再依次汇总城乡居民的教育程度等指标。具体程序如下:先按居住地区把所有样本分为城镇组和乡村组,再按样本人口的出生年代分别计算的他们的教育程度构成。

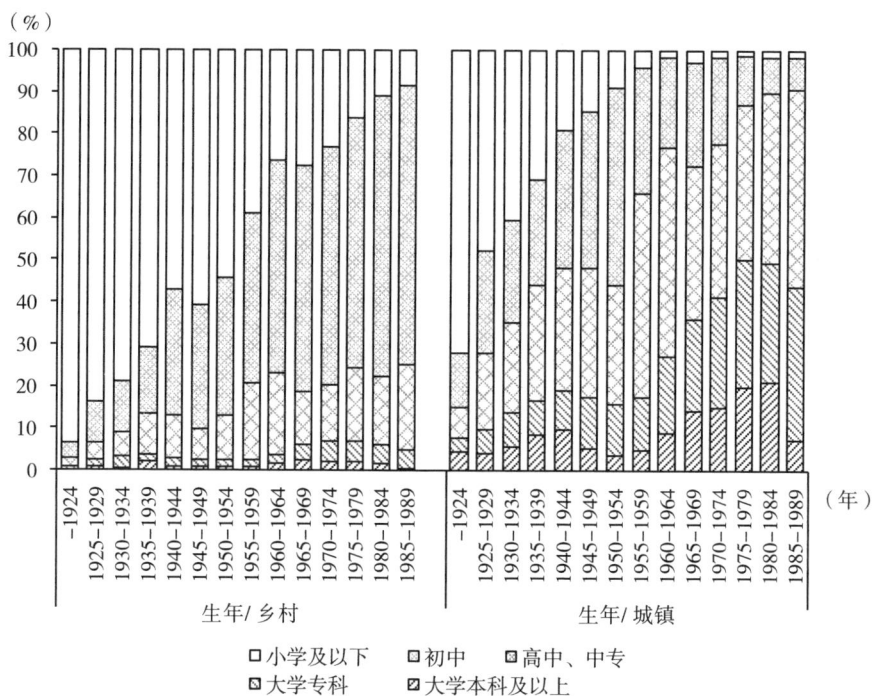

图 7.2　城乡别、生年别、教育程度别的人员构成(18 岁及以上的
非在校生、CHIP2002、CHIP2007)

　　图 7.2 是汇总数据的结果,横轴表示样本人口的出生年代,纵轴表示不同教育程度人口的构成比,反映 18 岁及以上所有非在校人员的教育情况。由

此,可以得到三点重要的事实:第一,在所有的年龄阶层,城镇居民的教育程度都显著高于乡村居民,这意味着早在新中国成立以前,中国就一直是一个典型的城乡二元结构社会;第二,1955 年以后出生的城镇居民基本上都有初中及以上的教育水平,而农村居民直到 80 年代后期才达到了这种状况,两者之间相差约 30 年;第三,在广大农村地区,初中是学校教育的重点,高中教育发展极其缓慢,相比之下,城镇的高中教育发展迅速,大专大学等高等教育则更加醒目。例如,在 60 年代前 5 年出生的乡村人口中,有初中及以上学历的人口比率达 73.8%,其中大学本科及以上仅有 1.6%,大专占 2.3%,高中占 19.2%;而在同龄的城镇居民中,初中及以上学历占 98.4%,其中大学及以上达 9.1%,大专为 18.0%,高中为 49.6%。

从城乡居民接受的教育年限来看,两者之间的差距显得更为直观。我们按照前述方法,把农转非的城镇居民划归乡村,再分别推算不同年代出生的城乡居民的平均教育年限,以及各年龄组内部的教育年限离散系数(均方差/平均值),图 7.3 是基于计算结果的曲线图。在本图中,1985 年以后出生的人群平均教育年限较短,这是因为在 2007 年的 CHIP 数据中,还没有完成学业的在校大学生等没有进入分析对象,高学历人员比率较低。

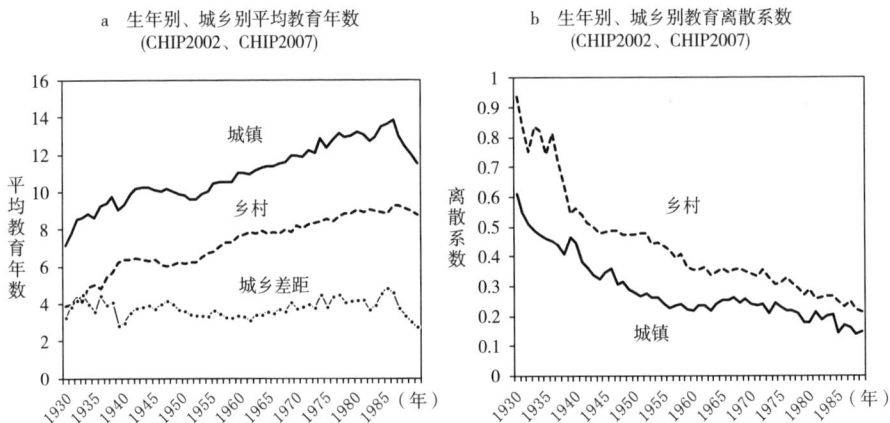

图 7.3　城乡居民平均教育年限及离散系数(CHIP2002、CHIP2007)

根据图 7.3 所示的分析结果,我们可以认为,当代中国的教育发展经历了 3 个具有鲜明特征的历史阶段。第一,在 20 世纪 30 年代出生(2002 年调查时的年龄为 63—72 岁,2007 年调查时的年龄为 68—77 岁)的城乡居民中,他们的平均教育年限随时间推移而迅速增加,同龄人群内部的教育差距也急速下降。国民教育水平之所以能如此快速发展,可能主要起因于 1949 年以后,有相当一部分人继续升学深造,抬高了总体国民的平均水平,同时,这也造成了同龄人群内部相对较大的教育差别。

第二,在 40 年代到 50 年代初期出生的城乡居民,其平均教育年限基本上没有变化,在城镇地区甚至有下降倾向,年龄相同的城镇居民之间的教育差别继续明显缩小,而在乡村居民之间,这种倾向不是十分明显。这一代人到上中学、高中、大学的年龄,刚好与"大跃进"运动、三年困难时期、"文化大革命"重合,很多城市出生的年轻人才初中毕业,就得上山下乡接受再教育,不得已放弃更高层次的教育机会(顾洪章,1996)。

第三,"文化大革命"后期,特别是在"文化大革命"结束以后,高考制度全面恢复,不少 50 年代后期出生的年轻一代赶上了高考,部分幸运儿上了大学。此后,义务教育法制定实施(1986 年),教育改革进一步加快,城乡居民接受初等教育、高等教育的机会飞速增加。其结果是,城乡居民的平均教育水平持续稳步增长,同龄人群内的教育差别显著缩小,并且城乡居民之间的不平等也相对缩小。

总体而言,在半个多世纪中,我国城乡居民接受学校教育的年限发生了巨大的变化,年龄相对越小,接受正规教育的年限也越长,而且这一过程与同龄人群内部的教育差距不断缩小并行。我们应该说,这是中国教育事业的一大伟绩。在不同时期,教育发展的速度快慢不一,历史上长期存在的城乡教育不均衡问题在中华人民共和国成立以后的很长时期,一直没有得到明显改善,学校正规教育的机会不均等依旧是中国教育事业的一大难题。

2. 教育差距的收敛

中国的国土很大,各地区的社会经济发展相差悬殊,故此,各地区之间的教育发展也存有一定的差异。这里,我们利用 4 次 CHIP 调查数据,详细分析各地区的平均教育水平、各地区教育事业随时间推移而发生的变化及其有关特征。图 7.4 表示城乡别、地区别平均教育年限与离散系数的关系,图中含有各次调查的城乡居民中 18 岁以上非在校生的情况。图 7.4 的城乡没有考虑农转非人口的划转问题,平均教育年限指各地区 18 岁以上非在校生的学校正规教育,离散系数反映的是不同年代出生的所有人群内部和相互之间的差距情况。

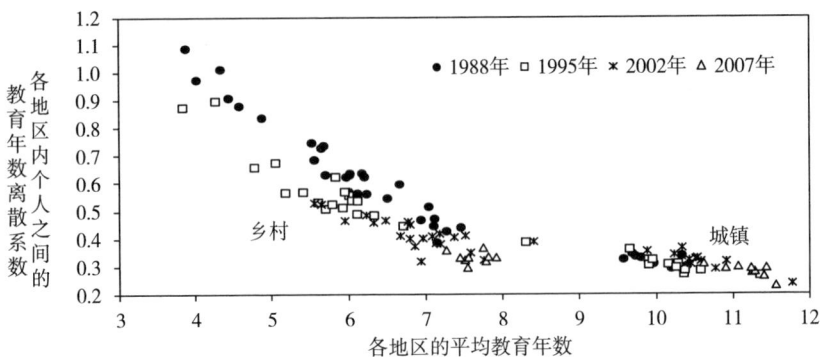

图 7.4　城乡别、地区别平均教育年数与离散系数的关系（18 岁及以上的非在校生）

从图示的汇总结果来看，有几点值得注意的特征。第一，与全国的总体情况一样，各地区内部的城乡之间也存有明显的教育差别，城镇居民接受学校教育一般比乡村居民要多数年；第二，各地区城镇居民的平均教育年限相对近似，而不同地区乡村居民的教育差距十分明显；第三，从离散系数可以推测，各地区城镇居民之间的差距很小，而乡村居民之间的要大得多；第四，随着时间的推移，无论是城镇还是乡村，居民的平均教育年限不断延长，居民之间的差距也不断缩小。从截面数据的分析结果，我们可以指出：改革开放以来，中国的教育事业在不同地区的所有城乡都有长足的发展，并且这个过程伴随着所有居民相互之间的教育差距不断缩小。

之所以有上述结果，一个很重要的原因就是，在不同地区之间存有教育发展的收敛现象，即社会经济相对落后地区的教育发展速度较快，而发达地区则相对较慢（孙百才，2008）。比如，在 1988 年至 2002 年的 14 年中，各地区乡村18 岁以上非在校生平均教育年限的增长率与各地区 1988 年的平均教育年限之间的相关系数为−0.86（城镇样本的相关系数没有显著性），而在 1995 年至2007 年的 12 年中，各地区城乡的平均教育增长速度与初期教育水平之间的相关系数分别达−0.84、−0.91。中国政府 1986 年制定实施了义务教育法，经济发展和少子化同步进行，整个社会和家庭有能力加大对子女的教育投资。所有这些要素都对促进城乡居民的初等教育非常有利，特别是在社会经济发展相对落后的广大农村地区，这一效果更为显著。

3. 城镇与农村的学力差距

众所周知，最高教育程度或教育年限可以在某种程度上反映一个人的潜在能力,但在现实生活中,即便学历相当、教育年限相等,人人之间的学力水平也不尽相同。同为高中毕业生,有考上大学的,也有落第的,考上大学的也有重点大学与一般大学之分。为了进一步考察城乡、地区以及个人属性(男女、民族等)与学力形成的关系,我们利用 2007 年城乡住户调查中有关成年人教育的基本信息,对满 16 岁的非在校人员是否参加过高考、是否被高校录取、高考成绩的偏差值等情况进行详细的数据分析。

首先,依据"是否参加过高考"和"最后一次参加高考的年份"两项指标,可以得到参加过高考人员占同年人口的比率,图 7.5 表示了城乡居民 1950 年至 2001 年的高考参加人数占 18 岁人口比率(基于两者的 3 年移动平均值)。这里,汇总对象为具有城乡样本的 8 个省市,城镇住户中农转非的居民被划归农村考生,参加高考时的年龄(根据出生年份推算)为 16—23 岁的全体人员。据此得知,此间参加过高考的总人数为 3526 人,占所有参加过高考人员(包括1950 年以前参加过考试的)的 95.3%。

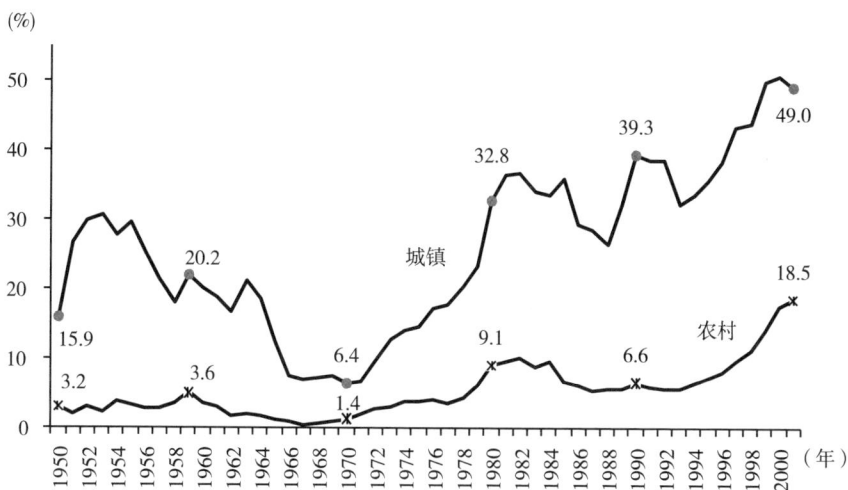

图 7.5　高考参加人数占 18 岁人口比率(横轴表示参加
高考年份,高考时的年龄假定为 18 岁)

其次,在参加过高考的人员当中,有多大比率被高校录取?其中 4 年制的本科生和 3 年制的大专生又各占多少? 在住户调查表里,没有是否被高校录取的记录,我们只能用其他方法间接推算有关指标。这里假定,最高教育程度为大学专科、大学本科或研究生的所有人员都是在高考后被高校录取的,这样就可以得到各年份城乡考生的被录取比率。① 图 7.6 是 1977 年恢复全国统一高考以来的参加高考人员的被录取比率、本科生占被录取人员比率的变化情况,数据汇总的范围、对象与图 7.8 的完全相同。

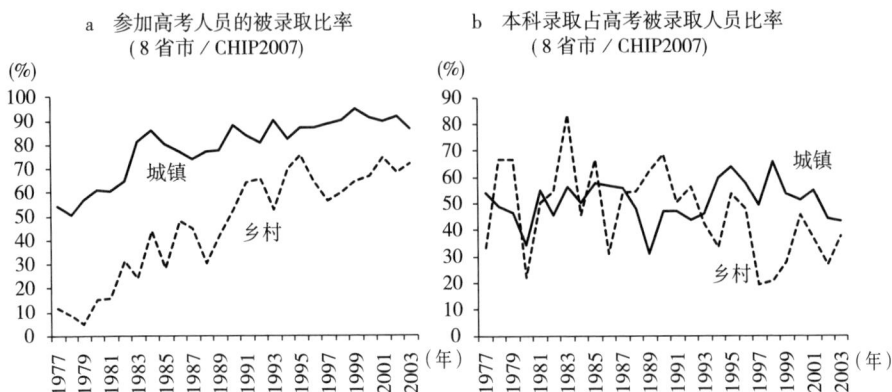

图 7.6

最后,依据个人申报的最后一次参加高考的年份、当年的高考成绩、报考科目的类型(文史类、理工类等),推算所有参加过高考人员的高考成绩偏差值②,并以此衡量个人的学力水平和城乡考生的学力分布。在分析对象的 8 个省市中,1977 年至 2007 年参加过高考的总人数为 3018 人(高考时的年龄为 16—23 岁),其中文史类 1078 人、理工类 1756 人、文体等 184 人。由于高考出题的类型不同,这里仅以文史类和理工类考生为对象,推算各人的偏差值,并从城乡对比的角度对偏差值分组。

偏差值的推算步骤如下:以所有的调查省市为对象,分别计算各年份参加高考人员的文史类、理工类平均得分和均方差,再按照计算公式,推算每一位曾经参加过高考的城乡考生的偏差值。图 7.7 是改革开放后 30 年中

----

① 在最高教育程度为大专及以上学历的回答者当中,有一部分人应该是当年高考的落榜人员,他们参加工作后,通过电大、党校的函授教育等方式,获得了高等学历。比如,在 1988 年 CHIP 的城镇住户调查中,1950—1959 年出生人口(29—38 岁)的最高教育程度为大专及以上的占 10.9%,而在 1995 年 CHIP 调查中,同指标上升到 18.9%,涨了 8 个百分点。这种现象在各次 CHIP 调查中都可以得到验证。

② 偏差值=50+(本人得分-全体考生的平均分)×10/全体考生得分的均方差。偏差值是经过标准化处理后的统计指标,可以反映每一个人在群体里的相对位置,不同年份之间有一定的可比性。

参加过高考的城乡考生的学力分布情况①,左右分别为男性、女性的城乡比较。

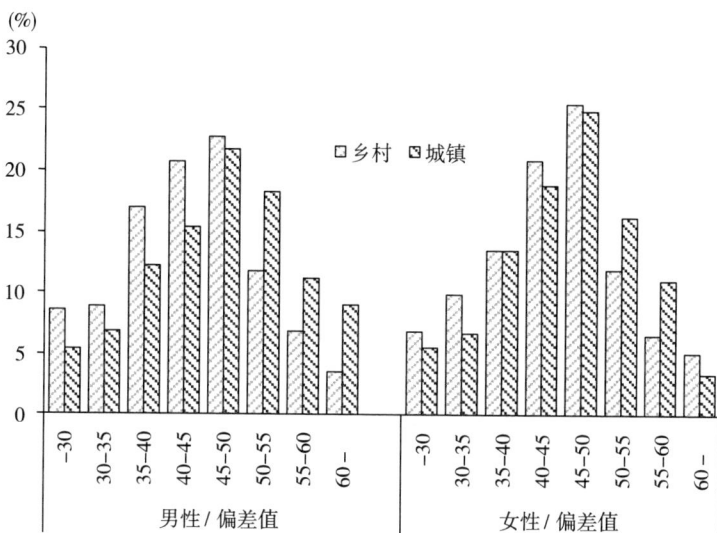

图 7.7　改革开放后 30 年高考城乡考生学力分布图

四、教育年限、学力水平的决定机制

教育作为人力资本,在职业选择、工资决定、职务晋升等方面有着十分重要的作用,一般而言,一个人的教育年限越长,接受教育的质量越高,他所拥有的人力资本也就相对越多,在事业发展等方面获取成功的可能性也就越大。问题是怎样才能得到较多的人力资本积累。个人的潜在能力即天赋自然重要,后天的勤奋努力也不可缺少,但起决定性作用的往往还是每个人所生活的时代背景,以及父母的社会经济地位等。如果社会稳定、经济发展,国家和家庭都会增加对后代的教育投资,从而带动全社会的教育发展。国家的教育制度和教育政策能否保证全体公民拥有平等的教育机会也极为重要。所有这些要素对教育年限、学历水平有无影响? 有多大影响? 各种影响随时间推移呈

---

① 由于部分人员没有回答当年高考的成绩,最后在推算偏差值时,实际纳入对象的是农村 1031 人、城镇 1369 人。城镇人口中的农转非人员也已划归农村人口。

现怎样的变化趋势？为了回答相关问题，下面，我们利用计量经济学的分析方法，对教育年限、学力水平的决定机制做进一步的实证分析。

1. 教育年限的决定机制

教育年限的回归模型十分简单，分析对象为在调查时点业已完成学业的18岁及以上人口，接受正规教育年限作为因变量，性别、民族、完成学业的时期及所居住的省市、城乡作为自变量。为了从不同角度观察各因素对教育获致的影响，我们对4次调查的全体样本按城乡、调查年度、调查省市进行分组，分别推测了各要素与教育年限的关系。表7.3是各模型中的回归系数及相关指标，调整后的决定系数显示，教育年限模型具有较好的说明能力。下面，我们依据各回归系数及其有意水平，揭示影响教育获致的内在机制。下列记述均为在其他条件相同时该变量所产生的作用。

表7.3　教育年数的决定因素（OLS）

	全体	农村	城市		
常数项	3.632	2.998	8.872		
男性［对女性］	1.424	1.650	1.046		
1949年前	−3.113	−2.989	−3.228		
1967—1976年	1.479	1.788	1.047		
1977—1992年	2.521	2.815	2.040		
1993—2007年	4.107	4.057	4.267		
汉族	0.416	0.498	0.071b		
城镇	4.032				
中部地区	0.275	0.359	0.124		
东部地区	0.700	0.978	0.270		
1988年调查	0.391	0.502	0.215		
2002年调查	0.131	0.364	−0.197		
2007年调查	0.205	0.427	−0.194		
修正后决定系数	0.535	0.446	0.301		
样本数	160297	98555	61741		

续表

调查年	1988	1995	2002	2007	
常数项	3.623	3.458	3.896	4.841	
男性	1.869	1.489	1.214	0.885	
1949 年前	−3.168	−3.033	−3.330	−1.981	
1967—1976 年	1.411	1.518	1.613	1.343	
1977—1992 年	2.606	2.455	2.636	2.370	
1993—2007 年		4.515	3.981	4.141	
汉族［对少数民族］	0.368	0.362	0.440	0.242a	
城市［对乡村］	4.107	4.359	3.797	3.701	
中部地区［对西部地区］	0.574	0.320	0.181	−0.173	
东部地区［对西部地区］	0.872	0.815	0.818	0.167	
修正后决定系数	0.510	0.579	0.535	0.500	
样本数	50009	37746	40575	31964	
调查地区	江苏	安徽	河南	湖北	广东
常数项	5.558	3.563	4.183	4.472	5.014
男性	1.470	1.726	1.312	1.387	1.419
1949 年前	−2.793	−2.920	−3.534	−2.878	−3.032
1967—1976 年	1.507	1.421	1.389	1.786	1.498
1977—1992 年	2.585	2.533	2.118	2.742	2.426
1993—2007 年	4.454	3.954	3.521	4.195	4.290
汉族	−1.099	0.161b	0.524	−0.233b	−0.185b
城市	3.892	4.535	4.097	4.398	3.402
1988 年调查	0.240	−0.034b	0.330	0.476	0.629
2002 年调查	0.211	−0.128b	0.035b	−0.053b	0.183
2007 年调查	0.463	0.253	0.203	0.104b	−0.062b
修正后决定系数	0.495	0.545	0.529	0.550	0.510
样本数	14100	11573	14435	12957	14156

第一，在包括城乡的全体公民中，男女之间存有较为显著的教育差距；这种差距在不同省市的男女之间同样存在，与各地的经济发展水平也没有明显的倾向性关系。总体而言，乡村人口中男女的教育差距大于城镇的水平，但随着时间的流逝，男女教育差距逐步缩小。

第二，个人的教育水平受出生时代的影响极为明显。与1949—1976年完成学业的群体相比，"文化大革命"10年的学校毕业生教育水平上升较为缓慢，城镇居民的尤为明显；一直到90年代初期为止，农村居民的教育发展相对快于城镇，但从此以后，城镇的教育发展加速，两者之间出现了逆转现象。

第三，从全国来看，汉族的教育水平比少数民族的要略高一些，但有缩小的趋势；在农村居民当中，汉族与少数民族之间存有一定的教育差距，但在城镇居民中，两者之间不十分显著；在省市层面，这种现象大多不存在，部分地区甚至出现了相反的现象，即少数民族的平均教育水平高于汉族。

第四，按照东部、中部、西部划分，可以观察到三大地区之间存有一定的教育差距，但随着时间的推移，中西部间的教育差距迅速缩小。近年来，包括东部在内的所有地区之间，教育差距基本消失；不同地区的城镇之间教育差距很小，而不同地区的乡村之间差距较大。

第五，学校教育的根本问题依旧是城乡之间的巨大差距问题。经济发达地区的城乡教育差距相对小一些，随着时间推移，城乡教育差距也略有缩小倾向；但总体来看，公民住在乡村还是城镇，对其获致学校教育的机会有着十分重大的影响，深层原因在于教育制度对农村居民的歧视和排斥。

2. 学力水平的决定机制

在本章的前半部分，我们利用2007年住户调查中有关参加高考的信息，分别推算了城乡居民曾参加过高考人员的比率、参考人员的被录取比率，以及被录取人员中大学本科和专科的比率，并根据高考得分计算了考生的偏差值，从不同角度定量描述了城乡居民之间存有的学力差距。我们利用计量模型，进一步分析考察偏差值的决定因素，以及能否被高校录取受哪些因素影响，以揭示个人属性、居住地区、户籍制度等因素与学力水平的内在关系。

我们的分析对象是可以进行城乡比较地8个省市，具体的分析对象是住户调查中曾经参加过1977年以来全国高考的全部成员，因变量有两个，即高考得分的偏差值和是否被高校录取，自变量有反映个人属性的性别、民族、户口、参加高考的地区等,表 7.4 是回归分析的汇总结果。下面,我们依据回归分析得到的系数等统计指标,分析考察模型分析的主要结论(需要注意的是,以下描述是假定其他条件相同情况下自变量与因变量的关系)。

表 7.4　高考得分的偏差值(学力)、大专/大学录取的决定因素
　　　　(2007 年,8 省市)

	高考得分偏差值	大专/大学录取	
		B	Exp(B)
常数项	43.030***	-4.239	0.014***
城镇[对乡村]	2.894***	1.549	4.705***
男性[对女性]	0.552	0.028	1.029
汉族[对少数民族]	2.929	-0.223	0.800
理工类[对文史类]	0.093	0.144	1.155
高考得分偏差值		0.088	1.092***
江苏[对安徽]	3.648***	-0.143	0.867
浙江[对安徽]	3.003***	0.163	1.177
河南[对安徽]	2.720***	0.006	1.006
湖北[对安徽]	-0.328	-0.263	0.768+
广东[对安徽]	4.369***	0.069	1.072
重庆[对安徽]	-0.755	0.159	1.172
四川[对安徽]	-1.043	0.013	1.013
其他地区[对安徽]	5.042***	0.650	1.916***
修正后决定系数	0.065		
Cox-Snell R^2			0.221
Nagelkerke R^2			0.309
样本数(个)	2402		2043

注:(1) ***、+分别表示在 1%、15%的水平下显著。
　(2)分析对象为 1977—2007 年的理工类和文史类考生,最后一次高考时的推定年龄为 16—23 岁,
　　　其余除外。

个人属性与偏差值之间没有十分显著的相关关系。男性也好,女性也罢,性别与偏差值的高低没有必然关系;在汉族和少数民族之间,情况也大致相同,汉族考生的偏差值总体上要比少数民族的高一些,但在统计上没有显著

性;考试科目是文科还是理科,对偏差值几乎没有影响。

不同省市考生的偏差值存有一定的差异。如表7.4所示,与安徽考生相比,江苏、浙江、河南和广东的学力水平显著较高,但在安徽和湖北、重庆、四川等地的考生之间,偏差值没有统计上的显著差异。本表的分析对象为1977年至2003年的8个省市,由于各地都采用了全国统考试卷和评分标准,地区之间的偏差值应该具有较高的可比性,所以我们可以断定,各地区(曾经参加过高考人员)的学力水平存有显著的差异。

这里我们特别要关注的是城乡之间的学力差距。在个人属性、考试科目、居住地等要素保持相同的情况下,城镇考生的偏差值比乡村考生的要高出2.9点。按照城乡划分与户籍制度的关系,基本上可以说,在其他条件完全相同的情况下,仅仅因为户籍的不同,城乡考生的偏差值即学力水平要拉开很多。总体而言,城镇考生的学力要大大高于乡村考生。这一点与前文的定量分析结果完全一致。

为了进一步考察城乡考生在接受高等教育机会方面存有户籍歧视,我们还计量分析了被高校录取概率的决定机制。表7.4的右边是Logistic模型的计算结果,B为回归系数,Exp(B)表示自变量对因变量的作用大小。可以看出,考生的性别、民族、参加考试的科目,以及参加考试的地点(省、市)等因素对考生否能被高校录取均没有显著的正面或负面的影响,因为所有的回归系数均没有统计显著性。反映学力水平的偏差值与被高校录取的概率之间存有显著的正相关关系,在其他条件相同的情况下,偏差值每增加1点,被高校录取的概率上升9.2%。

最值得注意的还是户籍因素对高考录取的影响,与农村考生相比,城镇考生能考上高校的比数与考不上的概率比(odds ratio)达4.7倍[1]。换言之,在个人属性、考试科目、考试地点,甚至连高考得分的偏差值都相同的情况下,城镇户籍的考生比农村户籍的考生能优先进入高校,享受高等教育。

---

① 比数比是统计学的一个常用指标,用来表示在两个群体之间产生某种现象的概率大小,数值越大,意味着该现象发生的可能性也越大。这里,我们把恢复高考以后的全部期间划分为1977—1984年、1985—1989年、1990—1994年、1995—1999年和2000—2007年5个阶段,分别推算了各阶段被高校录取的概率模型,得到的结果是:与农村户籍的考生相比,城镇考生的odds ratio为10.8、6.8、4.7、5.1、8.2,即随着时间推移,城乡考生之间的机会不平等由大到小,再反弹回升,呈U字型。

　　长期以来,无论是教育经费还是师资配备,乡村与城镇之间都存有巨大的差距,可以说城乡考生的学力差距正是这种教育制度的必然产物。可以说,高校的录取除了高考成绩,城乡户口也发挥着重要的影响。农家子弟由于缺乏良好的教育资源,往往难以达到城镇孩子的学力,即使获得了与城镇孩子相当的学力,也因为户籍的限制,很难得到与城镇孩子相等的高等教育机会,其中包含了户口制度对农民子弟在教育机会方面的双重歧视。

五、小　结

　　本章利用 CHIP 调查数据,定量描述了当代中国的教育发展、各种形态的教育差距,并对教育获致的内在机制进行了计量分析,弥补了宏观教育统计的不足之处,增加了我们对有关教育问题的深度理解。通过对 18 岁以上全体非在校人员的最高教育程度、教育年限、是否参加高考以及高考成绩等方面的定量分析,我们得到了如下的一些重要发现。

　　第一,中华人民共和国成立以来,中国的教育事业总体来说发展迅速。随着出生年代的推迟,城乡居民的平均教育年限不断延长,同代人的教育差距也迅速缩小。但城乡居民之间始终存有较大的教育差距,从最高教育程度的人员构成来看,两者要相差 30 多年。

　　第二,各省、自治区、直辖市的农村教育差距较大,而城市之间大致相同。随着时间的推移,各地区的教育发展呈现了收敛现象,即教育水平相对较低地区的发展速度相对较快,而教育水平相对较高地区的发展速度相对较慢;经济发达地区的城乡教育差距相对较小,而不发达地区的城乡教育差距相对较大。

　　第三,在城乡、省市、民族、年龄等要素相同的情况下,男性的教育年限比女性要长,这种现象在农村地区尤为明显。随着时间的推移,男女之间的教育差距逐渐缩小,经济发达地区的男女差距小于不发达地区。

　　第四,总体来说,汉族的教育年限略高于少数民族,但随着时间的推移,汉族与少数民族之间的教育差距趋于消失。在城镇地区,两者间的教育差距没有统计显著性,在部分省市,少数民族的平均教育年限显著地高于汉族。

　　第五,为了进一步说明城乡居民之间存有的教育质量差距,我们对曾经参加过高考的非在校生进行了深度考察。结果发现,无论是高考考生占同龄人口的比率,还是考生的被录取率,以及高考成绩的偏差值,城镇居民都明显地高于农村居民;在其他要素相同的情况下,男女之间、汉族与少数民族之间的高考成绩偏差值没有统计上的显著差异,但城乡之间、省市之间差距较大。

第六,通过对参加过高考的非在校生分析发现,在高考成绩偏差值相当的情况下,居住地区的不同、是汉族还是少数民族、是男生还是女生等因素都不影响能否上大学接受高等教育;但如果该考生为城镇居民,他被高校录取的概率是农村考生的4倍。就是说,在接受高等教育方面,户籍身份不同,会造成一定影响。

第8章 成人高等学历教育的发展及其效果评价

——基于中国综合社会调查(CGSS)2010—2015年的实证分析

一、本章的问题意识、目的和方法

众所周知,教育是人们提高自身能力的重要途径,通过教育形成的人力资本乃经济增长的重要源泉,中国也不例外(大塚·黑崎,2003;南等,2008;蔡昉,2017)。过去40年来,中国经济高速增长与教育事业的迅速发展密不可分。据《中国人力资源报告2017年》估计,全国劳动力人口的平均教育年限在1982年仅有5.8年,2015年上升到10.1年,其中城镇从7.3年上升至11.3年;大学专科及以上人员占比也从1.0%上升至16.4%,其中城镇从3.6%上升至26.2%(李海峥,2017)。教育的快速发展离不开9年义务教育的普及,也与普通高校的扩张紧密相关,其中值得高度评价的是以获取学历为目的的各级成人教育,尤其是专科、本科及研究生等成人高等学历教育(以下简称成人高教)突飞猛进的发展。据统计,在20世纪八九十年代,获得专科、本科学历的一半以上来自成人高教(含自学考试),21世纪以来,成人高教高等学历占比依然保持在总体的近40%的高水平。[①]

70年代末以来,中国的成人高教占据了高等教育的半壁江山,以各种方式获得成人高教学历的人才活跃在各级国家机关、事业单位、企业等,为社会经济发展做出了贡献(肖剑忠、杨燕,2003;汤俊等,2015)。但是,有关部门每年向社会公布的义务教育、普通高校以及成人高教统计基本上没有城乡分类,国家统计局的人口普查汇总资料一般只有按城市、镇和乡村汇总的教育情况,

---

[①] 所列数字根据国家统计局"国家数据网 http://data.stats.gov.cn/"的有关统计求得。下文中未注明来源的数字均依据"国家数据"。

没有成人高教和正规教育之分。长期以来,在对中国社会经济的大量研究中,教育几乎毫无例外地被看作影响就业、收入、晋升、阶层流动的重要因素,但对教育的内含却少有涉及。例如,在收入分配的既有文献里,通常把教育程度或受教育年限作为收入函数的解释变量,通过多元回归分析估计教育回报率(Knight 和 Li,1993;李实等,2008;Riskin 等,2001;严善平,2011;嚴,2011b;Xue,2012;Li 等,2013),但缺乏含有学历内容的深入研究。

21 世纪以来,中国人民大学组织中国综合社会调查(CGSS),并陆续对外开放调查数据,使我们有可能从不同角度、不同层面对教育的内含进行实证分析。特别值得一提的是,CGSS 中含有较为丰富的教育信息,包括获得的教育程度、高等学历的获得方式(成人高教或正规)、最高学历的获得年份等。利用该调查的相关信息,我们可以深入分析成人高教的基本特征、对高等教育快速发展的贡献以及它与普通高教的差异等问题。①

遗憾的是,到目前为止,利用 CGSS 数据对成人高教的研究还非常少见,据中国知网检索结果,直到 2019 年 8 月仅存有储庆(2011)、孙榆婷(2019)所作两篇文献,英文等国外的类似研究也几乎没有。② 其他大多数研究的焦点主要集中在教育机会是否平等、教育不平等的产生机制(Postiglione,2006;Knight 等,2013;张兆曙、陈奇,2013;Hu 和 Hibel,2014;吴愈晓、黄超,2015;张小莉,2015;黄建忠、赵恢林,2016;郑磊、孙旭,2017;宋扬,2017)、高等教育扩张与教育收益率之关系(马汴京等,2016;杨中超,2017)等方面。利用城乡住户调查(CHIP)对成人高教与工资之关系的文献非常罕见,仅有徐玲丽等(2008)发表的一篇。

中国改革开放以来的成人高教,既有别于计划经济时期的识字班、干部大学、职工大学(何红玲,2004;应永祥、王宪平,2009;Hunter 和 Keehn,2018),也有别于国外的职业培训、生涯学习等非学历教育(Albrecht 等,2005、2009;Jarvis,2010;Duke 和 Hinzen,2011;Hanushek 等,2017),它的产生与发展具有

---

① 长期以来,在中国也有大量的以职业培训、娱乐或提高修养的非学历教育(Tang,1994;Hunter 和 Keehn,2018),但本章的研究对象是以获得大学专科、大学本科等学位为主要目的的成人高等学历教育。

② 严善平、薛进军(2019)利用中国综合社会调查 2010 年至 2013 年的微观数据,计量分析了成人高教及其对收入的影响。

非常特殊的时代背景。①

　　本章主要目的是运用劳动经济学的分析方法,利用 CGSS 以及人口普查的相关数据,定量分析成人高教对高等教育发展的贡献、成人高教的机会均等、高等学历的内涵(成人高教、正规)对收入的影响,并结合干部队伍"四化"方针和有关制度因素,对计量分析结果进行全面的综合考察。正文的构成如下:第 2 节首先梳理干部队伍"四化"方针的制度化进程、描述成人高教的制度框架,利用人口普查等数据定量分析成人高教的发展过程;第 3 节利用CGSS 数据分析成人高教对高等教育总体发展的贡献,以及成人高教的机会均等问题;第 4 节从不同侧面计量分析成人高教与正规高教对收入的影响,结合干部队伍"四化"方针,解释成人高教的社会经济意义;第 5 节是全文的小结和政策含义。

二、成人高教的时代背景、制度框架和绩效

1. 干部队伍"四化"方针与成人高教体系的形成

　　20 世纪 70 年代末,由于历史原因,各级干部队伍中普遍存在年龄偏高、文化专业知识水平偏低等问题。为了推进改革开放、实现以经济建设为中心的战略转移,邓小平等第二代中央领导经过充分酝酿,提出了干部队伍"四化"的方针(王蕾,2016)。1980 年 8 月的中央政治局扩大会议上,邓小平在《党和国家领导制度改革》的讲话中系统地阐述了干部选拔的革命化、年轻化、知识化和专业化的"四化"方针,并强调要把这种干部的提拔使用制度化。党的十二大(1982 年)通过的新党章又明确规定要努力实现干部队伍的"四化"。这条规定在党的十九大(2017 年)的新党章中依然保留,充分说明"四化"始终是国家机关录用人才、提拔干部的基本方针,容不得含糊(宗锦福,1982;杨小岩,1983;程争敏、刘海涛,1986;卓汉容,2001)。

　　但在实际运作过程中,干部"四化"中的知识化、专业化基本上以学历为

---

　　① 中国学界对包括学历教育在内的成人教育有大量的研究积累,刊登这方面研究成果的专门学术杂志就有《开放教育研究》《继续教育研究》《成人教育》等,从中可以详细了解成人教育制度的框架、招生、教学等方面的历史、现状和问题(姜金林,2003;李国斌等,2007;余小波,2008;张晨晨,2013)。

主要考核对象(项武生,1984;徐豪,2016)。在计划经济时期形成的劳动人事制度中,工人与干部是两种既然不同的身份,工人转为干部难度很大,并且工资等级是根据学历而定,干部晋升与学历挂钩(程争敏、刘海涛,1986;孙世路等,1989)。

受人事政策导向的影响,大专、大学等高等学历在各行各业都变得极为重要,"文化大革命"导致人才储备寥寥,恢复高考后的招生能力又十分有限,无法满足快速扩大的社会需求。在此背景下,为了获得高等学历,各种人士以各种方式自主加入了成人学历教育的行列,国家有关部门也从制度层面大力支持自学成才,由此形成了一个庞大的成人高教体系,培养了大批专业人才。这一点可以从各级领导干部的学历、学位的公开信息中得到验证。①

2. 成人高教的制度框架

中国的教育体系由初等教育(小学)、中等教育(初高中)和高等教育(职业技术学院、大学专科、大学本科、研究生)三个阶段构成。20 世纪 70 年代末期以来,在干部队伍"四化"方针引导下,以获得高等学历为目的的成人高教得到了迅速发展,在制度建设方面也逐步趋向完善。

表 8.1 概括了改革开放以来中国高等学历教育体系的基本构成及其变化趋势。1977 年恢复全国高校统考,1999 年实施高教产业化政策,全日制的专科、本科和研究生教育不断扩张,为各行各业输送了大量人才,有力支持了改革开放时代社会经济的快速发展。但是,由于大学的教育资源有限,普通高校的人才供给能力远远满足不了社会各界对高等学历人才的需求。在此背景下,很多大学以函授、夜大学、脱产班等方式参入成人高教,有关部门积极扩展广播电视教育,中央党校也与省市县等对口部门通过函授、集中授课等方式开拓成人高教,还有通过自学考试获得高等学历制度等。可谓八仙过海,各显神通。

---

① 例如,从 20 世纪 80 年代到 21 世纪初的 30 多年中,大学及以上学历的中央委员占比从 40%左右上升到 90%多(赵书松、吴世博,2016);当选十八大(2012 年)的 205 名中央委员中,188 人的最高学历有公开报道,其中博士 40 人、硕士 101 人、大学本科 38 人、专科及以下 9 人(刘俊生、张鹏,2014);2014 年 7 月,各省、自治区、直辖市党委、政府、人大、政协四套班子的领导、中央部委及其直属机构的领导共 204 人,其中有硕士、博士学位的分别占 52%、16%,大学学历占 26%,学历不明者为 6%(汤俊等,2015)。

表 8.1　中国高等学历教育体系概况

		开始年或运作期间	是否进行全国统一考试	教育部是否认可学历	授课形式	变化趋势
A. 普通高等院校和研究机构	研究生院	1977 年	○	○	全日制	扩张
	大学本科、大学专科	1977 年	○	○	全日制	扩张
B. 普通高等学校办函授部或夜大学、脱产班等继续教育		80 年代初	○	○	函授/夜大学/全日制	扩张→网络教育
C. 成人高等学校	广播电视大学	1979 年	×	○	广播电视等	缩小
	职工、农民高等学院/管理干部学院/教育学院/独立函授学院	70 年代末	○	○	函授/夜大/全日制	缩小、消失。部分学校升为普通大学
D. 高等教育自学考试		1979 年	○	○	自学、补习	缩小
E. 远程网络高等教育		90 年代末	×	○	网络、补习	扩张
F. 党校系统成人高等学历教育	研究生院	1985 年	○	○	函授/夜大/全日制	扩张
	成人教育	1985—2011 年	×	△	函授等	缩小、取消

资料来源:笔者根据网络资料整理。

　　成人高教之所以能得以迅猛发展的原因之一是学历制度的形成和巨大的办学利益。很多普通高校压减正常招生指标,腾出部分教学资源开办成人高教,以昂贵的学费招收未被大学录取的高中毕业生;党校系统的学历虽然没有得到教育部认可,但因为党校学历的特殊性,加上没有严格的招考制度,教学考核也相对宽松,深受机关等公职人员的欢迎,使得党校成人高教一度辉煌。据统计,从党校 1985 年开办成人高教到 2011 年全面停止,共有 320 多万人获得了大专、大学或硕士高等学历,而这些学历在干部选拔和晋升时拥有与普通高等正规学历相当的效力。[①]

――――――――

　　① 在中共中央 2008 年下发《关于印发〈中国共产党党校工作条例〉的通知》之前,1995 年发布的《党校工作暂行条例》明确规定:学员学完必修课程,经考试考核合格者,授予党校学历,可享受国民教育相应学历的有关待遇。尽管原国家教委曾多次指出,党校学历不应等同于国民教育系列学历,但在国家机关、事业单位的干部政策中,党校学历基本上享受了国民教育的有关待遇。

随着普通高教的扩展、信息技术的普及,成人高教的形式、内容以及作用也不断发生变化。党校成人高教逐渐淡出历史舞台,自学考试大为减少,传统的函授教育基本上被远程的网络教育取代。同时,在普通高校毕业生供过于求的当代社会,成人学历的价值也相对下跌。

3. 从人口普查看成人高教

从国家统计局公布的人口普查资料中,我们可以准确了解 6 岁及以上人口按年龄、性别、受教育程度的汇总数据,表 8.2 是人口普查记录的 2000 年至 2010 年全国大学专科、大学本科、研究生的总人数(包括在校生),可以体现这 10 年间高等教育的发展情况。如表所示,这一期间具有大专和大学程度的人口总量猛增 7110 万人,增幅高达 165%。从不同学历的增速来看,本科快于专科,研究生快于本科,专科、本科、研究生人数的年平均增长率分别为 9.0%、12.4%、16.7%。

与此同时,据教育部统计,在这 10 年中,普通高等院校毕业的大专和大学毕业生总数为 3415 万人,普通高校在校学生增加 1676 万人。这意味着,同期增加的拥有大专大学学历的人口中,有 2019 万人(占增量的 28.4%)没有接受过普通高等教育,而是通过各式各样的成人高教获得了干部选拔、晋升时不可或缺的高等学历。研究生教育方面,同期毕业生总数为 199.6 万人(扣除硕升博的重复计算),在校研究生增加了 123.7 万人,两者合计为 323.3 万人。这个推算结果与表 8.2 所示的 326 万人基本吻合。

表 8.2　拥有大专及以上高等教育水平人口的变化情况　(单位:万人)

	大专	大学	大专大学合计	研究生
2000 年	2899	1415	4314	88
2010 年	6861	4563	11424	414
增加数	3962	3148	7110	326
增加率(%)	137	222	165	370

资料来源:国家统计局编《中国 2000 年人口普查资料》《中国 2010 年人口普查资料》,中国统计出版社 2011 年版。

但接受成人高教以获得高等学历也并非易事,它受到个人的出生年代、性别等自然属性的影响。图 8.1 依据 2000 年、2010 年人口普查及 2015 年 1%

人口抽查的汇总数据,展示了 2000 年以来不同年份出生人群在接受成人高教方面的差异及变化情况。这里表示的是调查时点 20 岁以上的群体的占比曲线,随时间推移,曲线向上平移的幅度表示高等学历教育扩张中来自成人高教的贡献程度。例如,1960 年出生人群拥有大专及以上学历的占比在 2000 年普查中为 4.3%,而 2010 年普查时为 5.7%,上涨了 1.4 个百分点;1970 年出生人群拥有高等学历的占比在两次普查中分别为 5.8%、8.8%,上涨了 3 个百分点。因为这两个群体在人口普查时点均大大超过了普通高教的年龄段,所以可以判断他们的高等学历均来自成人高教。其实,2000 年人口普查中 1960 年出生人群的 4.3% 也大多来自成人高教,按照 80 年代初普通高校招生规模和 20 岁的人口总量来推算的话,接受普通高教获得学历的人口占比为 1.2%。[①]

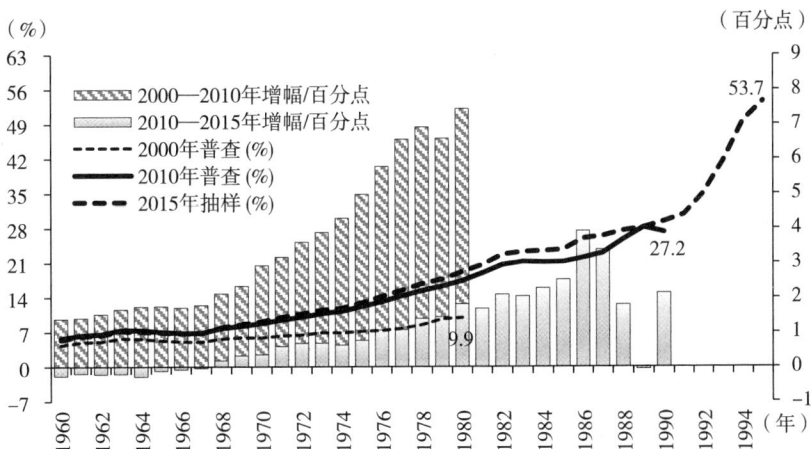

图 8.1　按出生年份区分的大专及以上高等教育水平人口占比的变化

资料来源:国家统计局《中国 2000 年人口普查资料》《中国 2010 年人口普查资料》《2015 年 1% 人口抽样调查资料》。

　　值得强调的是,即使普通高教从 1999 年开始扩大招生,成人高教在推动高等教育发展方面依然发挥了重要作用。比较 2010 年人口普查和 2015 年 1% 人口抽查中高等学历的占比可以发现,80 年代出生的年轻一代(2015 年调查时的年龄为 25—35 岁)通过成人高教,不同程度地提高了该群体的学历水

---

① 按照国家统计局国家数据,1980 年全国普通高校招生总数为 28 万人,而该年份的 18 岁人口大约为 2400 万人,由此可得普通高校招生占比为 1.2%。

平(平均上涨 2 个百分点)。

4. 从教育统计看成人高教

1977 年全国恢复统一高考以后,在干部队伍"四化"方针的引导下,各种各样的成人高教、自学考试等顺势发展,发挥了与普通高教"两条腿走路"的重要作用。1982 年,国家统计局首次公布了经过整顿后的广播电视大学、函授大学、夜大学、职工大学、农民大学等成人高等教育该年招生 29.1 万人、毕业生 20.4 万人、在校生 64.4 万人,普通高校的招生 31.5 万人、毕业生 45.7 万人(77 级和 78 级学生同年毕业)、在校生 115.4 万人,二者十分相近(《1982年国民经济和社会发展计划执行结果公报》)。

表 8.3　2000 年前后成人高等学校基本情况

		1998 年	1999 年	2000 年	2001 年	2002 年
成人高等学校数(所)	广播电视大学	45	45	45	45	45
	职工、农民高等学院	570	510	469	412	360
	管理干部学院	153	146	117	104	97
	教育学院	190	166	138	122	103
	独立函授学院	4	4	3	3	2
	合计	962	871	772	686	607
成人高等教育毕业生数(万人)	成人高教学院毕业生数(万人) — 广播电视大学	17.0	17.0	9.9	10.9	14.0
	职工、农民高等学院	9.6	10.2	9.9	9.1	8.9
	管理干部学院	6.1	6.6	6.4	5.7	5.5
	教育学院	6.6	6.9	6.3	5.5	7.7
	独立函授学院	0.4	0.4	0.4	0.4	0.4
	小计	39.7	41.1	32.9	31.6	36.5
	普通高等学校办函授部或夜大学、专修科 — 小计	42.9	47.7	55.2	61.4	80.3
	函授部			31.0	32.8	42.3
	夜大学			10.6	11.5	14.3
	成人脱产班			13.6	17.1	23.7
	合计	82.6	88.8	88.1	93.0	116.8

资料来源:国家统计局编《中国统计年鉴》(1999—2003 年),中国统计出版社 2005 年版。

在随后每年的统计公报中,虽有涉及成人高教的统计数据,但缺乏完整性和连续性,直到 1999 年,《中国统计年鉴》才对成人高教的具体内容做了详细公布。表 8.3 反映了世纪之交成人高教的基本情况,从中可以看出普通高校产业化前后的结构变化。之后,伴随着信息、网络技术的进步和普及,成人高教方式发生了巨大变化,国家对成人高教统计的相关指标也做了相应调整。

如表 8.3 所示,1998 年成人高等学校毕业生总数为 82.6 万人,其中各类成人高教学院的毕业生为 39.7 万人,占 48.1%,普通高等学校办函授部或夜大学、干部专修科的毕业生为 42.9 万人,占 51.9%。在随后的 4 年中,成人教育毕业生总数增至 117.5 万人,增长了 41.4%,但成人高教学院、普通高校的成人高教毕业生占比分别为 31.3%、68.7%,呈现了成人高教学院走下坡路、普通高校成人高教力度大大增强的局面。1999 年开始,国家实施高教产业化新政,在既存高校增设新学院、学科,将符合办学条件的专科院校升级,积极扩大普通高校招生规模。在此背景下,除广播电视大学以外的各类成人高教学院纷纷调整办学方针,4 年间学校数量减少了近 4 成。

表 8.4 反映了 1986 年至 2015 年全国高等教育的发展情况,以及成人高教的贡献度。由于统计指标的变化,我们只好把这 30 年分为前后两个时期。从汇总结果来看,在前 19 年间,普通高校毕业生占全体毕业生的 44.2%,成人高教的贡献远远大于普通高校。但在后 12 年间,普通高校毕业生的比重不断上升,2011—2015 年期间超过了 60%,而成人高教的地位大大下降,呈现了与前期截然相反的局面。这里,我们不排除统计口径变化可能带来的部分不可比性,但成人高教与普教的地位逆转无可置疑。

顺便指出,在普通高校、成人教育和网络教育的毕业生中,获得本科学历的占比在 2004—2015 年的 12 年中平均为 47.9%、38.6%、39.6%。可以说,与普通高校相比,成人教育、网络教育更多地集中于大专类的学历教育,与普通高校在一定程度上相辅相成,对高等学历的需求双方都发挥了各自应有的作用。

表 8.4 改革开放以来高等学历教育的发展情况 （单位:%;万人）

年份		毕业生数	各类教育形式的占比		
			普通高校	成人高校	自学考试
1986 — 2004	1986—1990	587.4	45.4	45.5	9.1
	1991—1995	662.4	48.8	40.3	10.9
	1996—2000	1035.7	41.5	41.1	17.4
	2001—2004	1522.7	43.6	34.0	22.4
	小计	3808.2	44.2	38.8	17.0
2004 — 2015	2004—2005	1017.6	53.6	35.0	11.3
	2006—2010	3732.9	65.5	21.9	12.6
	2011—2015	5023.4	63.9	20.8	15.3
	小计	9773.9	63.4	22.7	13.9
2004—2015 年本科占比			47.9	38.6	39.6

资料来源:1986—2004 年的成人教育(院校类)、自学考试(考试类)数字根据余小波(2008)的表 1 整理计算而得,其他根据国家统计局数据计算而得。

三、微观层面看成人高教的发展过程及
成人高教学历的获得机制

如前所述,针对高端人才的匮乏,政府采取了普通高教和成人高教"两条腿走路"的现实性策略,并取得了相当的业绩。在此,我们利用 CGSS 的原始数据,从微观层面进一步考察分析成人高教的发展和受教育的机会均等问题。

1. 中国综合社会调查(CGSS)及其中的成人高教信息

下文使用的数据是中国人民大学等单位实施的"中国综合社会调查(CGSS)"。这是一个全国范围的高质量抽样调查,是一个较全面地提供了成人教育信息的大样本。它包含了全国各地的村委会和居委会样本,样本抽取严格遵循社会调查的基本准则,样本分布具有较好的代表性。为了增加样本规模、提高数据分析结果的稳定性,本章对原始数据做了必要处理,把 2010 年至 2015 年的 5 次 CGSS 数据合并,建立新的数据库,以此进行实证分析。

　　CGSS 的代表性可从图 8.2 得到说明。上下两图分别为城镇和乡村人口按出生年算得的高等学历人口占比,实线表示 CGSS 样本中拥有大专、大学或研究生(包括在学)学历者在各年龄的占比,虚线表示 2010 年人口普查中的相同指标。城镇、乡村双方的两条曲线虽有所偏离,但显然具有高度的相关性,其相关系数城镇为 0.95,乡村为 0.96。由此推断,CGSS2010—2015 数据的可信度较高,其分析结果和政策含义也会比较可靠。

　　如图 8.2 的人口普查所示,20 世纪五六十年代出生的城乡人口之间,人力资源的存量差距巨大,大专及以上学历人口占比相差 20 到 30 倍。70 年代以后这一差距虽相对缩小,但直到 1989 年仍有 5 倍之大。

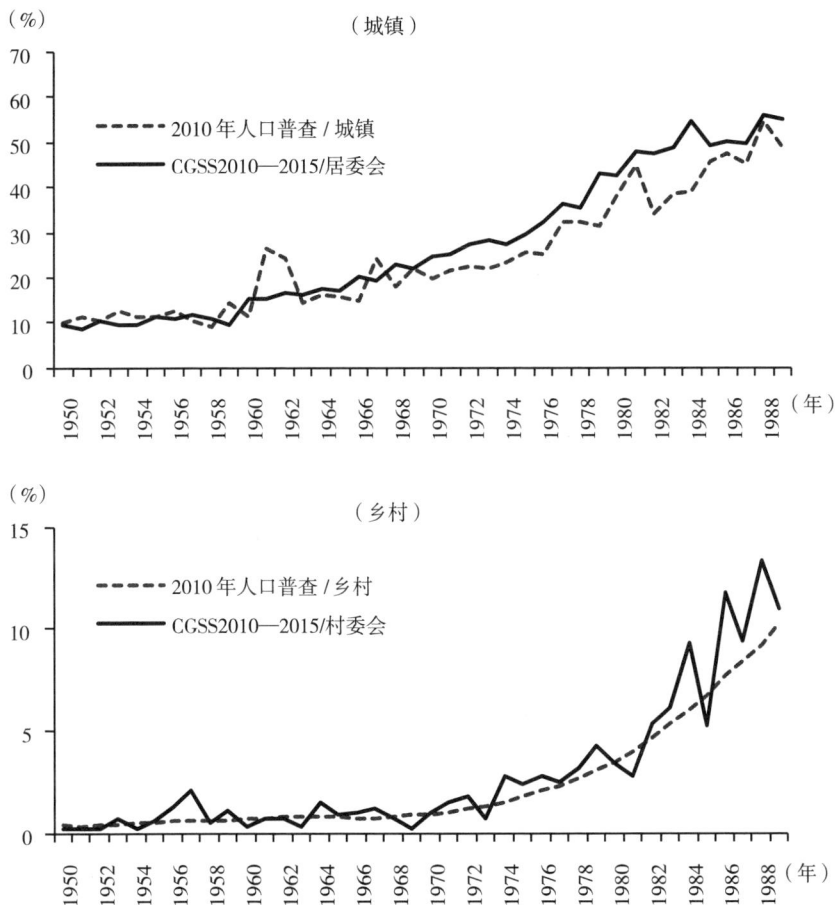

图 8.2　不同出生年份的大专及以上高等教育人口比例的变化

资料来源:国家统计局《中国 2010 年人口普查资料》,CGSS2010—2015。

2. 成人高教对高等学历教育的贡献

在 CGSS 的调查项目中,有关于最高教育程度的详细选项,根据个人出生和毕业年份等信息,我们可以从微观层面进一步释明不同时期成人高教对高等学历教育发展的贡献大小及其变化趋势。

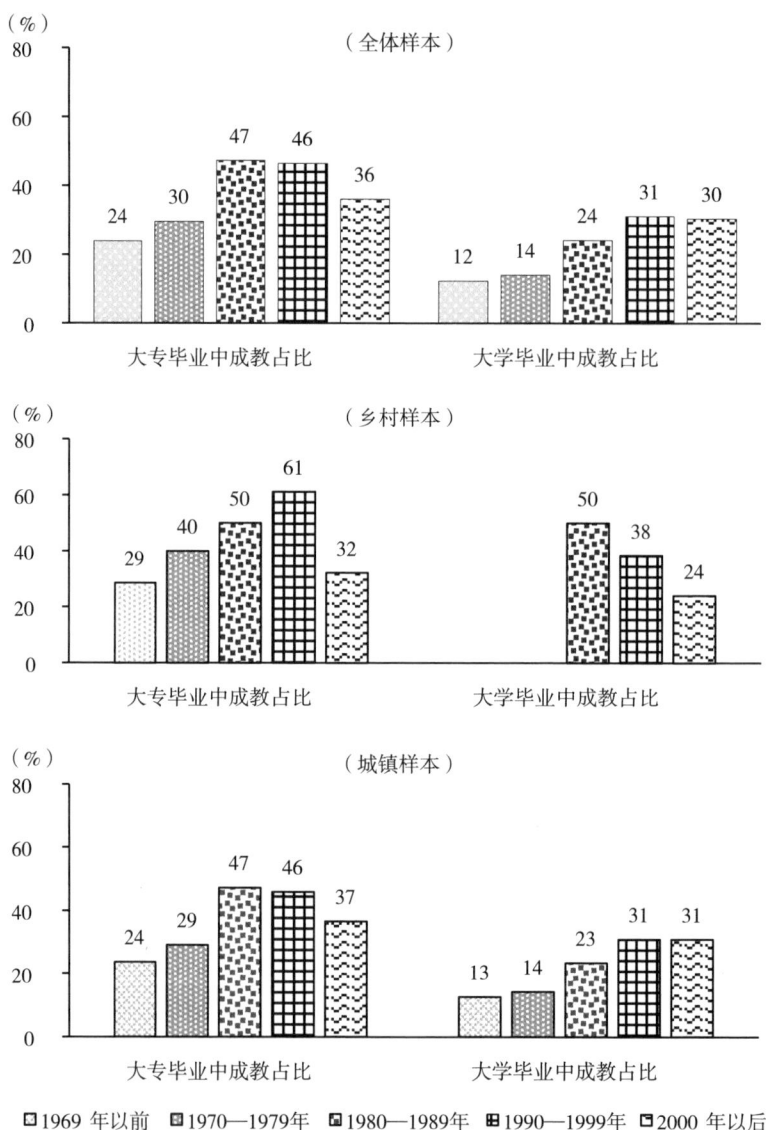

图 8.3　按高等教育毕业时期划分的成教占比

　　首先,我们按照得到大专或大学学历的年份对全部样本进行分组,再对全体样本、城镇和乡村样本分别进行汇总,求得各时期正规教育、成人教育的毕业人数,据此便可得到各时期高等学历人口中成人高教的占比,它可以用来表示成人高教对高等教育的贡献程度,图 8.3 是经过上述处理得到的结果。

　　对 CGSS2010—2015 的全体样本及乡村样本、城镇样本进行汇总,可以知道在拥有大专或本科学历的全体人员中,通过成人高教获得高等学历的占比分别为 34.2%、39.5%、28.5%,而在乡村地区,该指标为 32.2%、36.6%、25.4%,在城镇地区为 34.3%、39.7%、28.7%。可见,在 2010—2015 年,所有城乡的大专大学学历中,大约有 1/3 来自成人教育;大专学历中成人高教的贡献较大,而大学学历中成人高教的贡献相对较小,而且这个现象在城乡之间没有显著差异①。

　　由此可见,在不同时期成人高教对高教发展的贡献程度明显不同,并且存在一定的变化规律。如图 8.3 所示,就全体样本而言,成人高教在大专层面的贡献率在 80 年代最高,达 47.3%,随后慢慢下行,整个期间呈倒 U 字型;而大学层面的贡献率则呈现了持续上升趋势,90 年代后期维持在 30% 以上的较高水平。这种情况在城镇样本中表现得尤为突出。而在乡村样本中,成人大专的占比持续上升,直到 90 年代达峰值 61.1%,大大高于全体样本或城镇样本的水平;但成人大学学历占比在乡村样本出现了反常现象,其主要原因可能是成人高教学历获得者人数极少,70 年代之前均为 0,80 年代、90 年代、21 世纪初分别只有 4 人、5 人、40 人。

3. 个人属性、工作单位性质对成人高教机会的影响

　　20 世纪 70 年代末,随着干部"四化"方针的制度化和社会经济的迅速发展,应届高中毕业生纷纷参加全国统考,很多在职的年轻人也竞相参入成人高教,普通高等院校、广播电视大学、党校、各类培训机构则应时而生、应势扩大,形成了一个十分独特的具有中国特色的成人高教体系,成人教育的成分和方式也五花八门。

---

　　①　根据表 8.4 的原始数据推算,在 1986—2015 年毕业的所有大专、大学学历人员中,成人高教的占比为 41.5%,而据 CGSS2010—2015 推算的同期间大专、大学毕业生中的成人高教占比为 35.4%,两者之间相差 6.1 个百分点。这意味着 CGSS 所捕获的成人高教学历相对较少,换言之,高等学历人员中正规教育的成分相对偏高。

关于个人的就学选择，一般而言，受个人属性、工作单位、居住地区、高中毕业时期等因素的影响。在此，我们建立多项 Logistic 模型，对拥有高中及以上学历群体（研究生除外）的升学选择进行计量分析，以厘清高中毕业后是否接受高等教育、以何种方式接受高等教育的影响因素。因变量为就学选择（高中程度 1、成人高等教育 2、正规高等教育 3），自变量包括性别（男性 1、女性 0）、政治身份（中共党员 1、其他 0）、民族（汉族 1、其他 0）、工作单位性质、居住地区、高中毕业时期等 CGSS 中含有的相关问题。表 8.5 是以居委会样本、村委会样本为对象推测的 Logistic 模拟结果，B 表示各因素对因变量发生概率的影响，Exp(B)表示自变量对因变量的比数比（odds ratio），即在其他变量保持不变的情况下，某变量增加 1 单位引起因变量发生概率的增加倍数。

从表 8.5 可以看出，在城镇样本中，高中程度、成人高教学历和正规高教学历的比率分别为 50.2%、17.2% 和 32.6%，而乡村样本中的三者占比分别为 77.5%、7.3% 和 15.2%。由此可见，直到 2015 年，中国城乡之间人力资源仍存在巨大差异。不过，这里的分析焦点是高中毕业后获得高等学历群体具有哪些个人属性和社会属性，尤其是它们在成人高教与正规高教之间有无显著的差异，对城乡间的差距暂且不论。

首先我们来看一下民族属性对就学选择的影响。如表 8.5 所示，在城镇模型和乡村模型中，这两个变量在统计上都不显著。这表明，在其他情况相同的情况下，高中毕业后是否进一步接受正规高等教育或成人高等教育，在汉族和少数民族之间没有显著差异，可以说升学机会基本上是均等的。从性别上看，在进入正规高校的概率方面男女间没有显著差异，而在成人高教方面，男性的概率显著低于女性。总体而言，女性在接受高等教育方面没有明显的不利。

在农村样本中，不管居住地是东部、中部还是西部，对是否接受高等教育没有影响。而在城镇样本中，中西部之间没有显著差异，但居住东部的比居住西部的人有较多机会接受高等教育，尤其是正规教育。这意味着，在广大城镇地区，居住地本身在较大程度上影响着个人能否接受高等教育，尤其是正规教育。

表 5 高中毕业后是否接受高等教育的影响因素
（多项 Logistic 模型、CGSS2010—2015）

		城镇样本		乡村样本	
		B	**Exp（B）**	**B**	**Exp（B）**
成人高等教育 城镇：17.2% 乡村：7.3%	常数项	−2.378 ***	−3.616 ***		
	男性	−0.089	0.915 *	−0.496	0.609 ***
	中共党员	1.250	3.491 ***	1.228	3.414 ***
	汉族	−0.040	0.960	−0.049	0.952
	党政机关	1.687	5.402 ***	1.317	3.733 ***
	企业	0.726	2.067 ***	−0.039	0.962
	事业单位、社会团体等	1.924	6.846 ***	2.074	7.957 ***
	东部	0.273	1.314 ***	0.073	1.076
	中部	−0.147	0.863 *	0.216	1.242
	80 年代高中毕业	0.152	1.164 **	0.218	1.243
	90 年代高中毕业	0.663	1.940 ***	0.861	2.366 ***
	21 世纪后高中毕业	0.558	1.747 ***	1.126	3.083 ***
正规高等教育 城镇：32.6% 乡村：15.2%	常数项	−2.384 ***	−3.884 ***		
	男性	−0.028	0.972	−0.205	0.815
	中共党员	1.194	3.299 ***	0.696	2.006 ***
	汉族	0.024	1.024	0.174	1.190
	党政机关	1.292	3.641 ***	1.383	3.987 ***
	企业	0.583	1.792 ***	−0.141	0.868
	事业单位、社会团体等	1.508	4.520 ***	1.153	3.169 ***
	东部	0.579	1.784 ***	0.061	1.063
	中部	−0.002	0.998	0.186	1.204
	80 年代高中毕业	0.104	1.110	0.210	1.234
	90 年代高中毕业	0.814	2.258 ***	1.099	3.002 ***
	21 世纪初高中毕业	1.762	5.822 ***	2.696	14.816 ***
Cox 与 Snell		0.210		0.194	

续表

	城镇样本		乡村样本	
	B	Exp(B)	B	Exp(B)
Nagelkerke	0.242		0.262	
McFadden	0.116		0.160	
样本数(个)	14456		2256	

注:(1) ***、**、* 分别表示在 1%、5%、10%的水平下显著。

(2)性别、政治身份、民族、居住地区分别以女性、非中共党员、少数民族、西部为参照组,工作单位性质、高中毕业年代分别以无单位/自雇、1979 年止毕业为参照组。

(3)分析对象为目前从事非农工作人员(调查表中 A58=1)。

(4)分析模型含有调查年变量,表示省略。

高中毕业的时期对接受高等教育的影响十分显著。[①] 无论是城镇还是乡村,90 年代以后高中毕业的群体接受正规或成人高教的机会迅速增加,正规高教方面表现得尤为突出。这与高校扩展过程高度吻合。

在此要特别强调的是,不同性质的单位工作的人员所拥有的高等学历类型也不同。具体而言,在党政机关、事业单位或社会团体工作的人员,与一般的企业从业人员或无单位等自雇人员相比,持有大专、大学学历的概率要高得多。更值得注意的是,这些部门的工作人员高中毕业后通过成人高教获得学历的概率,比通过正规高校获得的要高出很多。在城镇样本中,与无单位、自雇人员相比,党政机关、事业单位、社会团体等工作人员获得成人高教学历的比数比(odds ratio)分别为 5.4、6.8,大大高于获得正规学历的 3.6、4.5。农村样本中的事业单位、社会团体等也有相同的倾向。

政治身份的不同在拥有高等学历的概率和获得方式上也有明显的特征。与非中共党员相比,中共党员高中毕业后获得高等学历的概率较高,而其中通过成人高教获得的概率比正规高校获得的概率更高,城镇分别为 3.5、3.3,乡村分别为 3.4、2.0。

① 高中毕业时期按调查表 A7c 的回答结果求得,最高教育程度(A7a)选答职业高中、普通高中、中专或技校的,直接采用回答的毕业年份;A7a 选答大专及以上的,以出生年加 18 为高中毕业年份。

四、成人高教学历与正规学历对回报率的影响

1. 成人教育的历程及其评价

中国的成人教育历史悠久,包括非学历教育在内的初等、中等和高等教育自 20 世纪 50 年代就在全国城乡展开(孙世路等,1989;何红领,2004;应永祥、王宪平,2009;俞启定,2014;Hunter 和 Keehn,2018)。在教育资源普遍缺乏的年代,成人教育为国家机关、事业单位、企业等各行各业的干部职工提供了基础文化、专业知识等方面的培训服务,在人才培养方面发挥了一定的作用。"文化大革命"期间,普通高校停止招生,而以党政机关职工为对象的干部学校、以国企工人为对象的职工大学办得热火朝天。1976 年,此类非学历教育机关有 4.7 万家,在籍学生达 262.9 万人。但由于时代的局限性,当时的成人教育学科体系、教学内容等问题多多,在学员选拔的公平性方面也存有不少问题(李国宝,1995;周春花,2013;俞启定,2014)。

高考制度恢复以后,在干部队伍"四化"方针和"两条腿走路"政策引导下,以获得高等学历为目的的成人教育蓬勃兴起。直到 90 年代末,中国普通高校招生人数不足同龄人口的 15%,处于典型的精英教育阶段。受此影响,同期的成人高教毕业生专业知识水平也相对较高。但进入 21 世纪以后,大学升学率飘然上升,高等教育的性质逐渐由精英教育转变为大众教育,成人高教系统的生源素质全面下降。加之成人高教制度本身难以确保教育质量,社会各界对成人高教的评价日趋降低。[1] 特别是 2000 年普通高校停招全日制成人高教学生之后,网络教育成了成人高教的主要方式,招生考试择优录取机制基本失效。办学单位为了创收,尽可能地削减费用、降低学历门槛;在唯学历论的社会背景下,高升专、专升本、本升研的潜在需求十分庞大。需求双方相互作用,形成了成人高教得以生存的社会基础(俞启定,2014)。

除了对成人高教质量的各种评论,通过成人高教获得高等学历的机会不平等也是多受争议的话题。在早期,能参加职工大学、干部学院、夜大学学习,

---

[1]　马龙、杨昊:《远程学历教育竟如此注水》,《人民日报》2013 年 5 月 2 日;赵婀娜:《网校放开,质量不能放松》,《人民日报》2014 年 3 月 27 日;高毅哲:《放权后的远程学历教育变局》,《中国教育报》2014 年 7 月 16 日。

获得高学历的人员大多是党政机关、事业单位、国企等部门的干部职工,招生大多没有统一的公开考试。党校的绝大多数学员,他们不仅没有统考,甚至连上学的费用基本上也由公费负担。① 这些成人学历的含金量明显不如正规学历的那么高,但在干部任用、晋升等人事制度里,可以享受与正规高等学历相同的待遇(孙申,1999)。

2. 成人高教学历增收效果的检验方法

改革开放以来,成人高教与普通高校同步发展,为干部队伍实现"四化"做出了重大贡献。尽管成人高教制度和成人高教实践中存有各种问题,但它能够长期生存并发展壮大,即意味着它有一定的存在价值和需求。这里,我们利用劳动经济学研究的实证方法,对 CGSS 数据进行定量分析,评价成人高教学历对就业选择、晋升、收入的客观效果。但由于数据的内容限制,本章只能通过收入函数的模拟分析,并通过与普通高校的比较,来释明成人高教学历对收入的影响。② 具体操作程序如下。

第一步,按分析需要,从 CGSS2010—2015 数据库里筛选出 4 组样本建立子数据库。

(1)抽出对 A53"您上一周是否为了收入而从事了一小时以上的劳动?"问题回答"是"的样本,建立经济活动人员子数据库;(2)抽出对 A58"您的工作经历及状况是?"问题回答"目前从事非农工作"的样本,建立非农从业人员子数据库;(3)按照非农从业人员工作单位的所有制性质,即党政机关、企业、事业单位/社会团体等、无单位/自雇(A59j),分别抽出符合条件的样本,建立按单位性质区分的子数据库;(4)从非农从业样本中,抽出拥有大专学历、大学学历的全部样本,建立高学历人员子数据库。

第二步,对年收入进行可比性处理。在 CGSS 的问卷里有两组数字,一个是包括了投资等收益的全年总收入(A8a),另一个是全年的职业/劳动收入(A8b)。本章按照常规,选用后者。为了消除物价因素的影响,以 2009 年居民消费价格为基准,对各年收入进行了可比性处理。

第三步,建立收入函数模型。本章采用常见的 Mincer 工资函数的扩展型

---

① 参看徐林林:《公众为何不太看好党校文凭》,《湖北日报》2008 年 10 月 8 日。

② 对外公开的 CGSS 数据中,"目前工作的具体职业(A59d)"被删除了,所以我们没法对学历与职业选择的关系做深入分析。

（Knight 和 Song，2000；严善平，2006、2007、2011、2017），即因变量为全年收入，自变量除了年龄、教育、性别、婚姻之外，鉴于中国的社会经济情况，还加入了民族、政治面貌、户口等因素，还有一些控制变量。收入函数如下所示（与第 5 章、第 6 章的工资函数相同）：

$$\ln(w) = a + b_1 E + b_2 Age + b_3 Age^2 + b_4 P + \sum_i c_i DummyH_i + u$$

w、E、Age、P 分别表示全年收入、教育年限或教育程度、年龄（就业经历的代理变量）、党员身份，a 分别为常数项、b、c 为偏回归系数、u 为误差、H_i 分别表示性别、民族、户口、居住地、调查年等虚拟变量。

第四步，提出成人高教学历等因素与收入关系的理论假说。

综合上述分析，我们在此提出以下 5 个理论假说。

假说 1：总体而言，学校教育对个人收入有显著的正面影响。在其他条件相同的情况下，受教育程度越高，收入也相对越多，反之亦然。

假说 2：受教育类型对收入的多少有显著影响。与正规教育相比，成人教育的回报率相对较低，换言之，成人学历含金量不如正规学历高。

假说 3：工作单位的性质不同，成人高教学历与正规学历的回报率显著不同。在以盈利为目的的企业部门，同等学历中正规教育的回报率高于成人学历的水平，而在党政机关、事业单位等非盈利性公共部门，同等学力中成人教育与正规教育的回报率差距相对较小。

假说 4：在拥有高等学历的群体中，学历的获得方式对党政机关从业人员的收入不产生显著影响，对拥有党员身份的就业者也没有显著作用。

假说 5：随着普通高校招生规模的不断扩大，高校学历的稀缺价值相对下跌，表现为教育回报率呈下降趋势，并且成人高教学历的回报率下降幅度更大。

3. 成人高教学历对收入的影响

表 8.6 是以城镇和乡村样本中全体经济活动人员为对象的收入函数模拟结果，包括偏回归系数和各自的统计显著性，表中还给出了自变量的比率或平均值等相关信息。年收入函数中的教育均以高中程度为参照组，年收入函数 2 中的高等教育分为成人和正规，以鉴定不同教育水平之间、特别是成人学历相对于正规学历回报率的差异。从自变量比率或平均值可以看出，在城镇与

乡村之间,居民的自然属性和社会属性均有非常大的差异。

表 6　从业人员(调查表中 A53＝1)的基本情况及年收函数
(OLS 模型、CGSS2010—2015)

	自变量的比率或均值		年收函数 1		年收函数 2	
	乡村样本	城镇样本	乡村样本	城镇样本	乡村样本	城镇样本
常数项			7. 529***	7. 598***	7. 532***	7. 572***
男性	55. 8	56. 3	0. 597***	0. 383***	0. 597***	0. 382***
汉族	88. 0	93. 6	0. 065**	0. 165***	0. 065**	0. 165***
中共党员	5. 5	15. 1	0. 107***	0. 084***	0. 106***	0. 088***
已婚	94. 6	86. 7	0. 285***	0. 172***	0. 284***	0. 177***
非农业户口	5. 1	67. 5	0. 346***	0. 108***	0. 346***	0. 108***
年龄(岁)	48. 2	40. 7	0. 019***	0. 064***	0. 019***	0. 065***
年龄平方/100(岁)	25. 0	17. 9	−0. 056***	−0. 091***	−0. 056***	−0. 092***
中学程度及以下	88. 2	41. 3	−0. 309***	−0. 345***	−0. 309***	−0. 345***
高中程度(参照组)	9. 7	26. 2				
大专程度	1. 4	15. 9	0. 159*	0. 269***		
大学程度	0. 7	14. 8	0. 255**	0. 500***		
成人大专	0. 6	6. 3			0. 185	0. 234***
正规大专	0. 8	9. 6			0. 136	0. 294***
成人大学	0. 3	4. 8			0. 303*	0. 406***
正规大学	0. 4	10. 0			0. 219	0. 548***
研究生	0. 0	1. 8	0. 837	0. 866***	0. 836	0. 867***
ln(1 周工作时间)	3. 7	3. 8	0. 205***	0. 095***	0. 205***	0. 095***
西部(参照组)	38. 4	19. 8				
中部	41. 8	28. 8	0. 354***	0. 026	0. 354***	0. 026
东部	19. 8	51. 3	0. 571***	0. 449***	0. 571***	0. 446***
调查年 2010(参照组)	23. 4	23. 4				
调查年 2011	12. 5	10. 9	0. 092***	0. 040*	0. 092***	0. 041*
调查年 2012	24. 3	23. 6	0. 219***	0. 164***	0. 219***	0. 165***
调查年 2013	21. 9	22. 9	0. 393***	0. 311***	0. 393***	0. 309***
调查年 2015	17. 8	19. 2	0. 619***	0. 500***	0. 619***	0. 497***

	自变量的比率或均值		年收函数 1		年收函数 2	
	乡村样本	城镇样本	乡村样本	城镇样本	乡村样本	城镇样本
修正后决定系数			0.361	0.372	0.360	0.373
样本数（个）			11451	14344	11451	14344

注:(1) ***、**、* 分别表示在 1%、5%、10% 的水平下显著。

　　(2) 年收函数 1 和函数 2 中未注明参照组的自变量,其参照组与表 8.5 的脚注所示相同。

　　对比两组年收入函数的偏回归系数,可以明确看出,所有自变量对年收的影响都非常稳定,且具有较强的统计显著性。具体可列举以下几个重要的事实发现(在其他条件相同情况下的增收效果):男性的收入水平普遍远远高于女性,乡村居民中男女间的收入差距更大;汉族与少数民族之间也存有一定程度的收入差距,城镇中的民族收入差距较乡村的要大;非农业户口在乡村的附加价值较高,而城镇的非农户口附加价值相对要小得多;是否已婚对年收也有显著正面影响,影响的程度乡村大于城镇;年龄与收入的关系呈现了倒 U 型,即随年龄增加,收入也逐步上升,过了峰值后开始下降。

　　上述收入函数所显示的结果与既有文献的研究结果基本一致,在此想特别强调的是教育的作用,尤其是成人学历和正规学历对收入影响的差异。年收函数 1 中的教育变量显示,无论是乡村还是城镇,教育程度越高,收入水平也越高;与乡村的情况相比,城镇中这一趋势似乎更强;与高中程度的回报率相比,乡村的大专、大学的回报率只高出 15.9%、25.5%,而城镇的则高出 26.9%、50.0%;中学程度及以下的教育回报率城镇的也较乡村的更低。

　　在年收函数 2 中,我们进一步考察了大专、大学学历获得方式对收入的影响。结果发现,在乡村,高等教育学历比中等教育的回报率要高,但统计显著性较弱;而在城镇却显示了截然不同的情景,高教学历回报率不仅较高,并且因学历层次和获得方式不同而不同,即成人大专<正规大专<成人大学<正规大学<研究生。这表明正规高教在教学内容和教学质量上都优于成人高教。

　　为了进一步考察成人高教与正规高教对收入影响的差异,我们把分析对象限定在非农从业人员内部,并将就业形态、工作单位性质作为自变量,加入收入函数模型。同时,还以教育年数替代教育程度,推算了教育回报率(学校教育每延长 1 年所带来的收入增加率)。表 8.7 为收入函数的模拟结果。

表 8.7　非农从业人员(调查表中 A58＝1)的年收函数
(OLS 模型、CGSS2010—2015)

	自变量的比率或均值		年收函数 3		年收函数 4	
	乡村样本	城镇样本	乡村样本	城镇样本	乡村样本	城镇样本
常数项			7. 428 ***	8. 156 ***	6. 980 ***	7. 402 ***
男性	66. 6	56. 8	0. 518 ***	0. 347 ***	0. 490 ***	0. 324 ***
汉族	92. 0	93. 9	0. 135 ***	0. 106 ***	0. 117 **	0. 087 ***
中共党员	8. 2	15. 8	0. 073	0. 092 ***	0. 051	0. 118 ***
已婚	90. 1	86. 0	0. 080	0. 142 ***	0. 075	0. 124 ***
非农业户口	11. 9	71. 2	0. 120 ***	0. 003	0. 121 ***	−0. 013
年龄(岁)	41. 5	40. 0	0. 060 ***	0. 057 ***	0. 059 ***	0. 049 ***
年龄平方/100(岁)	18. 7	17. 2	−0. 092 ***	−0. 077 ***	−0. 087 ***	−0. 067 ***
受雇者(参照组)	71. 4	76. 0				
自己是老板	2. 9	3. 4	0. 930 ***	0. 818 ***	0. 919 ***	0. 807 ***
个体工商户、自雇等	22. 0	16. 9	0. 284 ***	0. 342 ***	0. 269 ***	0. 326 ***
其他从业形态	3. 7	3. 6	0. 283 ***	0. 181 ***	0. 269 ***	0. 176 ***
无单位/自雇(参照组)	58. 2	34. 0				
党政机关	1. 6	4. 8	0. 224 **	0. 132 ***	0. 221 **	0. 139 ***
企业	31. 6	44. 5	0. 188 ***	0. 249 ***	0. 178 ***	0. 232 ***
事业单位、社会团体等	8. 6	16. 7	0. 021	0. 140 ***	0. 018	0. 152 ***
学校教育(年)	8. 8	11. 7			0. 041 ***	0. 086 ***
中学程度及以下	75. 1	37. 6	−0. 150 ***	−0. 284 ***		
高中程度(参照组)	18. 8	27. 3				
成人大专	1. 9	6. 8	0. 158	0. 244 ***		
正规大专	2. 0	10. 2	0. 132	0. 313 ***		
成人大学	0. 8	5. 3	0. 428 ***	0. 456 ***		
正规大学	1. 3	10. 7	0. 286 **	0. 581 ***		
研究生	0. 0	2. 0	1. 559 **	0. 906 ***		

续表

	自变量的比率或均值		年收函数 3		年收函数 4	
	乡村样本	城镇样本	乡村样本	城镇样本	乡村样本	城镇样本
ln（1 周工作时间）	3.93	3.84	0.061 **	−0.037 **	0.071 ***	−0.042 ***
修正后决定系数			0.285	0.358	0.292	0.357
样本数（个）			3419	13319	3417	13312

注:(1) ***、**、* 分别表示在 1%、5%、10% 的水平下显著。

　(2) 没有表示参照组的自变量,均与表 8.5 的脚注所示相同。

　(3) 作为控制变量的居住地区,调查年份的数字没有列入表中。

　　通过对比表 8.6 中有关自变量的偏回归系数及其统计显著性可以指出,除了以下几点不同,个人属性与收入的关系在全体从业人员和非农从业人员之间没有大的差异。在乡村的非农从业人员中,无论是否为党员、是否已婚,都不成为收入高低的影响因素。而在城镇的非农从业人员中,户口对收入高低没有影响。

　　就教育对收入的影响而言,农村的大专与高中学历没有显著差异,但大学较高中学历的收入要高得多,其中成人大学高 42.8%,正规大学高 28.6%。值得注意的是,成人大学比正规大学的增幅要大得多。这表明,在乡村的非农从业人员中,成人学历甚至更加吃香。相对而言,在城镇的非农从业人员中,与表 8.6 所示的结果相似,可以看到“成人大专<正规大专<成人大学<正规大学<研究生”的差序关系,不同的是各层次之间的收入增幅有所扩大。这意味着,在城镇非农就业中,高等学历的内涵更加受到重视。

　　就业形态、工作单位的性质也显著影响收入水平,并且总体趋势在城乡之间大致相同。与受雇者相比,自己当老板的收入要高出 8—9 成,个体工商户等自营业的收入也要高出 3 成左右;与无单位／自营业主相比,在党政机关、企业、事业单位就业的收入普遍较高。在农村,党政机关的收入高于企业,而城镇的情况相反,企业从业者的收入要更高一些。

　　教育回报率的计算结果是:农村为 4.1%,城镇为 8.6%,两者相差一倍以上。这个结果与既有的同类研究基本一致。

4. 成人高教学历在不同性质工作单位的增收效果

　　如前所述,干部队伍“四化”方针确立以来,是否有大专、大学或研究生学历往往成为党政机关、事业单位在录用公职人员、提拔干部时的一个主要条件,而学历本身是正规还是成人高教似乎并不重要。如表8.5所示,党政机关、事业单位从业人员利用成人高教制度获得高等学历的概率显著高于企业从业人员。

那么,在性质不同的单位,成人高教学历与正规学历对收入的影响是否存在差异呢?一般而言,党政机关、事业单位具有较强的公益性,而企业往往更注重经济效益。如果不同的学历,以及学历获得的方式在一定程度上能够反映个人的潜在能力(人力资本)的多少,那么不同类型高等学历的回报率在性质不同的部门内部也应该表现出一定的差异。

基于这种思路,我们利用表8.7的收入模型,分别对城镇的党政机关(样本数659)、企业(5927)、事业单位(1920)、社会团体等(227),以及无单位/自雇(4302)进行了模拟,以比较成人学历与正规学历教育回报率的相对水平。图8.4是基于5个群体收入函数中大专、大学的偏回归系数而制作的学历增收效果示意图,展示了5个群体内部高等学历与高中学历相比较的收入差距。因为农村非农就业的样本有限,在此没有做进一步分析。

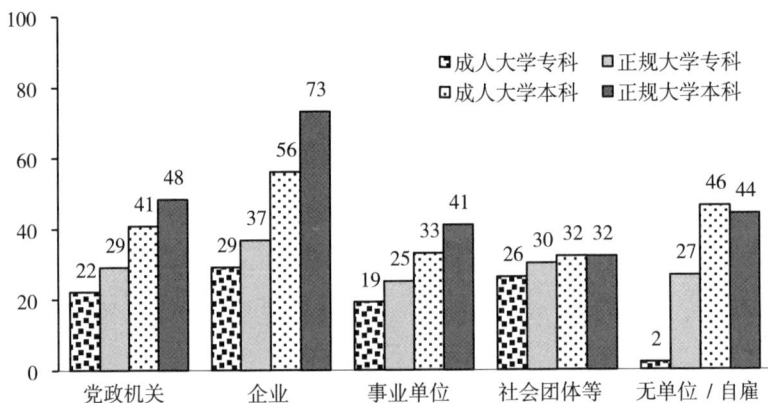

图8.4 按工作单位性质看高等教育的增收效果
(以高中水平为参照组、城镇样本)

如图8.4所示,工作单位的性质不同,高等教育的相对回报率也迥然不同。(1)在社会团体等工作的高教学历回报率总体水平较低,大专与大学之间、成人高教与正规之间的收入差距也很小;(2)事业单位的高教回报率也比较低,但不同学历之间的相对回报率层次分明,大学的回报率显著高于大专,正规学历的回报率显著高于成人高教;(3)党政机关高教学历与回报率的关系与事业单位的十分类似,但相对于高中程度的回报率要高出好几个百分点;(4)企业高教学历的相对回报率比其他所有部门的水平都要高,同时专科与本科之间、成人高教与正规学历之间的差距也很大,特别是成人本科与正规本科之间的差距竟达 17 个百分点;(5)在无单位或自雇群体中,高教学历的回报率表现了与众不同的情形:成人专科与高中之间没有显著差异,本科回报率显著高于正规专科,但本科学历本身是成人高教还是正规学历对收入的影响不大。

5. 高学历人员内部的成人高教、普通高教与收入函数

我们以非农就业的高学历获得者为对象,模拟他们的收入函数,进一步厘清成人高教学历与个人的政治身份、工作单位性质及获得学历年代的内在关系。收入函数与表 8.7 基本相同,只是对表示工作单位的自变量做了归类,即党政机关之外的所有人员都归类为"其他性质单位"。同时在收入函数里导入了"拥有成人高教学历的中共党员""拥有成人高教学历的党政机关从业人员""80 年代、90 年代、21 世纪以后获得成人高教学历人员"等交叉变量,以检测成人高教学历与正规学历的增收效果有多大的偏差。

通过解读表 8.8 的有关数据,我们可以发现几个非常有趣的事实:(1)在城镇的高学历拥有者内部,成人高教学历的回报率比正规的要低 29.6%,如果把分析对象限定在大学学历,成人高教的回报率竟然比正规的低 56.7%,而在大专学历内部,两者之间似乎没有显著差异;(2)拥有正规学历的党员其政治身份的溢价与党员身份在全体从业人员,或非农从业人员中所显现的水平相差不大,但在乡村的高等学历、城镇的大学学历人员中,党员身份没有显著的增收效果;(3)在党政机关工作的正规学历者,其收入水平与在其他性质单位工作的同等学历者相比反而低 18.2%(大专学历低 13.8%,大学学历低 21.4%),这意味着党政机关的正规学历在增收方面不仅没有优势,反而呈现了显著的劣势;(4)获得正规学历的年代与收入水平之间没有十分显著的关系,因为以城镇、乡村为对象的模拟结果在统计上都没有意义。

表 8.8 从事非农工作的大专/大学学历人员收入函数
（OLS 模型、CGSS2010—2015）

	乡村样本	城镇样本	城镇大专学历	城镇大学学历
成人高教（参照组:正规高教）	0.047	−0.296***	−0.095	−0.567***
中共党员（参照组:非中共党员）	0.172	0.104***	0.106**	0.008
党政机关（参照组:其他性质单位）	0.062	−0.182***	−0.138*	−0.214***
80 年代毕业（参照组:1970 年代以前毕业）	−0.425	−0.037	0.104	−0.252**
90 年代毕业（同上）	−0.337	0.017	0.083	−0.165
21 世纪以后毕业（同上）	−0.045	0.080	0.155+	−0.181
成教学历×中共党员	−0.279	−0.062	−0.015	−0.064
成教学历×党政机关	0.382	0.176**	0.127	0.191*
成教学历×80 年代毕业	0.161	0.139	0.002	0.350+
成教学历×90 年代毕业	−0.222	0.063	−0.075	0.357*
成教学历×21 世纪以后毕业	−0.080	0.106	−0.068	0.375*
修正后决定系数	0.227	0.226	0.222	0.231
样本数（个）	177	4291	2212	2078

注:(1) ***、**、*、+分别表示在1%、5%、10%、15%的水平下显著。
　　(2)表示性别、民族、婚姻、户口、年龄、就业形态、工作时间等的自变量,以及作为控制变量的居住地区、调查年份的偏回归系数没有列入表中。

从交叉变量的偏回归系数及其有意性可以看出:(1)在党员之间,成人高教学历与正规学历的差异对各自的收入水平不发生显著影响,对拥有党员身份的非农从业人员来说,成人高教学历和正规学历在决定收入方面具有大致相同的效果;(2)在党政机关工作的成人学历比正规学历的回报率高 17.6 个百分点,与在其他性质单位工作的回报率相比,仅低 0.6 个百分点(−0.182+0.176),这种现象在大学学历群体里呈现了相同的趋势,但是在党政机关工作的大专学历群体里,成人高教与正规学历之间也看不出显著差异;(3)在大专学历群体里,获得最高学历的年代对收入没有显著影响,但是在大学学历群体里,80 年代以后获得的成人高教学历回报率较此前的要高出35%,即成人高教大学学历非但没有因为正规大学的迅速扩展而贬值,反而一直保持了一个较高的回报率水平,甚至还有随时间推移略有升值的趋势。

在乡村模型中,相关的自变量均没有显现出统计上的有意性,在此不予深究。

6. 计量分析结果的讨论

按照前述方法,我们从不同角度、不同层面,模拟了 2010—2015 年城乡居民的收入函数,详细解读了个人的自然属性(性别、年龄、民族)、社会属性(婚姻、政治面貌、就业形态、工作单位性质)、教育,特别是高等教育及其形式(成人教育、正规教育)对收入的影响,并结合成人高教迅速发展的时代背景,重点考察了"成人高教学历×党政机关""成人高教学历×中共党员"等交叉变量对收入的影响。

基于计量分析结果,我们可以判定前文所示的假说 1 至假说 4 得到了统计分析的支持,进而可以得到以下几点结论。

第一,学校教育作为人力资本的一个主要方面,在决定个人的收入水平上发挥着重要作用。在其他条件相同的情况下,教育程度越高或受教育年限越长,收入也越多。

第二,同为大专或大学学历,成人高教的增收效果不及正规教育的水平,这表明成人高教学历在质量方面不如正规学历。

第三,以营利为目的的企业和公益性较强的国家机关、事业单位对学历及其内含的评价不尽相同,与经济效率直接相关的人力资本质量越高,回报率也相应上升,而在党政机关学历更具象征性意义,是正规学历还是成人高教学历并不重要。

第四,党员身份具有显著的收入溢价即增收效果,拥有成人高教学历的党员与正规学历的党员,其收入溢价大致相同。在党政机关工作的成人高教学历拥有者其收入显著高于正规学历拥有者,这个结果超出了假说 4 的预想。

假说 5 没有得到分析结果的支持。这表明,尽管正规高等教育迅速发展,但学历贬值并没有发生,并且这种现象在正规学历和成人高教学历双方表现一致。

如上所述的收入决定机制之所以能够成立,可能主要起因于以下几个方面。

第一,随着改革开放的深入,市场的资源配置功能增强,教育的程度和质量作为人力资本的代理变量在收入决定方面发挥了越来越大的作用。这一点与既有文献的结论基本一致,说明 CGSS 数据分析比较接近现实。

第二,在"两条腿走路"政策下蓬勃兴起的成人高教虽有不尽人意之处,但总体而言,它确实提高了当事人的学识、技能,积累了对经济活动有积极意义的人力资本,并通过市场机制实现了收入的大幅度增加。因此,无论从个人层面还是社会层面,对成人高教都应给予高度评价。

第三,以获得高等学历为主要目的的成人高教极具中国特色,而在 80 年代初逐步形成、时至今日依旧生效的干部队伍"四化"方针应该是中国特色成人高教的最重要的时代背景。国家机关、事业单位、国企等各行各业在任用、提拔干部时,对知识化、专业化都有一定的硬性要求,是否拥有大专、大学、研究生等高等学历往往成了一个不可或缺的条件,而"文化大革命"后恢复的正规高校在初期还没有形成充分的规模来扩大招生、向社会供给足够的人才,由此产生的需求缺口为具有中国特色的成人高教的兴起和蓬勃发展创造了机遇。

第四,在市场竞争中,企业是按照学历来评估人力资本的,因而质量相对较低的成人高教学历只能得到较低的评价,教育回报率也就相对较低。相对而言,在公益性较强的党政机关,学历成为干部任用和提拔时不可或缺的必要条件。

这一现象与表 8.5 所示的实证分析结果一致。在干部队伍"四化"方针下,为了能够得到提干、晋升,党员、党政机关从业人员有非常强的内在动力参加成人高教;而获得了成人高教学历的党员、党政机关从业人员,也确实得到了与正规学历拥有者同等,甚至更高的教育回报率。这一点对于理解中国特色的成人高教的基本内涵十分重要。

五、小　结

改革开放以来,从中央到地方各行各业的各级领导干部的学历结构发生了巨大变化,大专、大学、研究生等高等学历拥有者的占比迅速上升。人口普查和教育统计也显示,中国全体国民高等教育水平的迅速提高,很大程度上得益于成人高教的蓬勃发展。值得注意的是,以获得高等学历为目的的成人高教自 20 世纪 70 年代末在全国兴起与干部队伍"四化"方针的实施密不可分,也因此出现了国家机关和事业单位职工、中共党员等群体积极加入成人高教行列的中国特色。

　　本章基于以上问题意识,利用有关教育统计和中国综合社会调查的微观数据,全面梳理了中国成人高教的制度框架及其发展过程,评估了其对高等教育事业发展的贡献。在此基础上,我们实证分析了成人高教机会的获得机制,并从不同的角度和层面计量了成人学历与正规学历对收入的影响程度,计算了两者之间的差距,以及成人高教学历与工作单位性质、政治身份的关系,并依次评估了干部队伍"四化"方针对成人高教发展的积极作用。以下是数据分析的简要小结。

　　第一,1977 年高考制度恢复以来,中国在很短时间内实现了高等教育全面发展、高等人才急剧增加的大好局面,其成功的主要经验就是采用了普通高校和成人高教同时发展的"两条腿走路"政策。在起初的 20 多年中,成人高教毕业生总量大大超过普通院校的规模,即使在普通高校实行大众化教育之后,成人高教毕业生的占比仍旧保持了近 40%的高水平。

　　第二,成人高教的兴起与特殊的时代背景紧密相关。"文化大革命"之后各行各业人才匮乏,普通高校又没有充分的资源扩大招生,干部队伍"四化"方针逐渐形成,并转化为具体的人事制度。巨大的人才需求缺口为成人高教发展提供了广阔的扩展空间。

　　第三,在人力资本评估制度的推动和经济利益的驱动下,不仅干部学校、夜大、广播电视大学等原有的成人高教机构不断强化高等学历教育,各级党校、全日制高校也纷纷参入成人高教,并顺应信息网络技术的进步和普及、普通高校的产业化建设,不断改进招生方式、教学形式,最终形成了具有中国特色的成人高教体系。

　　第四,随着时间的推移,成人大专、成人大学对大专、大学总体的贡献度也在发生变化。成人大专的贡献率已跨过高峰呈下降趋势,并且这一进程城镇快于乡村;成人大学的贡献率虽然还处于上升阶段,但也出现了明显的减速,即将通过峰值。

　　第五,成人高教学历的回报率虽不及正规学历那么高,但显著高于高中程度的水平。这个倾向既适用于全体从业人员,也适用于非农从业人员,同时适用于城镇和乡村双方,具有极强的普遍性。由于工作单位的性质不同,成人高教学历的市场评价(教育回报率)也大不一样,在效率优先的企业评价较低,而在公益性优先的党政机关评价较高。

第六,高教学历没有因为普通高校的大众化而贬值,正规学历如此,成人高教学历亦然。这与国民经济高速增长紧密相关,人力资本的不断积累为经济增长提供了丰富的高素质人力资源,而经济增长的成果又通过市场机制正向地反馈给教育,两者之间形成了良性循环。

本章的基本结论如下:与改革开放同时起步的成人高教具有鲜明的中国特色,它以干部"四化"方针的制度化为契机、以"文化大革命"后的人才匮乏为背景、以获得学历为目的,与计划经济时期的成人大学不同,与国外的生涯学习(Lifelong Learning)也大相径庭。成人高教的中国特色主要表现为党政机关和事业单位职工有较高的概率获得成人高教学历,他们高等学历获得形式本身对收入不发生显著影响,党政机关职工的成人高教学历比正规学历具有更高的回报率。尽管如此,成人高教的历史作用不容低估,正因为有了干部"四化"方针的引导,才有了成人高教的兴起和发展,进而才有可能在较短时间内实现从上到下的干部队伍知识化和专业化,而所有这些正是40年来社会经济快步前进的重要正能量。

第9章 户籍差异、教育获致与城市正义

——上海市流动儿童少年义务教育的实证研究

一、引 言

近 30 年来,中国社会经济迅速发展,离乡进城人口急剧增加,城市化水平加速上升。2017 年城镇常住人口占总人口比重达 58.5%,基本实现了产业化与都市化的同步进行。但是,城镇常住人口中有 2 亿多的农民工及其随迁家属,并非完整意义上的市民。长期以来,由于户籍制度而产生的城乡二元结构及大城市内部的新型二元结构,严重约束了现代市民社会的形成和发展(严,2010a)。打破制度壁垒、实现城乡一体化,必然成为当代中国进一步发展的基本诉求。

进入 21 世纪以来,中央相继提出了科学发展观、构建和谐社会、以工补农、以城带乡、城乡一体化等理念和目标,在"三农"政策、户籍和社保等制度改革方面做了不少工作,也取得了一些阶段性成果。对进城务工人员随迁子女(流动儿童少年)的初等义务教育实施"两个为主、一视同仁"政策,就是一个值得注目的进步(严善平、周海旺,2013)。

赵树凯(2000),吕绍清、张守礼(2001),韩嘉玲(2001、2007)是较早对流动儿童教育问题进行学术研究的学者,他们通过田野调查,揭示了这个十分重要,却没有引起社会和政府广泛关注的大问题。此后,随着流动儿童教育问题的社会化,大批调研报告纷纷问世,如周海旺、高慧(2003),刘杨等(2008),廖大海(2004),高慧(2010),周潇(2011)都从不同角度,详细描述了流动儿童教育的方方面面。田慧生、吴霓(2010)和中国进城务工农民随迁子女教育研究及数据库建设课题组(2010)不但在制度层面对相关政策及其演变过程做了全面的整理分析,还在全国各地收集了较为翔实的统计数字,定量描述了流动

儿童教育改革的成果。

随着"两个为主、一视同仁"政策的实施,绝大多数流动儿童在当地的公办中小学就读,与当地学生使用一样的教材,上同样的课。在此背景下,流动儿童教育问题的研究也突破了过去的框架,把视野从流动儿童扩展到公办学校的全体学生,强化了流动儿童与城市孩子的比较研究。例如,熊易寒(2010)通过深入访谈上海公办学校的农民工子女,详细描绘了公办中小学内部的可视化二元结构,指出了流动儿童教育问题与现行高中升学、大学考试等制度的内在关联;苑雅玲、侯佳伟(2012)对北京流动儿童择校与家庭背景之关系进行了研究,他们利用问卷调查数据,实证分析了流动人口家庭的社会经济水平、社会网络等因素对择校行为的影响。

但是,在大城市的公办中小学中,流动儿童少年与当地孩子在学习成绩方面到底有没有差距?这个差距有多大?又是怎么产生的?对这些问题的研究目前还积累不多,在定量把握问题的外在和内在机制方面,文献更少。本章利用两次问卷调查数据,试图对上述问题做实证分析,通过对本地学生与外地学生的比较研究,加深对流动儿童少年教育问题的理解,评价城乡一体化战略的实际效果,指出存在的问题,探讨相应的对策。

本章的构成如下:第2节简要描述流动儿童少年教育问题的时代背景及其变化过程。第3节概观全国以及上海市流动儿童少年的总体情况和相关的教育问题。在此基础上,第4节、第5节利用两次问卷调查的微观数据,定量分析在特大城市学习生活的流动儿童少年的基本属性、对当下和将来有关问题的主观认识、外地学生与本地学生的学力分布、影响学力的个人和家庭因素等问题。第6节结合分析结果,思考流动儿童少年的教育机会平等问题。

二、流动儿童教育问题的时代背景及其变化过程

在当今中国,所谓"留守儿童""流动儿童"早已成了广为使用的日常用语,很多父母也许现在还在为此伤尽脑筋。父母因外出务工经商、不得已把子女留在农村老家的留守儿童也好,跟随父母进城的流动儿童也罢,他们能否接受正常的教育,特别是正规的学校教育,常常成为所有问题的核心。留守儿童现象在20世纪90年代后期伴随着地区间劳动力流动的增多而出现,从2000

年左右开始,由于举家进城的务工人员迅速增加,流动儿童现象也引起了社会的广泛关注。

从国际视野来看,留守儿童、流动儿童现象都非常独特,而在中国却不足为奇。因为户籍制度对农转非以及户口迁移严格限制,大批农家子弟长期在城市里工作生活,而户口却不能随迁,常住地与户口所在地分离。这种所谓的人户分离又滋生了很多其他问题,其中就包含了学龄儿童难以得到正常的家庭教育和学校教育、流动儿童与本地儿童的教育机会不均等,以及相关的社会正义等问题。

2001 年 7 月笔者在北京参加第二次中国农村劳动力流动国际会议期间,主办方组织国内外与会者参观了当时很有名的北京知行打工子弟学校,亲眼目睹了民工子弟学校的教学条件。据国务院发展研究中心赵书凯研究员介绍,当时学界和政府部门十分关注民工问题,但起初并没有充分认识流动儿童教育问题的重要性。为了解决随迁子女的学校教育问题,民工们在北京郊区或部分城中村里,自发地建立了一些非正式的子弟学校。由于潜在需求较大,带有经营性的民工子弟学校也相继应运而生。尽管教学设备、师资力量、教育经费等都很不规范,但政府对此又无能为力,所以很长一段时间里,民工子弟学校处于国家义务教育制度的边缘地带。

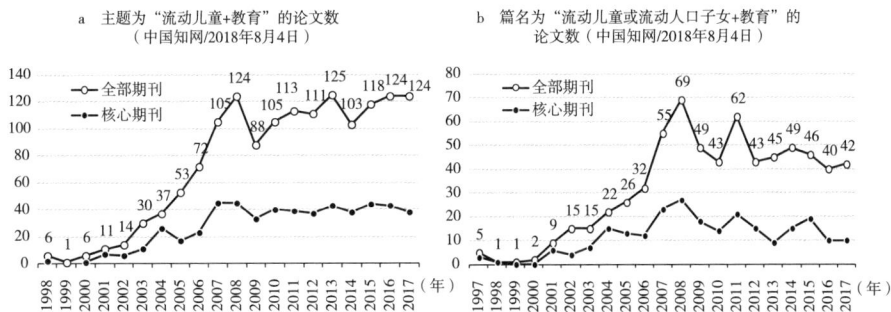

图 9.1　关于流动儿童的论文数量

参照周国华、翁启文(2011)的方法,利用中国知网检索系统,可以了解以流动儿童教育为主题的期刊论文的发表情况。如图 9.1 所示,从 2000 年左右论文数开始急剧增加,2008 年多达 124 篇。在随后的 10 年中,论文数基本上在 120 篇上下。核心刊物刊登的论文数也呈现了大致相同的变化趋势,2000

年仅有 1 篇,而 2007 年超过 40 篇,此后 10 年基本没有变化。由此可见,学界对流动儿童教育的研究与该问题的出现和它引起社会广泛关注的时期高度吻合,同时还可以推断,尽管流动儿童教育是个重要的社会问题,学界也非常关注,但该问题直到现在依然没有得到根本的解决。对此间的研究综述,可参见冯帮(2011)、王中会等(2016)。

三、全国及上海市流动儿童及其教育问题

1. 全国留守儿童、流动儿童概况

长期以来,全国到底有多少留守儿童、流动儿童,谁也说不清。官方没有权威发布,学者也主要依据人口普查和独自的定义,推算有关数字(段成荣、梁宏,2004;段成荣、何舸,2008)。直到 2015 年,《中国统计年鉴》才首次发布了流动儿童和农村留守儿童在校情况,其中包括小学、中学的毕业生数、招生数和在校生数,以及进城务工人员随迁子女的移动范围(省内、外省)等信息,表 9.1 是 2015 年全国情况的汇总。据此,我们可以对留守儿童、流动儿童的概括做以下描述。

表 9.1　进城务工子女和农村留守儿童在校情况(2015 年)

(单位:万人;%)

	总计 (①+②)	①进城务工人员随迁子女(流动儿童)				②农村留守儿童	农村留守儿童占比
		小计	外省迁入	本省外县迁入	外省占比		
普通小学在校学生数	2397	1014	461	553	45.5	1384	57.7
其中女生占比	44.2	42.6	42.4	42.7		45.3	
初中在校学生数	989	354	138	216	38.9	636	64.3
其中女生占比	44.2	41.6	41.1	41.9		45.6	
中小学合计在校学生数	3386	1367	598	769	43.8	2019	59.6
其中女生占比	44.2	42.3	42.1	42.4		45.4	

资料来源:国家统计局《中国统计年鉴》(2016 年),中国统计出版社 2017 年版。

2015 年全国中小学在校学生中,农村留守儿童和流动儿童总数达 3386

万人,两者分别占总体的 6 成和 4 成。据 2015 年 1% 全国人口抽样调查和有关数据推算,当年全国农村 6—14 岁人口总数大约为 8565 万人。这意味着,在农村儿童少年中有 24% 的人不能与父母常年生活在一起、过着不寻常的留守生活,还有 16% 的人虽然与父母或其中的一方同住,但因其身份限制,同样被迫过着一种不安定的异乡生活。每百名中小学生中就有 40 人属于留守或流动儿童,这应该是个非常特异的社会现象。

外省迁入的 598 万名流动儿童(占流动儿童总数的 43.8%)的情况更为特异。由于普通高中和大学招生考试制度的严格限制,他们在读完小学或快要初中毕业时,必然面临着是留城还是返乡的选择。

2. "两个为主、一视同仁"政策的形成与实践

如前文所述,20 世纪 90 年代后期以来,地区间人口流动迅速增加,流动儿童上学难成了一大社会问题。在此背景下,国家教委 1996 年颁布了流动人口中适龄儿童少年就学试行办法,规定流入地政府要为流动人口中适龄儿童少年创造条件,提供接受义务教育的机会,同时还要求流动人口中适龄儿童少年就学应以在流入地全日制中小学借读为主(高慧、周海旺,2016)。

1998 年,国家教委和公安部正式颁布实施《流动儿童少年就学暂行办法》,对流动儿童少年就学问题做了详细规定,进一步强调要全面实施"两个为主、一视同仁"政策。随后,中央又发布了《中国儿童发展纲要(2001—2010)》,对解决流动人口中适龄儿童少年的义务教育问题,提出了明确目标和具体措施。

2003 年,教育部等 6 家单位联合发出了《关于进一步做好进城务工就业农民工子女义务教育工作的意见》,在强调"两个为主"的基础上,首次提出了在评优奖励、入队入团、课外活动等方面,学校要对农民子女与城市学生"一视同仁"。自此,"两个为主、一视同仁"便成为流动儿童就学的基本政策(高慧,2017)。

2006 年,全国人民代表大会修订了《义务教育法》,对所有适龄儿童少年平等接受义务教育的权利等作了进一步规定。国务院在 2008 年发出《关于做好免除城市义务教育阶段学生学杂费工作的通知》,为"两个为主、一视同仁"政策提供了必要的经济保障。

田慧生、吴霓(2010)的有关调查数据显示,2007 年,北京市有流动儿童

40 万人,占在校学生总数的 36%,其中 62% 在公办学校就读;在成都、杭州、无锡各市,在公办学校就读的流动儿童分别占 58%、68%、90%,在沈阳市、石家庄市达 100%。据高慧(2010)调查,上海市各类学校的流动儿童少年总数 2008 年为 40.2 万人,其中就读公办学校的占 61.6%。近年来,无论是大中城市还是地方城镇,几乎所有的流动儿童少年均在当地的公办中小学或地方政府承认并得到财政支持的民办学校上学。"两个为主、一视同仁"政策基本上得到了贯彻实施。

这是一个非常可喜的进步,可以说是中国政府在构建和谐社会、实现城乡一体化方面迈出的重要步伐。但是,自 2013 年十八届三中全会提出"严格控制特大城市人口规模"之后,北京、上海、广州等特大城市相继提出了人口控制新政,并通过强化居住证、就业证、社保缴费年限等民工子弟入学条件的管理,实现外来人口规模的总量控制。

由于国家宏观政策的调整,在很多大中城市,流动儿童少年的学校教育问题依然没有根本解决。在"两个为主、一视同仁"政策下,民工子弟是否真正享受了与城市孩子平等的教育机会? 他们是否可以完全摆脱户籍身份制约,通过自身努力来提高学力水平,以便在往后的升学、就业、晋升过程中也享有相对的平等机会,实现人生目标? 这些问题虽然都是古典的命题,但在既有的文献中,还鲜有民工子弟与城市本地孩子在就学机会方面的比较研究(冯帅章、陈媛媛,2012)。

3. 上海市流动儿童及其学校教育问题

改革开放以来,伴随经济的快速增长,上海市吸引了大批来自全国各地的劳动力,常住人口从 1978 年的 1100 万人猛增到 2016 年的 2420 万人。其中没有上海户口的流动人口同期从 6 万人扩大到 970 万人,常住人口增量的 73% 来自流动人口的增加。在上海常住的流动人口中,存有一大批随父母迁入的或在上海出生的所谓流动儿童。在国家流动儿童少年教育政策的影响下,这些民工子弟起初主要就读于非正规的简易学校,后来政府介入民工子弟学校的管理,加大对民工子弟学校的财政投入和整顿,进而把民工子弟学校纳入义务教育管理体系,逐步实现了流动儿童公办学校教育为主的政策方针。据高慧、周海旺(2016)分析,20 世纪 80 年代以来,上海市流动儿童教育经历了三个具有不同特征的发展阶段。

第一阶段在 1998 年至 2002 年,采取了鼓励民工子弟学校简易办学的政策。1998 年,在国家政策的规定和指导下,上海市政府规定,社会力量办学可以招收符合条件的外来流动人口中适龄儿童少年入学。专门招收流动人口中适龄儿童少年的简易学校的设立条件可酌情放宽。同时,对不符合条件的简易学校进行了取缔,对符合条件的予以扶持。

第二阶段在 2003 年至 2012 年,积极贯彻"两个为主、一视同仁"政策,缓解了流动儿童就学难的问题。此间,市政府出台了一系列的政策文件,通过降低入学条件、挖掘公办学校教育资源潜力、加大财政投入等举措,推进流动儿童接受公办学校义务教育。据《文汇报》2011 年 1 月 6 日报道,至 2010 年秋季开学,上海市 47.1 万名农民工同住子女全部在公办学校或政府委托的民办小学免费接受义务教育,其中 71.4% 就读于公办学校(2003 年为 41.8%)。

第三阶段始于 2013 年,流动儿童就读公办学校门槛提高,教育机会不均问题有所恶化。十八届三中全会以来,为了控制城市人口规模,政府强化了对民工子女在沪接受义务教育的条件,除了需提供父母的上海市居住证或临时居住证,还要提供就业证、社保缴费证明,达不到条件的子女和他们的父母甚至不得已离开上海。统计表明,2013 年以来,上海市的外来常住人口呈减少趋势,在沪就读中小学的流动儿童也大幅度减少。例如,嘉定区小学在校学生 2012 年有 3.7 万人,2015 年降为 2.7 万人,减少了 27%。

图 9.2 反映了改革开放以来上海市普通中小学在校学生数的变化。在 1978 年之后的 10 年中,上海市普通小学的在校生数基本上稳定在 80 多万人,但从 80 年代末开始,受计划生育政策和生育高峰周期的影响,小学在校生迅速增加至 116 万人(1993 年);此后 10 年呈持续减少趋势,2004 年不足高峰期的半数;2006 年前后 3 年大致保持在 53 万人的规模,处于最低点;此后较快增加,2013 年达 79 万人,随后基本持平或略有减少。需要指出的是,2000 年以后普通小学在校生数的变化很大程度上与流动儿童的教育政策相关,同时,也正因为上海本地学龄儿童人数减少,客观上形成了流动儿童就读公办学校的良好条件。

相比之下,普通中学在校学生数的变化幅度要小得多,特别值得注意的是小学在校学生数与中学在校学生数的内在关联。小学有 6 个年级,初中加高中也是 6 个年级,如果完成中小学 9 年义务教育后的学生都能继续升学、上普

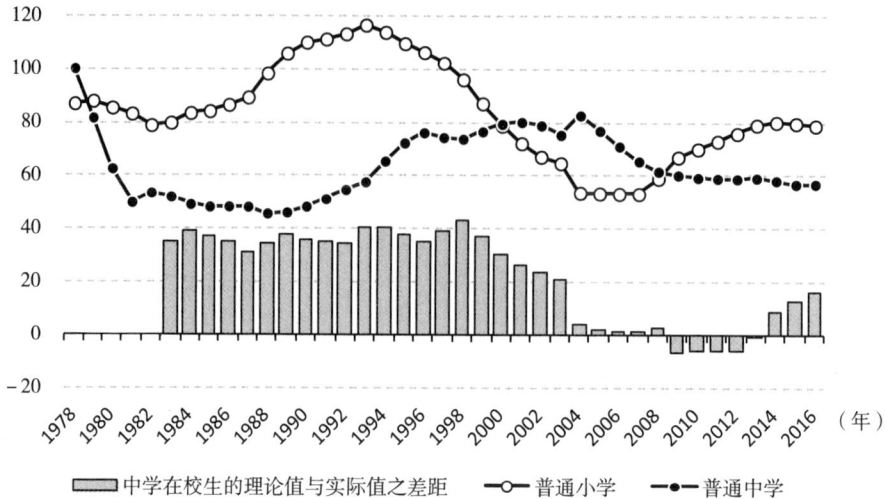

图 9.2 上海市普通小学、普通中学在校学生数的变化

通高中,表示中学 6 年在校学生数的曲线应该是小学在校学生曲线向右平移
6 年;小学在校学生数与 6 年后的中学在校学生数相比,如果前者大于后者,
则表示部分学生初中毕业后没有继续升学上普通高中,如图 9.2 所示,迄止
2003 年,上海的很多初中毕业生要么参加工作,要么进职业学校学习。但是
2004—2013 年的十年中,两者持平,甚至出现普通中学在校生多于小学在校
生人数(理论值小于实际值)。这意味着在上海接受义务教育的流动学生在
增加,也意味着上海本地学生初中毕业后并读普通高中在增加。2014 年开始
又出现理论值大于实际值,则表明相当部分流动学生读完中学,甚至在中学阶
段就不得已离开上海,回归故乡就读,迎接高考。综上所述,我们可以推断,上
海市中小学教育统计的结果与流动儿童少年教育政策的变化趋势基本一致,
有关政策的变化特征(三阶段)也得到了验证。

四、大城市公办学校的流动儿童
——基于问卷调查的比较分析

1. 调查设计与样本学生的基本情况

20 世纪 90 年代以来,我们一直非常关注产业间、地区间劳动力转移,在上海等地开展了多次现地考察和问卷调查,同时也对上海市民工子弟学校的基本情况进行了观察研究(厳,2010c;严善平、周海旺,2013)。2012年和2017年春节后,在上海社会科学院城市与人口发展研究所的配合下,我们对上海市公办中小学的学生进行了问卷调查。

为了让调查样本尽可能反映上海的总体情况,经过前期摸底了解和讨论,我们分别选取了位于市中心的静安区、近郊的嘉定区和远郊的青浦区,共抽取了6所公办中小学,再从各个学校的3年级至9年级分别抽出两个班。课题组在每个被调查的班级里对问卷调查的目的和意义,以及调查问卷填写中的注意事项进行了讲解说明,让被调查班的全体学生在当场填写调查问卷,填写完后调查员对每份问卷进行检查,发现错漏之处当场询问同学进行修改,保证了调查数据的质量。调查实施得到三区教育部门和各学校的领导、老师的大力支持。

两次调查分别获得有效样本1321人、1408人。由于准备工作比较充分,调查数字的质量基本上达到了预期水平。在问卷调查基础上,课题组还与学校教务处的老师、各调查班的老师进行了座谈交流,对学校和班级的基本情况进行了了解。考虑到中小学生对提问的理解能力,调查项目力求简要、通俗易懂、突出重点,主要有学生本人的属性特征、就学转学情况、对未来的学历和职业志向、期末考试成绩、父母及家庭的基本特征等。

由于多方面原因,仅仅依据户口或出生地难以判定学生的属性。在此,我们利用学生本人以及学生父母的出生地(省、自治区、直辖市)等信息,对所有学生进行了如下分类:(1)父母均为上海出生,本人外地出生;(2)父母一方为上海出生,本人外地出生;(3)父母及本人均为外地出生,且父母学历均为高中水平及以下,本人上海出生(本章把他们定义为流动人口在上海出生的子女);(4)父母及本人均为上海出生;(5)父母一方为上海出生,本人上海出生;(6)父母均为外地出生,且父母学历为大专及以上,本人上海出生(见表9.2)。

表9.2 按本人和父母出生地划分的学生类型

		本人出生地	
		外地	上海
父母出生地	均为上海	①	④
	一方为上海	②	⑤
	均为外地	③	⑥

图9.3是按照上述分类得到的汇总结果。2012年调查显示,父母及本人均为外地出生的学生占全体调查对象的46.4%,大大高于父母及本人均为上海出生的学生(24.4%);父母的一方以及本人均为上海出生的学生占14.3%;父母均为外地出生,而本人生在上海的占11.8%,在其他省市出生、接受高等教育后来上海工作的一代父母,属于此类;还有极少部分学生出生在外地,但父母均为上海出生,比如在海外留学、工作的上海人把在国外生的孩子带回上海的情形属于此类。

在2017年调查中,调查对象的类型发生了较大变化,类型③④的学生占比下降幅度较大,取而代之的是⑤⑥比率上升。这或许表明,在特大城市人口规模严格限制的新政下,纯粹意义上的流动儿童相对减少,通过获得高等学历、作为人才迁入上海的父母人口相对增加,以至于纯粹意义上的本地学生比率也相对下降。

但是,在不同学年的学生中,上述学生类型的构成又明显不同。两次调查结果均显示,①②⑥类学生比率在不同学年之间相差较小,而③④⑤类型学生随学年上升呈现了非常明显的变化,即外地学生占比随学年上升而下降,本地学生占比随学年上升而上升。同时还可以看出,随着时间的推移,这种变化的幅度有所减小。这可能与政府加强了对民办学校正规化管理、符合条件能在沪继续就读的外地学生相对增加有关。

但是,在不同区域上学的学生,其家庭背景的总体情况相差很大。图9.4是两次调查中学生父母的出生地构成。2012年的调查结果显示,在静安区,土生土长的学生超过半数,而在远郊的青浦区,跟随父母流入的外地学生占了绝大多数,近郊区的嘉定区介于两者之间。经过2013年的政策调整,5年后

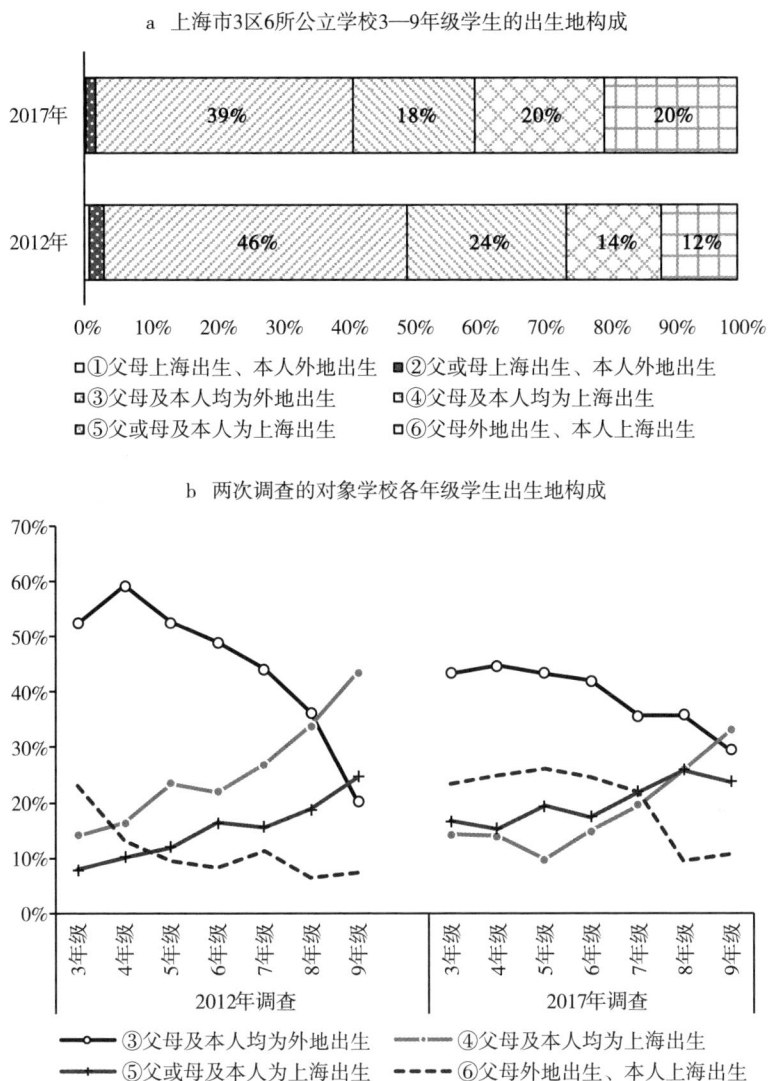

a　上海市3区6所公立学校3—9年级学生的出生地构成

□①父母上海出生、本人外地出生　■②父或母上海出生、本人外地出生
□③父母及本人均为外地出生　□④父母及本人均为上海出生
□⑤父或母及本人为上海出生　■⑥父母外地出生、本人上海出生

b　两次调查的对象学校各年级学生出生地构成

—○—③父母及本人均为外地出生　┄┄④父母及本人均为上海出生
—＋—⑤父或母及本人为上海出生　- - - ⑥父母外地出生、本人上海出生

图 9.3

的 2017 年调查,情况发生了较大的变化。结合现地调查的相关信息,可以认为,在市中心的静安区,出生在外地但通过获得高学历而迁入上海的父母增加较多;在近郊的嘉定区,本地学生加速往市中心迁入,导致了外地出生的父母占比大幅上升;在远郊的清浦区,父母均为外地出生的占比下降,取而代之的是母亲外地、父亲本地出生的占比上升(见图 9.4)。

a 2012年调查3区学生父母出生地构成

b 2017年调查3区学生父母出生地构成

图9.4 上海3区学生父母出生地构成图

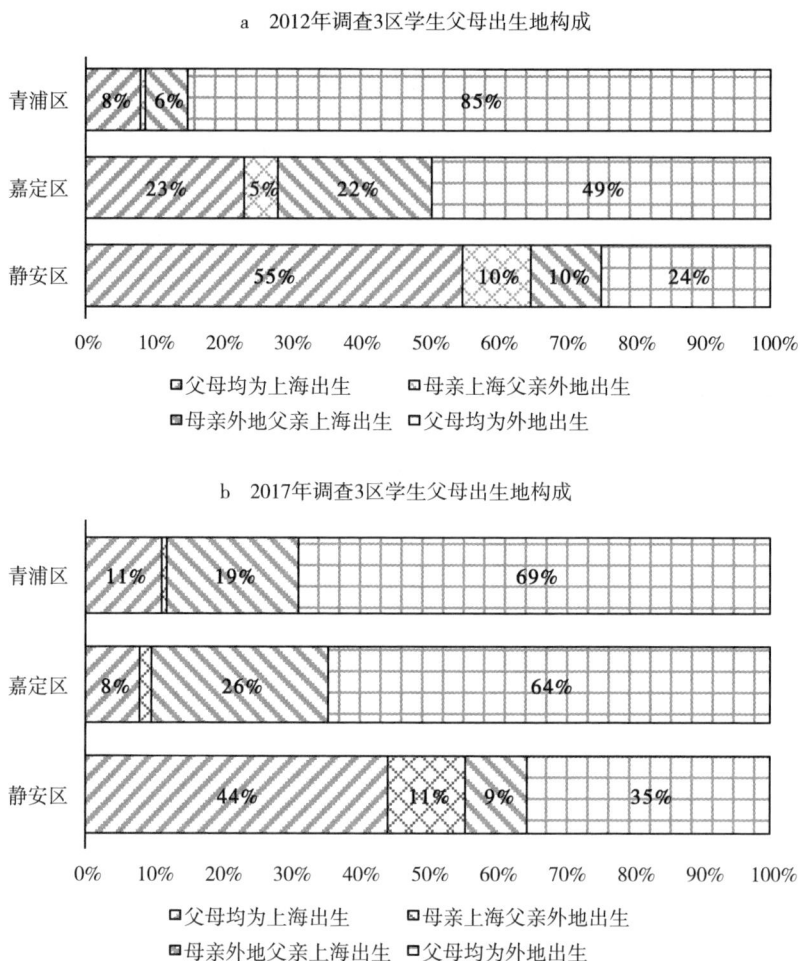

在问卷调查中,我们没有向学生提问本人及其父母的户口情况,但可以推测,外地学生中应该有一定数量来自其他城市的非农户口。在以下分析中,我们把前述分类的①②③类学生定义为"外地学生",把④⑤⑥类学生定义为"本地学生",并对这两个群体进行比较分析。

我们再来考察一下学生年龄与所在年级的差距。首先,我们依据每个学生的实际年龄和所在年级相应年龄(按6周岁入小学1年级推算),计算出两者的差距(可称为误学年限),再按误学年限看所有学生的分布情况。图9.5是两次调查的结果。

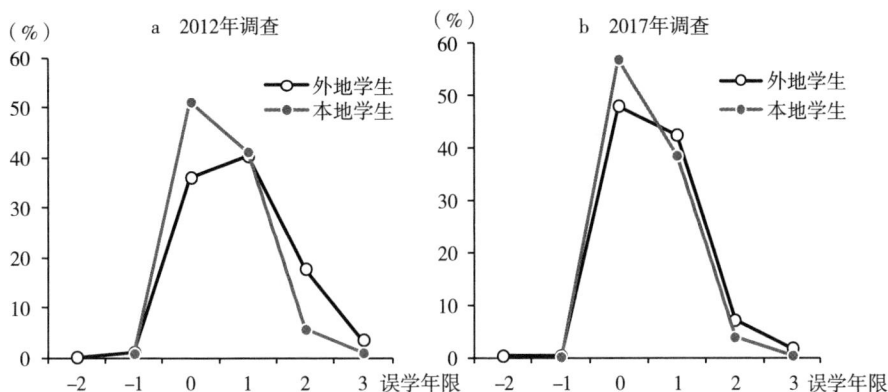

图 9.5　上海本地、外地学生误学年限统计图

考虑到入学的时期或计算上的误差，我们可以把误学 1 年或提前 1 年入学的同学排除在外，重点考察误学超过 1 年的比率。从图 9.5 可以明显地看出，在 2012 年调查中，外地学生的误学程度大大多于上海本地学生。同年龄相比，误学 2 年的比率，本地学生仅有 5.7%，而外地学生达 21.4%。如果加上误学 3 年或误学更多的部分，外地学生的比率为 30%，超过本地学生 22 个百分点。这其中有学习成绩不佳导致的留级，但更多的可能是因为外地学生跟随父母流动，为适应新的学习环境，而不得在较低学年学习。如果这个判断正确，我们则必须承认，户籍身份在中小学生的教育机会方面，已经产生了实质上的不公平，有大批外地学生不能和本地学生一样，按部就班入学、升级。

在 2017 年调查中，这个问题似乎有了明显改善。如图 9.5b 所示，即使包括相差一年的学生在内，有误学的外地学生较本地学生也只高出 10 个百分点，如果限定误学 2 年以上的学生，两者相差才 4 个百分点。这或许表明，在政府强化了民工子弟学校整顿之后，能留在上海继续就读的流动儿童少年基本上实现了按部就班的正常状况。

2. 本地学生与外地学生对现状和未来的主观认识

受户籍制度以及与此相关的普通高中、大学招生政策的影响，外地学生对将来的上学意愿与本地学生也有所不同。在两次调查中，本地学生选答大专及以上文化程度的占比分别为 76%、72%，较外地学生的 61%、70% 高 15%、2%。如图 9.6a 所示，本地学生在不同学年的占比相对稳定，而外地学生选答大专及以上的占比在小学阶段相对稳定，到了初中阶段则明显下降。小学生年幼,或许不知道在上海读高中、考大学的困难,但到了初中,他们渐渐明白了其中的艰辛,因此对高等教育失去希望的学生占比也有所上升。如果这个推断成立,那就必须承认,当下的有关制度对外地学生具有较大的不公正性,对他们的无奈选择,我们有必要进行深刻反思。

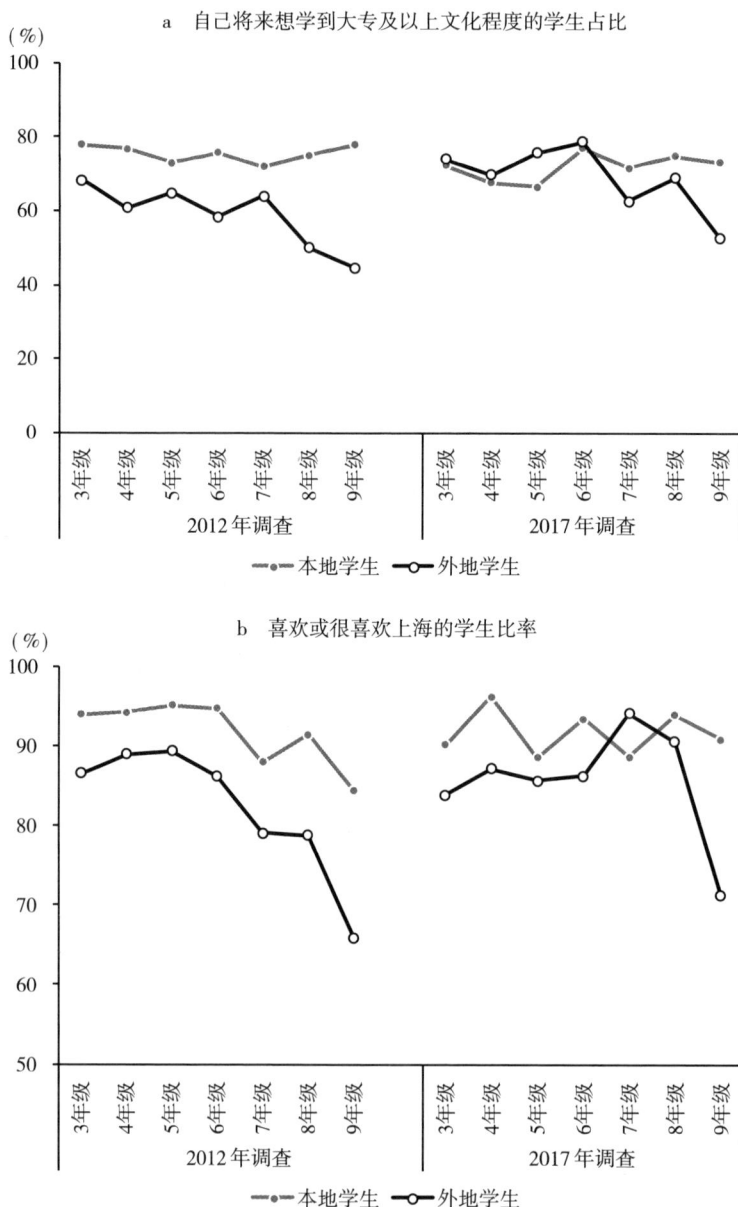

a 自己将来想学到大专及以上文化程度的学生占比

b 喜欢或很喜欢上海的学生比率

图 9.6

当被问及是否喜欢上海时,选答"喜欢"或"很喜欢"的学生占比总体来看还是很高的,本地学生比外地的更高。但如图 9.6b 所示,本地学生对上海的感觉与学年的关系不是很大,而外地学生随学年上升变化较大。在小学阶段,他们对上海的认同度较高,但到了初中,尤其是在面临高中升学的初三,对上海持反感的学生占比上升。

从学生在家与父母用什么语言说话的情况,也可以间接推测外地学生融入上海社会的可能性。问卷调查结果显示(图 9.6):本地学生在家要么使用普通话,要么用上海方言与父母说话,但在 2012 年至 2017 年的 6 年中,前者的占比上升幅度较大;外地学生基本上与父母讲普通话或老家方言,说上海话的极少,并且随着时间推移,讲普通话的学生占比大幅上升。追原因可能有两个:一是在正规的公办学校,普通话教育比较普遍;二是在父母来自不同省市的家庭,普通话便成了日常交流的用语。汇总结果还表明,随着学年上升,用老家方言(包括本地学生的上海话)与父母说话的学生占比呈上升趋势。

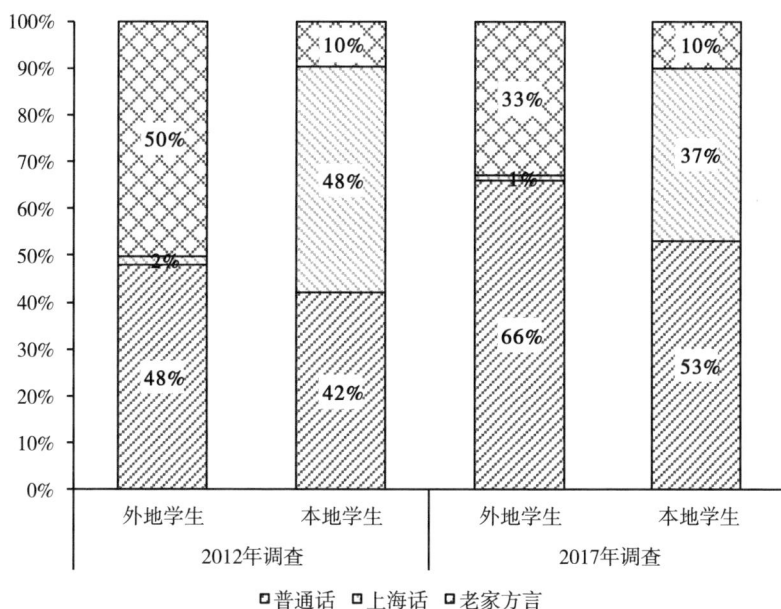

图 9.7 在家里,你和父母说什么话

对长大后想从事什么样的工作的提问,学生的回答结果呈现了有趣的倾向(图 9.8):在小学低学年,不少学生明确选择了军人、科学家,但随着年龄增长,对未来想干什么变得不那么确定,持观望态度的学生占比快速上升。这说明,无论外地学生还是本地学生,他们在成长过程中渐渐认识到了现实的不确定性。还需指出的是,选答将来当工人、农民的学生占比在两次调查中都很低,仅有 2.5%、0.2%。从某种意义上来说,这也反映了当今中国社会的价值取向。遗憾的是如此价值取向在尚未涉世的初中阶段便有如此明显的表露。

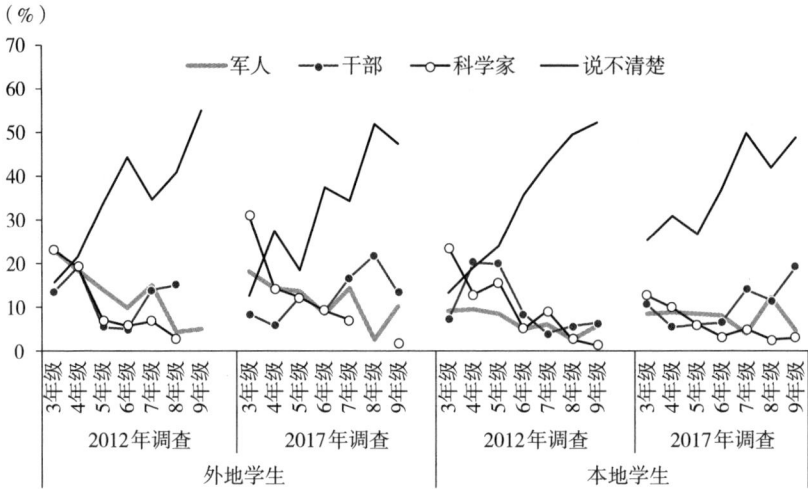

图 9.8　长大了想从事什么样的工作

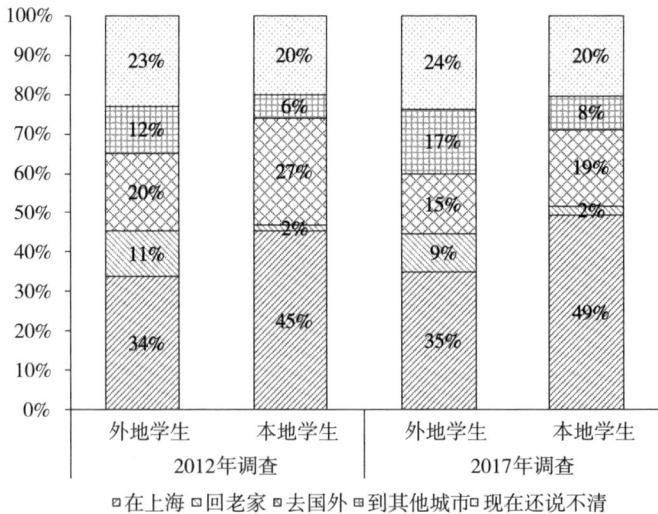

图 9.9　长大了想去什么地方生活和工作

外地学生与本地学生对长大了想去什么地方生活和工作的提问,做出的反应也有所不同(图 9.9)。总体来看,希望留在上海的学生占比最高,在两次调查中,本地学生和外地学生的占比均有所上升,且本地学生比外地学生高10 多个百分点;希望到国外的学生占比也较高,但呈下降趋势;对将来去向还说不清楚的学生占比在两次调查的外地学生、本地学生中呈现了大致相同的结果;外地学生选择回老家的占比下降,选择到其他城市的占比上升。据此可以推断,对特大城市人口限制政策出台实施以后,那些符合条件能继续在上海就读的外地学生中,选择留上海或去其他城市的可能性有所增大。随着经济发展和生活水平的提高,中小学生对国外的憧憬有所减弱,并且这种情况在外地学生中也有显现。

五、外地学生与本地学生的学力差异
及其影响因素——以上海市为例

在"两个为主、一视同仁"的新政下,大批农村出生的孩子跟随父母来到了上海,而且能与当地孩子一样,进入公办学校,免费享受义务教育。应该承认,这是一个重大的社会进步,与城乡一体化战略相辅相成。但是,也必须清醒地认识到,这些孩子将来能否继续在上海深造,进而在上海定居下来,成为名副其实的上海市民,除了户籍等因素的制约,还要看他们的学力能否达到必要的水平。如果能够通过自己的努力,学好各门功课,取得优异成绩,即使要回老家读高中,将来也可以考取较好的大学,为下一步发展打好基础。但是,如果仅仅因为户籍身份而不能获得较好的机会,则表明户籍对人生的不公。在本节中,我们利用问卷调查初中学生的期末考试成绩、学生本人以及家长的相关信息,重点分析调查对象的相对学力、上海与外地学生之间的学力差异,以及影响学力形成的基本要素。

1. 学力的评价方法

通常,我们可以用学生的考试成绩来判断他们的学力高低,期末考试、高考都是典型的学力测试。如果考生使用同样的考题,各自的得分则可以横向比较。但是,如果若干个年级的学生同时举行考试,而且各自的考题又不一样的话,则难以判定哪些同学的成绩相对较好或较差。

为了消除绝对分数难以直接比较的缺陷,本章采用偏差值指标进行实证分析。个人的偏差值可以用以下公式计算,即"50+(自己得分-样本均值)×10/样本的均方差",偏差值50表明个人的成绩与总体平均一致,大于50的则成绩好于总体平均。

在同一个群体内部,偏差值可以用来衡量个体之间相对学力的高低,而不同群体之间的偏差值往往没有可比性。通常,在绝大多数社会群体中,相对优秀的或相对落后的分子都存有一定的比率,并且这种结构十分稳定。在校学生也不例外,成绩好的基本上一直好下去,而成绩相对差的,往往难以彻底翻身。所以,我们可以利用从问卷调查得到的成绩,评价本地学生与外地学生的学力分布,以及对学历形成的影响因素。

2. 本地学生与外地学生的学力分布

基于上述思路,我们分别计算了3个区6所学校6—9年级学生期末考试的总分平均值和均方差,再利用各区、各年级的平均值和均方差,计算出每位同学的总分偏差值。在2012年调查中,3年级到5年级学生也有量化的期末考试成绩,而2017年调查中的低学年学生只有5个等级的相对评价,所以下文的分析仅限于6年级和初中学生。由于偏差值反映的是同一个群体内部个人之间的相对学力,所以各学校、各年级的考试科目和各科目的满分数值对偏差值没有影响。

表9.3反映了三所公立学校6—9年级学生按外地/本地、调查年次以及偏差值分组的构成情况。在高学年学生中,两次调查的本地学生都占比达6成,而外地学生仅有4成。显然,这与当下高中就学和高考制度对户籍条件的要求有关。再从学力的分布来看,2012年调查的调整后残差值都很小,没有统计显著性。这意味着,总体上外地学生与本地学生的学力分布不相上下。2017年调查的结果显示,外地与本地学生在学力较低组的占比大致相同,而学力居中的学生占比本地较高、外地较低,学力居上的学生占比刚好反了过来,外地学生相对较多。这个结果有点出乎预料,它至少可以反映,在上海的公办中学里,外地学生的学力并不一定比本地学生的差,反而总体上似乎更好一些。

表 9.3　上海市三所公立学校期末考试成绩的分布情况(6—9 年级学生)

(单位:%)

	按偏差值分组	指标	外地学生	本地学生	全体
2012 年调查	偏差值<45	占全体比	10.5	16.6	27.1
		调整后残差	−0.3	0.3	
	45≤偏差值<55	占全体比	14.5	22.6	37.2
		调整后残差	−0.2	0.2	
	偏差值≥55	占全体比	14.7	21.1	35.8
		调整后残差	0.6	−0.6	
	合计		39.7	60.3	100.0
2017 年调查	偏差值<45	占全体比	11.5	16.2	27.7
		调整后残差	0.7	−0.7	
	45≤偏差值<55	占全体比	11.4	23.8	35.2
		调整后残差	−3.0	3.0	
	偏差值≥55	占全体比	16.6	20.4	37.1
		调整后残差	2.3	−2.3	
	合计(%)		39.5	60.5	100.0

注:调整后残差表示各项占比的实际分布与总体平均的偏离程度。该指标近似正规分布,其平均值为 0,标准差为 1。一般地,该指标的绝对值在 2 以上时,可认为该项与总体平均有显著差异。利用 SPSS 可简单算得。

3. 学力的影响因素

学力泛指学生对教学内容的理解程度,较多地表现为考试成绩。尽管学力不能全面反映一个人的综合能力,但在升学、就业、晋升等各个环节,书面考试的成绩好坏往往会影响一个人的终身。对学力形成的内在机制以及学力差异的产生原因进行分析,可以加深理解学校教育中的相关问题。

这里,我们采用多元回归,实证分析偏差值与学生个人属性、家庭背景等因素的内在关系。表 9.4 是对两次调查数据的模拟结果,依据同表的偏回归系数及其统计显著性,可以得到以下 4 个统计事实(均为其他条件相当情况下的边际效果)。

表 9.4　上海市调查对象学校 6—9 年级学生期末考试成绩的影响因素（OLS 回归）

（单位：年；%）

	基本统计量		2012 年调查	2017 年调查
	2012 年调查	2017 年调查	回归系数	回归系数
常数项			45.318***	41.691***
男生（女生为 0）	51.4	53.2	-2.140***	-2.111***
每天在家学习时间（5 分位）	2.9	3.0	0.221	-0.244
将来想学到大专及以上文化（其他为 0）	67.3	70.2	4.762***	6.723***
父亲的教育年限	11.2	11.6	0.160	0.267*
母亲的教育年限	10.9	11.0	-0.127	0.086
外地学生（上海本地学生为 0）	39.8	40.0	-0.951	0.217
母亲上海父亲外地出生（父母均为上海出生为 0）	5.7	4.2	1.469	-0.985
母亲外地父亲上海出生（同上）	15.9	18.6	1.468+	2.524**
父母均为外地出生（同上）	45.9	53.8	3.887**	1.826+
调整后的决定系数			0.066	0.121
样本量			652	655

注：***、**、*、+分别表示在 1%、5%、10%、20%水平显著。

　　第一，如果只从学生是上海本地还是外地的角度来看，两者之间的学力差异没有统计上的显著性。这与上述学力分布的情况基本一致。再进一步考察学生的家庭背景，还可以看出，与父母均为上海出生的学生相比，母亲为外地出生、父亲为上海出生的学生，或父母均为外地出生的学生，其学力显著较高，而母亲为上海出生、父亲为外地出生的孩子没有显著差异。就是说，在公办学校接受义务教育的外地孩子，没有因为自己的户籍身份而落后于本地学生。这或许可以说明，城乡一体化战略在学校教育方面业已取得了一定的进展，户籍身份已经不是造成本地学生与外地学生学力差异的主要原因，初等义务教育的机会平等业已基本实现。

　　第二，学生对未来的学历期望越高，他目前的学力水平也相对越高。在两次调查的模型中，该变量的回归系数均为正数，且有较强的统计显著性。将来想读到大专及以上文化程度的孩子，他们的期末考试偏差值比其他孩子要高出许多,学生本人的主观意识对学力形成的影响十分明显。当然,主管意识与学力之间不一定是单方向的因果关系,更可能是较强的相关关系。成绩好了,渐渐地会萌发出远大的志向;有了大志,又会更加奋发学习,提高学力。

第三,父母的受教育水平对学生的学力影响似乎不是很明显。父亲的受教育水平在 2012 调查中没有显著性,2017 年调查显现的正面影响也较弱。相比之下,母亲的受教育水平对子女成绩也没有显著影响。一般来讲,母亲与孩子的接触机会相对较多,母亲的言行往往会直接影响孩子的学习。

第四,在家的自学时间长短与学力的关系没有统计显著型。与女生相比,男生的学力显著较弱。在中小学教育阶段,常见的"女强男弱"现象在模型中可以得到验证(周海旺等,2012)。

六、实现流动儿童少年教育机会平等的思考

本章利用了两次在上海的调查数据,就外地学生和本地学生的基本属性、分布情况、对现状和未来有关问题的想法、学力差异以及学力的影响因素等问题,做了比较详细的考察分析,加深了我们对流动儿童少年的教育问题,特别是新型城镇化政策出台以后在特大城市发生的一些新变化的理解。基于数据分析,我们认为:全面施行"两个为主、一视同仁"政策以来,上海市流动儿童少年在就学环境方面有了明显改善,绝大多数学生逐渐被纳入了正规的国民义务教育体系。外地学生因跟随父母流动而误学的情况大大减少;母亲或父母双方均为外地出生的学生的成绩,甚至比母亲或父母均为上海本地出生的要好;父母的教育水平对学生的学力影响也十分微弱(在其他条件相当的情况下)。

不过,我们不能因此就认为,外地学生和本地学生享有了均等的教育机会,正如宋映泉等(2017)所揭示的那样,流动儿童少年在完成义务教育之后的出路还十分有限,其中很多是一种无奈的选择。由于政策限制,外地学生没法像本地学生一样,继续在上海就读普通高中,因此也就无法在上海参加高考,尽管部分学生可以有幸参加职高招考(高慧,2017)。同时,两次调查所显现的结果是既有政策环境下的产物。政府通过严格入学条件、强化学校管理,致使那些在沪时间较短、工作不太稳定、社保缴费时间不够、居住条件较差的

外地人口,无法为子女在上海办理入学。结果,能留在上海的都是家庭条件相对较好的外地学生,而那些不够条件的流动儿童少年的教育机会就被人为地剥夺了。本来可以在上海就读的孩子失去了就学的机会,而在读的外地学生又面临着进一步升学的壁垒。

是上海市中小学的教育资源不够吗?似乎不是。长期以来,上海的人口生育率较低、户籍人口的迁入又限得很严,本地学龄儿童总数锐减,再加上郊区的本地居民子弟逐渐流向中心市区就读,以至于郊区学校的师资、校舍等资源大量过剩。在我们调查的几所学校,各个年级的班级数不一样,各个班级的学生人数也不同。总体而言,随着学年上升,各学校的班级数和每个班级的学生人数均呈减少趋势。如果外地学生可以在上海升学、就读普通高中,也可以在上海参加全国高考,上述情况或许不会出现,当下的教育机会不平等也会得到一定程度的纠正。

当然,问题的症结可能还不在这里,城乡之间、地区之间由来已久的经济、文化、社会福利等方面的巨大差距才是引发问题的直接原因,矫正如此差距的社会机制尚未形成乃所有问题的根源。为了实现全面小康,在税制、财政等方面,政府有必要进一步发挥能动性,逐步缩小乃至消灭各种不合理政策造成的差距。城乡之间、地区之间的差距缩小了,人口流往大城市的必要性就会降低,人口过度集中引发的问题也可以避免。

总之,在目前的制度框架下,上海市流动儿童少年的教育问题业已得到基本解决,可以说外地学生与本地学生在较大程度上实现了一视同仁、初等教育机会均等。但同时还须指出,这些都是有条件的表面现象,实质上的教育机会不平等依旧存在,而这些问题又大大超出了教育机会的讨论范畴。

第10章 市场经济体制下农户的收入决定与就业选择

——对6省7县634户微观数据的计量分析

一、引　言

本章利用中国农村研究课题组[①] 2000 年至 2002 年在山东、湖南、贵州、安徽、陕西、四川等 6 省 7 县收集的 634 个农户的微观数据,对农户的收入决定和择业机制做实证分析。

众所周知,20 世纪 90 年代后期以来,中国经济在持续了高速增长的同时,城乡之间、地区之间以及不同的社会阶层之间出现了越来越大的收入差距;在以农业为主的中西部地区,收入较低的部分人口其收入水平甚至出现了绝对的下降。据笔者利用农业部农村固定观察点的数据推算,在 1995 年至 2000 年的 6 年中,收入最低的 20%农户的人均纯收入实际每年下降 1.5%,而收入最高的 20%农户年增长率为 3.1%(严,2002)。高速经济增长下的两极分化是中国经济具有的一个重要特征。

在中国农村的实地调查中,我们可以发现,经济发展的差距不仅在乡镇内部的村与村之间存在,在同一村庄内部的农户之间也同样存在。按理说,在同一个村子里,各农户所面临的自然条件、交通、信息等社会经济条件大同小异,发展经济的机会基本上是均等的,如果其他条件没有太大的差异,则农户之间不应该有太大的收入差距。因此,村内农户之间的收入差距更多地来源于农户自身的有别于其他的特殊原因。

---

① 本课题组由日本东京大学等单位的中国问题专家和国务院发展研究中心农村经济研究部、农业部农村经济研究中心、中国社科院农村发展研究所的有关专家组成。

那么,农户自身的哪些要素会对家庭的经济收入发生影响呢? 各个因素的影响又有多大呢? 本章认为,农户的经济收入取决于他的生产经营和家庭成员的就业状况,而经营什么、从事何种工作又由各个家庭及其成员拥有的资本总量决定,其中包括以教育为主的人力资本、社会资本、政治资本和其他经济资源①;同时,这些资本之所以能影响农户的收入,是因为市场机制的作用提高了资本的利用效率,掌握较多资本的农户自然要比其他农户获取了更多的收益。其结果是,在市场经济体制下,即使是在一个很小的村落社会,农户之间也可能产生较大的收入差距。

本章由 6 节构成。第 2 节概要说明调查对象的基本情况,指出村落内部的经济分化现象;第 3 节推算农户的收入函数,并在此基础上提出本章的理论假说和分析模型,给出有关变量的定义;第 4 节对农户的生产经营和择业行为做计量分析,具体讨论各要素对生产经营和择业行为的作用;第 5 节以雇佣劳动为对象,进一步分析人力资本等要素对工资决定的影响,以检验市场机制的资源配置功能;第 6 节对分析结果做小结,提出相关的政策含义。

二、调查对象的概况

本调查对象的 6 省 7 县分布在全国各地,有沿海的较发达地区,也包含了中部和西部的欠发达地区。我们不敢断言这 600 多个农户在多大程度上可以代表中国农村的总体面貌,但有一点可以肯定,这些地区绝对不是极端的典型。各个地区的经济发展水平不一,人口结构、就业结构等方面也存有较大的差别。故此,我们可以说,通过对本调查的数据做系统的计量分析,一定程度上可以搞清楚很多现象的相互关联,也有益于把握转型期农村经济的内在机制。②

根据佐藤宏对两轮农户调查的分析,山东 AQ 县农户人均收入的基尼系数从 1992 年的 0.157 上升到 2001 年的 0.439,湖南 YX 县同期从 0.329 上升至 0.478,贵州 GD 县同期也从 0.434 上升至 0.505,安徽 TC 县从 1993

---

① 所谓社会资本是指个人与外部社会持有各种关系的程度,比如曾经当过干部或现在还是在职干部的,他们比一般群众有更多的机会接触外部社会、获取信息;政治资本一般以党团员为代理变量,以此衡量他对人们经济行为的影响。详细请参见 Sato(2003)。

② 有关农户经济的基本情况,由于篇幅所限,在此省略。详细说明参见田岛(2004)。

年的 0.258 上升至 2002 年的 0.370（佐藤，2004）。由此可见，在范围狭小的村落社会内部，按人均现金收入计算的不平等程度也是十分巨大的，很少一部分富余农户占据了大部分的现金收入，而绝大多数中下层农户的情况却糟得很。问题是，富裕户和一般户之间到底存在哪些根本性的差别？是各自面临的机会不均等，还是客观上的各种能力存有差异？或是其他方面的原因？

三、收入决定、假设和数据

1. 农户收入的决定机制

农户的收入来源多种多样，有农林牧副渔各业的经营收入，有从事雇佣劳动的工资性收入，还有自营工商业的非农收入。当然，每个农户的收入多少和收入结构取决他拥有多少资源以及这些资源的质量如何，如耕地面积、劳动力人口的数量及其教育程度、各种社会关系、户主的经营能力等。根据本次调查的汇总得知，自营工商户的人均收入为一般农户的 2.54 倍，其中非农业收入的两者之比更大，为 3 倍，在山东 WC 县，该比值高达 9.36。

为了具体分析农户收入水平与有关因素的关系，我们建立了如下的收入函数：

人均现金 = F（户主的属性特征，农户的属性特征，农户拥有的经营资源，其他因素）。

从某种意义来讲，农户是一个独立的经营实体，户主是决定经营方针和负责日常管理的关键性人物，他的基本素质和见识对经营成果有着决定性的作用。基于这种考虑，我们在收入函数中引入了户主的年龄、教育水平、户口、县外生活经验以及他对生产经营的态度，以考察户主的个人属性对家庭经济的影响程度。同时，农户拥有的资源总量（包括人力资本、社会资本、政治资本等）、家庭成员的就业状态、是否自营工商业等也影响着收入水平。为此，我们在收入函数中引入了党团员变量、干部变量、家庭成员的平均教育年数、劳动力比率、劳动参加率、劳动利用率、非农就业比重、人均耕地面积、是否自营工商业。为了消除地区固有特征的影响，在函数中还引入了表示地区的虚拟变量。

我们分别把农户的人均现金总收入、农业和非农业现金收入作为因变量,对上面的收入函数进行多元回归分析。表 10.1 是收入函数的模拟结果。从该表的回归系数及其有意水平,我们可以得到以下几个非常有意义的发现。

第一,户主的属性特征对家庭成员的人均收入有较为明显的影响。户主的教育程度和户口状况虽然没有显示统计上的有意性,但年龄的增长对收入增加有正面影响。在其他条件相同的情况下,户主的年龄每增长 1 岁,家庭成员的人均现金收入增加 1%,非农收入的增加幅度更大,达 2%;户主曾经在县外生活半年以上的农户与其他农户相比,人均收入要多 17%,就非农业收入而言,前者比后者要高出 25%;户主对生产经营的态度也明显地影响着家庭的现金收入,户主选答[有风险、经营相对不稳定,但收益性高]的农户,其人均收入比选答[风险少、经营稳定,但收益性低]的农户高 19%。

表 10.1　农户人均现金收入的决定要素(OLS 回归)

		ln(总收入)	ln(农业收入)	ln(非农业收入)
户主个人属性	年龄	0.01***	0.01***	0.02***
	教育年数	−0.02+	0.00	−0.03*
	户口	0.02	−0.38*	−0.27
	县外生活经验	0.17**	0.08	0.25**
	对经营的态度	0.19**	0.07	0.13
农户的基本属性	有党团员的农户	−0.06	−0.11	0.03
	干部经验者农户	−0.01	0.06	−0.21*
	现职干部农户	0.23**	0.24*	0.09
	平均教育年数	0.16***	0.04	0.19***
	劳动力比率	0.00	0.00	0.00
	劳动参加率	0.00	0.00	0.00+
	劳动利用率	0.00	0.00	0.00
	非农就业比率	0.01***	−0.01***	0.01***
	人均耕地面积	0.12**	0.43***	−0.21***
	自营工商户	0.48***	−0.09	0.55***

续表

	ln（总收入）	ln（农业收入）	ln（非农业收入）
调整后的重相关系数	0.454	0.339	0.462
样本数	597	549	496

注：（1）***、**、*、+分别表示在 1%、5%、10%、15%的水平下显著。

（2）表示地区的虚拟变量没有列入表中，年龄和教育年数为实数。

第二，农户拥有的资本总量及其利用程度对收入水平的作用大小不一。

（1）家庭成员中是否有党团员或乡村组的干部经验者，这对家庭的人均收入似乎没有多大的影响。但是，在调查时点，家庭成员中如果有乡村组的现职干部，则该户的人均收入要比一般群众高出 23%。不过，这个因素对非农收入水平没有显著作用。

（2）以教育年数衡量的人力资本对家庭的收入有非常大的影响。在其他条件相同的情况下，家庭成员的平均教育年数每增加 1 年，人均总收入增加 16%，其中非农收入增加 19%。但是，教育对农业收入没有显示统计上的有意性。

（3）农户拥有的耕地资源对收入水平有统计上的有意性，人均耕地每增加 1 亩，人均总收入增加 12%，特别对农业收入而言，耕地对增收的边际效果更大，达 43%。相反，耕地越多，非农收入则越少，其边际效果为-21%。这可能是因为拥有较多耕地的农户忙于农业生产，没有很多时间从事非农业劳动。

（4）农户是否自营工商业，对家庭收入影响甚大。回归分析的结果表明，自营工商户的人均总收入比其他农户多 48%，特别是非农收入，前者较后者高 55%。换言之，在村落社会中，一个农户是富裕还是贫穷，在很大程度上取决于他是否在搞自营工商业。这大概就是无工不富、无商不活的道理所在。

（5）在总的就业时间中，非农就业所占的比率也显示了较强的统计有意性。该比率对增收的边际效果为 1%。就是说，在其他条件相同的情况下，总劳动投入中非农部分所占的比率越高，现金总收入以及非农业收入的水平也越高。但是，农户拥有的劳力资源对人均收入的多少似乎没有太大的影响，因为劳动力比率（劳力人口占家庭成员的比率）、劳动参加率（实际从业人员占劳力人口比率）、劳动利用率（实际从业天数占当地平均从业天数）对收入水平都没有表现出统计上的有意性。这或许表明,在调查对象的农户中,劳力资源相对过剩,农户之间劳动力多一点或少一点,其本身并不显著影响人均收入水平。

总而言之,农户的收入在一定程度上受户主的人生经历和他对生产经营态度的影响,户主曾经在县外其他地区生活过半年以上,可能意味着该户比没有这种经历的农户拥有更多的广义上的人力资本;敢于冒风险的户主也得到了比较高的回报。① 农户是否自营工商业、家庭成员的教育水平、非农就业的程度,以及耕地资源等农户的属性特征对收入水平也有很大的影响。

2. 假说的提出

鉴于上面的分析结果,我们对农户的就业选择进一步提出以下 4 个理论假说。

假说 1:在外部环境大致相同的情况下,农户是否自营收入较高的工商业主要取决于户主及其家庭的基本属性。具体地说,如果户主年轻力壮、又有较高的教育水平,或者曾经较长时间在外地工作生活过,或者有较强的冒风险精神,那么,他自己创业搞工商业的概率要比没有这些特征的农户高得多。同时,家庭成员中如果有党团员或乡村组的干部,则该农户比一般户有更大的概率自营工商业,因为党团员也好,干部也好,从某种意义上来说,代表了一个农户拥有的政治资本和社会资本。在中国的社会背景下,有了这些资本,人们便可以比较方便地接触各种经济信息。另外,家庭成员的平均教育水平越高,自营工商业的概率也越高;人均耕地较多的农户,经营工商业的概率较低,因为充足的农业就业机会可能会减弱其自营工商业的愿望。

假说 2:农户劳动力的就业选择,即一个农户劳动力是务农还是务工经商,或是从事农业和非农业的兼业劳动,一方面受其自身的属性特征和人力资本的影响,另一方面还受其他家庭成员的择业行为和基本属性制约。按照人力资本理论的思路,农户人口在离开农业进入工商业的过程中,或者在学校毕业后进城求职的过程中,每个人获取工作机会的概率并不是均等的。一般来讲,年轻人比年长者、高学历人员比低学历人员有更高的概率找到工作。这是因为,接受过良好教育的年轻人比学历低的年长者更容易接受新技术、适应新

① 根据样本农户的统计分析,户主的外出经历与他对生产经营的态度之间没有统计上的相关性,但是,户主对生产经营的态度以及有无外出经历与是否自营工商业之间存有统计上的相关性,Pearson 相关系数分别为 0.111、0.113。

环境,同时因流动产生的精神成本也较低,而终生的净收益却高得多。另外,与农户选择自营工商业的行为一样,个人在择业过程中也要受到自身及其家庭的政治社会资本、家庭成员的构成等因素的影响。例如,在有儿童或老人的家庭中,年轻人往往不容易离家外出,因为儿童老人需要他们的照顾。

假说 3:农户劳动力在一年中的总工作天数主要由其自身的属性特征决定;在给定的条件下,农户劳动力通过家庭内部的分工协作,实现人力资本的有效配置,进而实现家庭总收入的最大化。农户与一般企业不同,他集经营与生计为一体,家庭成员的就业行为彼此不完全独立(石田,1999)。具有较多人力资本、适合非农就业的成员主要从事工商业活动,而年长者或不适合非农劳动的,则主要从事家庭农业。不过,这里得有一个重要的前提,即劳动市场的资源配置功能已经比较发达。由此可以引导出第 4 个假说。

假说 4:在 20 世纪 90 年代后期的中国,劳动力市场的资源配置功能基本健全,人力资本通过市场机制的调节,以工资的形式可以得到较为合理的评价。就是说,选择了非农就业的劳动者,他们拥有的潜在能力可以在工资水平上得到较好的反映。用明瑟收入函数模型来表述的话,就是非农从业人员的工资水平随年龄、工作经验和教育年数的增加而增加,但超过一定年龄以后,工资水平呈下降趋势。

3. 数据、变量

本章的数据来自课题组的农户调查。调查表的内容包括农户所有成员的基本属性和就业状况,农户的生产经营、收支、资产状况,还有户主对生产、投资、经营、生活等方面的意识或判断。从调查表得到的指标有定性的,也有定量的,几乎涉及了农户经济的所有方面。

表 10.2　回归分析中有关变量的定义

	定义	单位
因变量	人均现金收入(元)	人均总收入、人均农业收入、人均非农收入
	全年的就业天数(日)	总就业天数、农业就业天数、非农就业天数、非农就业比率
	是否为自营工商业	自营工商业户为 1,其他为 0
	户主、个人的就业选择	农业专业为 1,农业为主的兼业为 2,非农为主的兼业为 3,非农业专业为 4
	非农就业的工资水平(元)	全年工资收入、日均工资收入

定义		单位
个人属性变量	性别	男性为1,女性为0
	年龄	周岁,或年龄组
	户口	非农业户口为1,农业户口为0
	政治面貌	党员或预备党员或团员为1,一般群众为0
人力资本变量	教育水平1(年)	小学以下=3、小学=6、中学=9、高中=12、大专以上=15
	教育水平2(年)	小学以下为0,小学程度、中学程度、高中程度、大专以上分别为1
	非农就业的经验年数(年)	调查年份-进入现企业的年份
	现职干部或干部经验者	现职干部或干部经验者为1,一般群众为0
	户主的县外生活经验	在县外生活半年以上的户主为1,其他为0
农户属性变量	农户人口数(人)	包括外出打工的所有家庭成员
	年少人口数(人)	14岁及以下的家庭成员
	劳力人口数(人)	15—59岁的家庭成员
	老龄人口数(人)	60岁及以上的家庭成员
	人均耕地面积(亩)	水田、旱田总面积除以家庭成员数
	家庭成员的平均教育年数(年)	小学以下=3、小学=6、中学=9、高中=12、大专以上=15
	劳动率比率(%)	劳力人口数占家庭成员比率
	劳动参加率(%)	劳力人口数占15岁以上人口数比率
	劳动利用率(%)	全家总就业天数×100/(当地劳力人口的平均就业天数×就业人口数)
	非农就业比率(%)	非农总就业天数×100/全家总就业天数
	户主的经营意向	选择[有风险、经营相对不稳定,但收益高]的为1,选择[风险少、经营稳定,但收益低]的为0
	农户的政治面貌	有党员或预备党员或团员的农户为1、一般群众为0
	现职或干部经验者	有现职干部或干部经验者的农户为1、一般群众为0
地区、企业的特征等变量	调查地区	以山东AQ为0,湖南YX、贵州GD、安徽TC、陕西LQ、山东WC、四川XD分别为1
	非农就业的产业	以农产品加工业为0,加工业、建筑业、交通运输业、商业、餐饮业和其他服务、教育、卫生等事业单位分别为1
	非农就业的职业	一般职工为1,管理人员、各类专业技术人员等为0
	非农企业的所有制性质	个体、私人经营为0,乡镇办、村组办、联户办、县及县以上的企业单位分别为1
	非农就业的雇佣形态	固定工或长期合同工为0,短期合同工、季节工、没有合同的临时工为分别为1

根据分析的需要,我们主要利用了农户的收入、就业、工资以及与之有关的个人属性指标、家庭属性指标,还有反映地区特征、产业特征和户主意识的有关指标。表 10.2 是下文回归分析中使用的因变量和自变量的定义。除了很少几个例外,大多数指标都是利用调查表的原始数据加工而成的,如人均现金收入由现金总收入除以农户人口数而得。很多定性变量取值 0 或 1。

因变量为数量指标时,我们采用常规的最小二乘法,推算自变量对因变量的影响;如果因变量为定性指标(例如,是否为自营工商业户等),则采用 Probit 或 Logit 回归方法。

四、农户劳力的就业选择

1. 全年就业天数的决定要素

按照本章的有关假说,建立了农户从业人员的就业模型,表 10.3 是回归分析的结果。我们分别把全年的总就业天数、农业就业天数、非农就业天数以及非农就业比率作为因变量,把个人的年龄、性别、教育程度等因素作为自变量,用最小二乘法推算了各变量的回归系数等参数。

第一,农户从业人员的平均就业天数为 244 日,其中农业 129 日,非农业 115 日,非农就业占 39%。但在不同地区,农户劳动力的就业天数存有较大的差别,特别是在农业就业或非农就业内部。例如,在总就业天数方面,湖南 YX 县比山东 AQ 县多 23 日,而山东 WC 县、四川 XD 县却要比 AQ 县少 24 日、74 日,贵州 GD 县、安徽 TC 县和陕西 LQ 县均比 AQ 县少,但没有显示统计上的有意性。

表 10.3　农户劳力全年就业天数的决定要素(OLS 回归)

	总就业天数	农业就业天数	非农就业天数	非农就业比率
性别	35.29 ***	-11.69 ***	44.69 ***	13.88 ***
年龄	48.40 ***	46.78 ***	1.33	-2.20
年龄平方	-2.97 ***	-2.22 ***	-0.76 **	-0.14
户口	-27.25 **	-47.56 ***	22.06 *	11.19 ***
党团员	-4.59	-18.59 ***	16.82 *	4.59+

	总就业天数	农业就业天数	非农就业天数	非农就业比率
小学程度	16.79 **	−7.91	24.78 ***	5.34 *
中学程度	21.75 ***	−20.19 ***	41.56 ***	11.43 ***
高中程度	36.58 ***	−31.12 ***	69.00 ***	18.45 ***
大专以上	35.93+	−29.78	75.56 ***	22.16 ***
干部经验者	9.04	−5.75	16.88	5.48
现职干部	−5.32	11.51	−19.13	−7.85+
湖南 YX	23.32 ***	107.31 ***	−84.04 ***	−28.19 ***
贵州 GD	−15.60 *	66.05 ***	−76.47 ***	−24.46 ***
安徽 TC	−13.96+	−37.29 ***	25.78 ***	6.80 **
陕西 LQ	−12.46	50.97 ***	−55.86 ***	−22.09 ***
山东 WC	−24.37 **	40.07 ***	−66.35 ***	−18.07 ***
四川 XD	−73.94 ***	−52.27 ***	−18.94 *	0.20
调整后的重相关系数	0.169	0.266	0.327	0.236
样本数	1679	1647	1686	1694
平均值	242.77	129.19	114.68	38.75

第二,性别、年龄对就业天数均有显著的影响。在其他条件相同的情况下,男性比女性多工作 35 日,但从工作的内容来看,男性务农的天数比女性少 12 日,务工经商的天数却要多 45 日。同时,男性的非农就业比率也高出女性的 14 个百分点。这表明,在中国农村,男女之间不仅在就业天数上存在差别,在工作性质方面也有较大的差异。

第三,年龄的变化与全年的总就业天数或务农的天数有非常明显的相关关系,但对非农业的就业天数和非农就业比率没有显示统计上的有意性。随着年龄的增加,总就业天数或农业就业天数呈增加趋势,但过了一定岁数,就业的天数开始减少。这一点与我们的常识完全一致,因为农户的劳动力目前还有相对剩余,上了年纪的长辈一般也就不怎么务农了,他们主要从事一些家务劳动。但是务工经商的劳动力,他们一般会工作到退休为止,而不是轻易地辞去工作。

第四,农户劳动力的户口不同,全年的工作天数也明显地不一样。在其他条件相同的情况下,非农户口人员的工作天数比农业户口人员少将近 1 个月,其中比农业就业人员要少一个半月还多,而比非农就业人员则要多出 20 多日。农户中的非农户口人员主要是一部分乡村干部、教师、医生等,他们除了本职工作外,还在节假日或其他时间做些农活。这个结果与中国的现实是吻合的。

第五,农户劳动力的教育程度对他的就业天数和就业内容有非常重要的作用。回归分析的结果显示,与小学以下的人员相比,小学、中学、高中程度的从业人员全年的工作天数分别多 17 日、22 日、37 日。在其他条件相同的情况下,文化程度较高的人可以获得比较充分的就业。换言之,部分农户的劳动力过剩主要起因于家庭成员的教育水平不高。这种倾向在非农就业中表现得尤为显著,高中程度以上人员的全年务工经商天数比小学以下的要多两个多月。这意味着,要减轻农村的过剩就业,就必须加强对农村的教育投资,让所有的农民子弟有比较平等的机会接受基础性教育。

第六,个人拥有的政治资本、社会资本是多是少,对总的就业天数没有显示有意的影响。就是说,党团员也好、乡村组织的干部也好,他的总就业天数与一般群众之间没有统计上的差异性。除了党团员的务农天数明显地少于一般群众,其他的在从业内容方面也没有什么不同。按照传统的观念,党团员、干部有可能较容易接触非农就业机会,但现实并非如此。这或许暗示着,在改革开放不断深化的 21 世纪初,传统的政治权力逐渐地退出了舞台,取而代之的是市场机制的作用。

2. 自营工商户的决定要素

在有效回答的 614 个农户中,自营工商业有 158 户,差不多每 4 户就有 1 户搞自营工商业。从前面的分析中我们知道,农户是否自营工商业对其收入水平有绝对大的影响,是村落社会内部产生阶层分化的重要原因。这里我们要分析的是,具有哪些特征的农户可以比较容易地搞自营工商业①,其中包括

---

　　①　在有效回答的 164 个自营工商户中,农副产品加工、其他加工业分别占 9%、15%,交通运输业、商业、餐饮业及其他服务业各占 14%、41%,四项加起来占总体的 79%;各行业的被雇佣人数分别为 2.7 人(利用了雇佣劳动的 3 家)、18 人(15 家)、2 人(1 家)、6.2 人(9 家)。就是说,农户自营的工商业大多是家庭式的小规模经营,用发展经济学的观点来说,农户的自营工商业大多是一些不需要很多技术、进入比较容易的所谓非正规部门。

户主的属性、家庭的属性等要素①。

这里，我们仍旧采用多元回归分析法来考察各要素的作用。但由于因变量为二值变量，即自营户为1，非自营户为0，所以在推测回归系数时，我们采用了 Probit 模型。表 10.4 是自营工商户决定模型的推算结果。该模型的预测准确率达 78%，推测结果的说明能力也达 21%。总的来说，该模型的结果良好。从该表所示的数字中，我们可以得到以下几点发现。

第一，除了湖南 YX 县农户自营工商业的概率明显低于比较对象的山东 AQ 县，其他地区之间不存在大的差异。这意味着，在各个地方，不管经济发展水平如何，总有一定比率的农户自营着工商业。那么，哪些农户搞工商业的概率更大呢？

第二，户主的户口和教育程度对是否自营工商业没有影响，但年龄因素似乎较重要，是否有外出经历和对生产经营的态度也表现了统计上的有意关系。与 60 岁及以上的户主相比，户主年龄在 20 岁至 49 岁的青壮年自营工商业的边际概率分别为 24.0%、29.6%、23.3% 和 11.1%，户主有外出经历或敢于冒风险搞经营的，自营工商业的边际概率分别为 9.9%、7.2%。

第三，从家庭属性来看，除了平均教育年数对提高自营工商业的概率显示了较弱的正面影响以外，现职干部家庭、人均耕地较多、劳动力比率较高的农户自营工商业的概率反而较低，家庭人口数、党团员家庭等要素均没有统计意义。耕地资源相对较多，意味着工作机会也较多，这样的农户自己创业的紧迫性可能较弱；家庭人口数与自营行为之间没有统计关系，表明农村劳动力市场的基本功能业已形成，自营工商业必需的劳动力可以通过外部的市场得到解决。

由此可以肯定，农户是否自营工商业，起关键性作用的不是户主的教育程度如何，而是他有没有足够的体力（年轻）、外出经历和大胆的经营意识；在市场经济体制下，党团员、干部等要素基本上失去了他曾经有过的作用。②

---

① 在有效回答的 640 位户主中，男性 582 人，占 92%。故此，在模型中没有包括性别变量。
② 这个统计事实与我们在农村调查中得到的印象是一致的，发展致富的能人中很多人并不拥有党团员和干部的政治社会资本。

表 10.4 自营工商业户的决定要素(Probit 回归)

是否为自营工商户(是=1,否=0)			
	常数项	−1.22***	−0.320
户主属性变量	20—29 岁	0.92**	0.240
	30—39 岁	1.13***	0.296
	40—49 岁	0.89***	0.233
	50—59 岁	0.42+	0.111
	户口	−0.21	−0.056
	小学程度	0.06	0.016
	中学程度	0.27	0.070
	高中程度	0.13	0.034
	大专以上	−0.71	−0.186
	县外生活经历	0.38***	0.099
	对经营的态度	0.28*	0.072
农户属性变量	有党团员的农户	0.18	0.047
	干部经验者农户	0.06	0.016
	现职干部农户	−0.61***	−0.159
	平均教育年数	0.07	0.017
	农户人口数	0.03	0.007
	人均耕地面积	−0.32***	−0.084
	劳动力比率	−0.70*	−0.002
调查地区	湖南 YX	−0.95***	−0.250
	贵州 GD	−0.23	−0.060
	安徽 TC	−0.37+	−0.096
	陕西 LQ	−0.08	−0.021
	山东 WC	0.06	0.016
	四川 XD	−0.26	−0.067
R−squared		0.210	
预测的准确率		77.85	
样本数		614 户当中的 158 户为自营业	

3. 非农就业选择的决定要素

在这一项中,我们进一步讨论农户的择业行为。分析的对象是每一个从业人员,目的是统计检验个人属性、家庭属性对个人务农还是务工经商的影响状况,从中找出择业行为的内在机制。因为前面的分析显示,农户的非农就业情况也严重影响着农户的收入水平,影响着村内的阶层分化。这里,我们把农户劳动力的就业分成4种形态,即农业专业、农业为主的兼业、非农为主的兼业和非农专业(按从业天数算,非农就业包括自营业和被雇佣双方),并赋予1至4的数值①。由于因变量为定性数值,我们采用多项 Logit 回归法,推算各个自变量与因变量的关系。

如表 10.5 所示,我们可以很明显地看到:第一,非农就业机会在不同地区存在着非常明显的差异,与山东 AQ 县相比,安徽 TC 县和四川 XD 县非农从业的概率要大得多,而在湖南 YX 县、贵州 GD 县、陕西 LQ 县和山东 WC 县,非农就业的机率要大大地小于 AQ 县。

表 10.5　农户劳动力的就业选择(多项 Logi 回归)

说明变量	农业为主的兼业		非农就业为主的兼业		非农业专业	
	回归系数	边际机率	回归系数	边际机率	回归系数	边际机率
性别	0.72***	0.016	1.46***	0.081	1.12***	0.106
19 岁以下	1.64***	0.069	0.45	-0.040	2.85***	0.334
20—29 岁	1.64***	0.045	0.94**	-0.009	3.23***	0.382
30—39 岁	0.66*	-0.079	0.99**	0.008	3.35***	0.440
40—49 岁	-0.07	-0.132	0.90**	0.026	2.57***	0.359
50—59 岁	-0.49	-0.128	0.31	0.005	1.52***	0.234
户口	0.99***	0.115	0.05	-0.013	0.08	-0.032
小学程度	0.09	-0.021	0.49+	0.027	0.55**	0.068
中学程度	0.63**	0.036	0.54+	0.018	0.75**	0.073
高中程度	1.17***	0.092	0.73*	0.022	0.87**	0.064
大专以上	1.35**	0.125	-0.06	-0.041	0.89	0.072
党团员	0.36+	0.030	-0.12	-0.020	0.34+	0.036

---

①　4 种就业形态的构成比分别为 47%、17%、9% 和 27%。

续表

说明变量	农业为主的兼业		非农就业为主的兼业		非农业专业	
	回归系数	边际机率	回归系数	边际机率	回归系数	边际机率
干部经验者	0.53$^+$	0.071	−0.02	−0.007	−0.16	−0.045
现职干部	−0.90$^+$	−0.082	−0.31	−0.001	−0.49	−0.027
湖南 YX	−1.56***	−0.101	−0.15	0.047	−1.99***	−0.219
贵州 GD	−0.97***	−0.040	−0.05	0.041	−1.78***	−0.215
安徽 TC	−0.79***	−0.118	−1.37***	−0.110	1.04***	0.207
陕西 LQ	−1.40***	−0.118	−0.68*	−0.015	−0.93***	−0.063
山东 WC	−0.96***	−0.088	0.28	0.049	−0.73**	−0.070
四川 XD	−0.57**	−0.064	−1.66***	−0.126	0.49**	0.124
Log likelihood	−1663.91					
Scaled R-squared	0.429					
样本数	1700 人中的 287 人		1700 人中的 155 人		1700 人中的 466 人	

　　第二,与农户是否自营工商业的机制不同,除了年龄和性别以外,不论教育程度等人力资本、党团员等政治资本的有无和多少,同样对择业行为产生了重要影响。具体地可以概括如下:(1)在其他条件相同的情况下,男性选择务农为主的兼业、非农为主的兼业、非农专业的边际概率分别为 1.6%、8.1% 和 10.6%,就是说,在其他条件相同的情况下,男性务工经商的可能性明显地大于女性;与 60 岁及以上人员相比,50 岁以下人员务工经商的概率急速上升,比如 20 岁至 59 岁人员选择非农专业的边际机率高达 23%—44%。

　　(2)教育程度在择业行为中也起到了至关重要的作用,这个特征与前述自营工商业的决定机制有很大的区别。教育水平较高,从事非农劳动的概率也明显提高。与小学以下的人员相比,其他所有学历人员非农业专业的边际概率达 7% 左右。

　　(3)一般来讲,党团员在寻找非农就业机会中占有一定的优势,但曾经当过乡村干部的,似乎并没有什么好处,现职干部反而表现了负面影响(都是与一般群众相比而言的)。根据前文定义,干部包括村干部,由于他们更贴近一般群众,或由于工作性质的影响,在非农就业的竞争中,这些人往往并不一定有利。①

总之,受过较好教育的中青年选择非农就业的机率比教育水平偏低、上了一定岁数的群体明显地高,党团员身份的农户劳动力也比较容易地选择非农就业,但是,是否为干部、户口状况如何对农户的择业行为均没有显著的作用;在县外的生活经历会大大地促进非农就业,但家庭中如果有少年儿童或耕地面积较多,则选择非农就业的机率会大大下降。

五、非农雇佣劳动的工资决定

较为年轻又有一定教育水平,或拥有较多其他资本的农户明显地倾向于非农就业,其中男性尤为明显。我们认为,产生这种现象的深层原因是劳动力市场的健全发达。换句话说,正因为个人拥有的各种资本可以以工资收入等形式得到较好的评价,人们才对家庭劳动力在不同产业、不同地区进行了合理有效的配置(本章的假说4)。在这一节,我们利用明瑟工资决定模型的思路,实证分析人力资本等要素对工资决定的影响。

表10.6是非农雇佣劳动的工资函数的推算结果。② 因变量为年收入(包括工资、奖金、各种补贴等所有的现金收入,以下简称工资)和按工作天数计算的日工资。自变量除了明瑟提案的教育程度、就业年数以外,还引入了性别、年龄、户口、政治面貌(党团员)、社会身份(干部)等表示个人属性特征的变量。同时,为了避免其他因素对工资水平的影响,我们在工资决定模型中还引入了表示就业状态、受雇产业、职业、雇用形态、企业所有制性质、调查地区等虚拟变量。从各个变量的回归系数和有意水平,我们可以得到以下几个重

① 在户主的择业模型中,我们还进一步检验了家庭等因素的影响。由于篇幅所限,这里将计量分析的结果简述如下:第一,农户劳动力的择业行为受家庭其他成员的制约。例如,家庭成员中如果有14岁及以上的少年儿童,或者劳动力人口多,户主从事非农工作的概率就明显地少;但是,家里是否有60岁及以上的老人,似乎对户主的择业行为不发生影响;人均耕地越多,户主务工经商的概率便大大地下降。当然,这个结论能否适用于所有的农户劳动力还有待进一步的证实,因为目前受资料制约,我们还不能用同样的方法做类似的分析。第二,外出经历对非农就业行为有着正面的影响。与没有外出经历的人相比,曾经在县外生活过半年以上的户主较多地选择了非农就业。这意味着,人口流动可以促进广义的人力资本的积累,进而促进人们转移到非农部门从业。但是,户口如何对择业行为没有统计上的有意性。

② 我们对离家外出和在本地的雇佣劳动的工资函数也分别做了推测,有关结果在文章中记述。

要的统计事实。

表 10.6　非农雇佣劳动的工资决定（OLS 回归）

		全体:ln（日工资）	全体:ln（年工资）
个人属性	性别	0.32***	0.31***
	年龄	0.37***	0.31***
	年龄平方	−0.02***	−0.02***
	户口	−0.02	−0.04
	党团员	0.07	0.02
人力资本	小学程度	0.29**	0.33**
	中学程度	0.25**	0.36***
	高中程度	0.31**	0.41**
	大专程度	0.54***	0.49*
	就业年数	0.02***	0.02***
	干部经验者	0.05	0.07
	现职干部	0.60***	0.22
就业状态	非农就业为主的兼业	0.07	0.92***
	非农业专业	0.06	1.09***
受雇的产业	其他加工业	−0.02	0.03
	建筑业	0.07	−0.06
	交通运输业	−0.20	0.06
	商业、服务业等	−0.02	0.16
	教育、卫生等	−0.19+	−0.21
职业	职业	−0.28***	−0.24***
雇佣形态	短期合同工	−0.01	−0.13
	季节工等	−0.06	−0.19**
企业的所有制性质	乡镇办	−0.09	0.16
	村组办	−0.25+	−0.11
	联户办	0.41*	0.48**
	县及县以上办	−0.08	0.08

续表

		全体:ln(日工资)	全体:ln(年工资)
调查地区	湖南 YX	0.24**	−0.12
	贵州 GD	0.14	0.09
	安徽 TC	0.05	0.09
	陕西 LQ	−0.01	0.11
	山东 WC	0.25*	0.17
	四川 XD	0.41***	0.18+
调整后的重相关系数		0.298	0.337
样本数		494	501
平均日工资或年工资		24.45	6228.79

第一,人均日工资为 24 元(外出者 21 元、非外出者 27 元)。与 AQ 县的相比,YX 县、WC 县和 XD 县分别高出 24%、25%、41%,但 GD 县、TC 县和 LQ 县没有显示统计上的差异性。从年工资来看,在所有地区之间都不存在大的差异。[①] 90 年代以来,人口在地区之间的流动基本上是自由的。在人口输入地的大中城市,尽管还存在着各种各样的就业限制,但以民工为主体的流动人口在下层劳动市场的就业竞争是激烈的。其结果是,从南到北、从内地到沿海的工资水平呈现了明显的收敛趋势。

第二,非农就业人员受雇的产业、所在企业的所有制性质以及就业状态(固定工或长期合同工、短期合同工、季节工以及没有合同的临时工)等要素对日工资的决定没有统计影响。就是说,不管你在什么样的企业,也不管你以何种形式受雇于他人,得到的日工资水平都大致差不多。[②] 但是,季节工的年工资水平要比固定工或长期合同工高出 2 成左右。

第三,在企业内的职业对日工资和年工资水平都表现了明显的影响。在

① 在离家外出和非外出的模型中,地区之间也没有显著的工资差。同时,离家外出人员和本地就业人员的非农从业天数分别为 237 日、216 日,年工资分别为 4646 元、5189 元。在统计上,两者之间没有显著差异(分散分析)。

② 根据分散分析得知,非农雇佣劳动的日工资水平与工作单位的规模、进入单位的方式也没有明显的相关关系。

其他条件相同的情况下,与管理人员和专业技术人员相比,工人、办事员及服务员等一般职工的工资水平要低 2—3 成。

第四,个人的属性与工资水平有较为紧密的关系。(1)在其他条件相同的情况下,男性比女性的工资高 32%。这个结果表明,在中国农村,女性不仅在获取非农就业机会方面比男性不利,即使从事了非农工作,其收入待遇也比男性差得多。(2)年龄与工资的关系显示了一般性的倾向,即随着年龄的增加(每增加 4 岁),工资水平迅速上升,但上升的速度逐渐减缓,过了 36 岁便开始下降。①这说明目前的劳动市场对青壮年有利,而对中年以上的非农就业者来说是非常严峻的,因为这个群体不仅寻找非农工作比较困难,就是找到了工作,得到的收入也要少得多。(3)是否为党团员、户口状况如何对工资决定没有显著作用。

第五,一个人是专业务工经商还是兼营农业,其年工资水平相差甚大。与以农业为主的兼业相比,以非农为主的兼业和非农专业的年工资水平分别高出 92%、109%。但是,尽管就业状态不同,非农就业的日工资水平基本上差不多。这个结果有点出乎意料,因为一般来说,专业劳动要比兼业劳动拥有更多的经验积累,专业劳动者主要从事主要工作,而兼业者主要从事辅助性工作,两者之间理应有所区别。反过来说,之所以会有如此的推算结果,则表明非农劳动本身目前主要还是些不需要很多专门技术的简单型劳动,专业的也好,兼业的也好,都可以应对日常的工作。

第六,教育程度和工作经验对工资水平的正面作用十分显著。与小学教育水平以下的人相比,小学、中学、高中及大专以上的人日工资水平分别高出 29%、25%、31%、54%,年工资水平与教育程度的关系也大致相同;在现单位工作的时间每增加 1 年,工资水平上升 2%。在中国农村的劳动力市场中,无论是基础性的学校教育,还是工作过程中积累的经验,都比较好地在工资水平上得到了反映。

第七,干部因素看起来对工资水平没有任何影响。但是,现在仍然还当着干部的人,尽管年工资与一般群众没有什么不同,日工资水平却要比一般群众高出 60%。就是说,现职干部以较少的工作时间获取了与一般群众大致相同的报酬。

---

① 根据模拟结果,32—36 岁的工资水平最高。

通过上面的分析得知,随着市场经济的发展,农户劳动力拥有的人力资本等要素以工资的形式得到了较好的评价;这种机制的存在强化了家庭内部的分工协作,也促进了各种资源的有效使用,进而实现了家庭的收入最大化。这就是本项分析的结论。

六、小 结

本章利用农户调查的微观数据,实证分析了农户的家庭属性、户主,以及其他家庭成员的个人属性对家庭现金收入、自营工商业的行为、就业选择(就业天数和非农就业)以及工资决定的影响。

通过多元回归分析,本章提出的以下几个假说得到了有力的统计支持。第一,农户的现金收入取决于农户是否自营工商业和非农就业的多少;第二,农户是否自己经营收入较高的工商业、家庭成员是专门从事工商业还是兼业,受其家庭属性和个人属性的影响;第三,拥有较多个人力资本的劳动力之所以在不同产业、不同地区得到较为合理的配置,是因为劳动力市场的调节机制业已健全,拥有较多的资本便可以得到较多的回报。

有关个人属性、家庭属性以及人力资本等要素对收入决定、就业选择的影响,大致可以概括如下:性别对就业天数、就业形态和工资水平均有显著的作用,男性的工作时间长、非农从业的比率高、日工资也高;年龄是影响就业选择和工资水平的重要因素之一,青壮年不仅可以较容易地找到非农工作,而且他的工资水平也显著地高于中年以上的从业人员;接受过较多教育的人员不仅可以实现较为充分的就业,也更容易接触非农就业机会,获取较高的工资收入,但户主的教育程度对自营工商业的行为似乎没有什么影响;有无外出经历对自营工商业的行为影响重大,从事非农就业的工龄与工资水平之间也有显著的正相关关系;党团员因素在收入决定和就业选择中,几乎没有显示统计上的有意性,曾经当过地方干部似乎对收入和择业也没有什么影响,只是现职干部在择业和工资决定方面比一般群众有一定的优势。这个现象或许意味着传统的政治权力已经退出了市场,人们可以凭借自己的能力和努力决定自己的就业和收入。但也正因为如此,在较小的村落范围内,农户之间拥有的人力资本越是悬殊,就业结构的差异也就更大,其结果是农户之间阶层分化的加速进行。

第 11 章　城乡就业率的变化与决定因素

——基于 CHIP1988—2010 的实证分析

一、问题的背景

近年来,中国经济的增长速度明显减缓,下行压力加大。除了国内外一些周期性因素,起因于自身结构性变化的原因可能更为重要,如人口增长减速、劳动力资源总量减少、老龄化加快等与劳动供给相关的结构变化。众所周知,改革开放以来经济的高速增长得益于丰润的人口红利,但由于计划生育政策的影响,中国在很短时间内完成了人口转型,过早进入了少子老龄化状态。从全球范围来看,中国的人均收入目前还处于中等水平,但人口已经开始老化,所谓的"未富先老"日趋显现。中国政府曾多次提出国内生产总值 10 年翻番、2020 年实现全面小康等战略目标。正如"十三五"规划中所指出的,经济规模要翻番,就要保持一定的增长速度,为此,必须改革一些不合理的制度,发掘潜在的增长源泉(蔡昉、王美艳,2004;陆旸、蔡昉,2013;郭琳、车士义,2011)。

根据人口普查推算,20 世纪 90 年代以来,中国的劳动参与率和就业率都呈现了明显的下降趋势,有工作能力、但没有进入劳动力市场,或过早地退出劳动力市场的情况比比皆是。当然,劳动参与率、就业率的变化趋势在城乡之间、地区之间、男女之间存有一定差异,具体到家庭、个人层次,情况更加复杂多样。为了进一步发掘潜在的劳动力资源,首先有必要客观把握劳动力资源的利用状况,厘清就业率、从业与否的决定机制。换言之,要搞清楚哪些因素对劳动参与率、就业率的提高或下降有显著影响,在此基础上讨论通过制度改革改善现状的可能性和具体的政策措施。

在市场经济较为成熟的国家,政府经常性地在全国范围实施就业、工资等调查,及时公布相关的汇总数据,学者也可以对微观数据进行深度开发、研究,为制度改革提供参考意见。相比之下,中国的同类调查还处于发展阶段,有关就业、失业、工资等指标主要来自人口普查,或诸如城乡住户调查、流动人口调查等非连续性的抽样调查。

例如,张车伟、吴要武(2003),课题组(2012),马艳林(2014)等利用2000年、2010年的人口普查数据,从性别、年龄、城乡角度推算了劳动参与率的总体水平,多维分析了劳动参与率的有关特征。Maurer-Fazio 等(2006)利用1982年、1990年以及2000年人口普查的部分原始数据,定量描述了城乡劳动参与率的变化倾向。Maurer-Fazio 等(2009)重点分析了汉族与少数民族在劳动参与率上的差异,并对产生差异的内在机制进行了计量分析。Connelly 等(2014)、Maurer-Fazio 等(2011)也利用了人口普查数据,但分析的重点是老年人和城镇的已婚女性。He 和 Zhu(2015)利用1990年和2000年人口普查数据,实证分析了城镇女性的生育行为与劳动参加的关系。

还有学者利用各种调查的微观数据,对劳动参与率、就业率的基本特征、变化趋势及决定机制做了很好的研究,积累了大批成果。蔡昉、王美艳(2004)利用2001年、2002年5个城市劳动力的调查数据,对城镇劳动参与率的变化趋势和是否参与劳动的决定机制做了实证分析;姚先国、谭岚(2005)利用国家统计局城镇住户的原始数据(1988—2002年),对城镇已婚女性劳动参与率和家庭收入之间的内在关系做了详细的计量分析。吴愈晓(2010b)、Liu(2012)利用 CHIP 数据的研究成果,分别对城镇女性的就业行为、城镇劳动力市场中失业与劳动参与率之间的关系进行了实证分析。还有学者利用CHNS(China Health Nutrition Survey)等大型社会调查的微观数据,实证研究了女性的就业行为与她们的个人属性、家庭背景的关系(Chen 等,2014;沈可等,2012)。

综上所述可以知道,已有文献的分析对象大多只涉及一两个年份,有的只有城镇住户,有的只限于特定的地区,总体来讲,缺乏一个既有城镇又有农村,同时还能反映长期变化的研究成果。本章利用业已公开的 CHIP 数据,从城乡两个方面分析考察1988年至2010年间中国就业率的变化趋势,以及就业率的决定机制,以弥补现有研究的不足。另外还要指出,在就业率研究的现有文献中,利用 CHIP 数据的甚少,仅有的马(2009)、吴愈晓(2010b)、Liu

（2012），在涵盖的地区和年份上也有同样的缺陷。

本章结构如下：第 2 节，利用人口普查、CHIP 数据，观察城乡就业率的长期变化，描述就业率与有关因素的关系；第 3 节，建立计量模型，分别从地区（省、市）、家庭和个人三个层次，分析考察教育扩展、退休制度、少子老龄化等因素对就业率的影响；第 4 节，总结实证分析的主要结果，并在此基础上进一步讨论它们的政策含义。

二、中国城乡就业率的变化趋势

本节有两个目的，一是概要说明 CHIP 调查的总体情况和有关数据的基本结构；二是明确就业率的计算方法，观察就业率的变化趋势及其主要特征。

1. CHIP 数据的结构

CHIP 调查始于 1988 年，是中国社会科学院经济研究所与国内外多家研究机构的大型国际合作项目。抽样调查利用了国家统计局城乡住户调查系统，样本规模大、覆盖全国城乡、数字可信度较高。课题组在 1995 年、2002年还开展了同样的全国性调查，在国内外出版了很多高水平的论文和专著。2007 年以后，以北京师范大学中国收入分配研究院为中心的课题组开始了新一轮国际合作，他们基本上沿用了 CHIP 项目的抽样方法和调查内容。第一轮 CHIP 数据早已向社会开放，北师大的第二轮数据也在逐步对外开放。①

此项目虽然以收入分配研究为主，但因为调查表中包含了住户常住人口的基本属性、满 16 周岁人口的就业和收入、未成年子女的教育，以及大量被调查人员的主观意识等信息，在劳动经济、社会阶层等研究领域也被广泛利用。

本章利用第一轮的三次调查数据和第二轮调查的 2007 年、2010 年数据，前后跨度 22 年。伴随社会经济的巨大变化，各次调查的问卷构成、提问方式、选答项目等不尽相同，调查的地区、样本数量也有所不同。前三次 CHIP 的农

---

① CHIP 数据可以从政治和社会研究核际联合数据库（Inter-university Consortium for Political and Social Research，ICPSR）网站下载，从北京师范大学中国收入分配研究院网站也可以得到相同调查数据。

村住户调查分别涉及 28、19、19 个省区市,城镇住户调查分别涉及 10、11、12 个省市区,而 2007 年、2010 年的城乡住户调查仅限于 8 个省市①,样本数量也大大减少。

为了动态描述就业率的长期变化趋势,我们对原始数据做了适当的调整。首先,以第二轮调查的 8 个省市为基准,从第一轮 CHIP 数据中抽出相同省市的原始数据,建立新的数字库;其次,对个人的身份状况、教育水平、政治面貌等项目的选答进行归类。例如,我们把第二轮调查的个人身份划为 6 大类型:(1)工作或离退休再就业人员(从事工资性工作、务农或自我经营者+离退休再就业人员);(2)离退休人员;(3)在校学生及学龄前儿童;(4)失业、待业或下岗人员(失业人员+待分配/待升学人员/辍学生);(5)家务劳动者或家庭帮工;(6)其他各种不可分类人员。在此基础上,再对以前各次调查的选答进行归类。尽管某些数字可能存有误差,但通过对数字汇总范围和指标的口径调整,可以在很大程度上纵向观察各种社会经济现象的变化趋势。

表 11.1 是 5 次 CHIP 数据的汇总结果,反映了 1988 年至 2010 年城乡住户成员身份状况的变化情况。1988 年正值改革开放 10 周年,这一年物价猛涨、市场疲软、经济下滑,是一个值得记忆的年份;1995 年是邓小平南方谈话之后、社会主义市场经济启程之年,也很有代表性;2002 年是入世翌年,"抓大放小"的国企改革虽告一段落,但大批下岗职工给社会带来了较大冲击;2007 年是世界经济危机前一年;2010 年是中国经济跃居世界第二之年。在这 22 年中,社会经济巨变,但构成社会的基本单位,即家庭的成员身份变迁却是一个非常渐进的过程,而且显现了一定的趋势。如表 11.1 所示,在农村地区,在校学生及学龄前儿童占家庭成员的比率随时间推移而下降,就业或工作人员比率有所上升。而在城镇地区却表现了不同的结果,在校学生及学龄前儿童比率、就业人员比率都在降低,离退休人员比率快速上升。可以推测,这些现象与计划生育政策在城乡的执行力度不同、少子老龄化及城镇居民的退休制度有关。

---

① 农村住户为河北、江苏、浙江、安徽、河南、湖北、重庆和四川,城镇住户有上海、江苏、浙江、安徽、河南、湖北、重庆和四川。

表 11.1 中国城乡住户成员的身份状况 （单位:人;%）

调查年份		1988	1995	2002	2007	2010
农村住户	就业或离退休再就业人员	57.5	61.0	59.8	65.9	68.7
	离休、退休人员	0.3	0.3	0.4	0.5	1.0
	在校学生及学龄前儿童		21.5	20.7	21.1	17.8
	失业、待业或下岗人员		0.2	1.8	0.8	0.8
	家务劳动者或家庭帮工	2.3	4.9	7.5	7.9	8.6
	其他各种不可分类人员	40.0	12.2	9.8	3.7	3.1
	样本数	51122	34495	37969	31620	26216
城镇住户	就业或离退休再就业人员		56.7	51.4	49.1	49.5
	离休、退休人员		13.7	18.3	21.5	27.9
	在校学生及学龄前儿童		19.0	18.6	19.0	14.8
	失业、待业或下岗人员		1.9	6.1	5.3	4.2
	家务劳动者或家庭帮工		2.0	2.3	2.5	2.4
	其他各种不可分类人员		6.7	3.4	2.6	1.3
	样本数		21696	20024	14662	10286

资料来源:CHIP 调查。

2. 劳动参与率、就业率的变化趋势

劳动参与率是反映劳动力资源利用情况的统计指标,也是劳动经济研究的主要对象之一。劳动参与率通常指从业人员和失业者占生产年龄人口的比率,根据分析需要,也可以把计算对象扩大到一定年龄以上的所有人员。相关的指标还有就业率、失业率,前者指从业人员占生产年龄人口比率,后者指失业者占有就业意愿的生产年龄人口(生产年龄人口减去在校学生、家庭主妇等人员)比率。劳动参与率与就业率基本上同向变动。[1]

CHIP 数据中失业方面的信息不太齐全,农村地区本身也没有失业的概念,所以,本章主要分析就业率指标。考虑到部分离退休人员的再就业现象,下文的就业率原则上表示 16 岁及以上人口中从业者所占比率,在分子中加上

———————

[1] 劳动参与率与失业率也有同步上升的现象。当景气趋好时,部分无业人员重新加入求职行列,成为失业者,抬高失业率(张车伟、吴要武,2003)。

失业者,便可得到劳动参与率。考虑到纵向指标的可比性,我们选定了 5 次 CHIP 调查都网罗的 8 个省市,图 11.1 便是此间中国城乡劳动参与率的变化趋势。为了观察全国的总趋势①,图中加入了人口普查或 1% 人口抽样调查的推算结果(课题组,2012)。显而易见,在改革开放起初的 15 年中,中国 16 岁及以上人口的劳动参与率高位稳定,达 80% 左右,大大高于国际水平。此后,劳动参与率迅速下降,到 2010 年仅有 71.0%②,与泰国、巴西等中等发展中国家水平相当(马艳林,2015)。

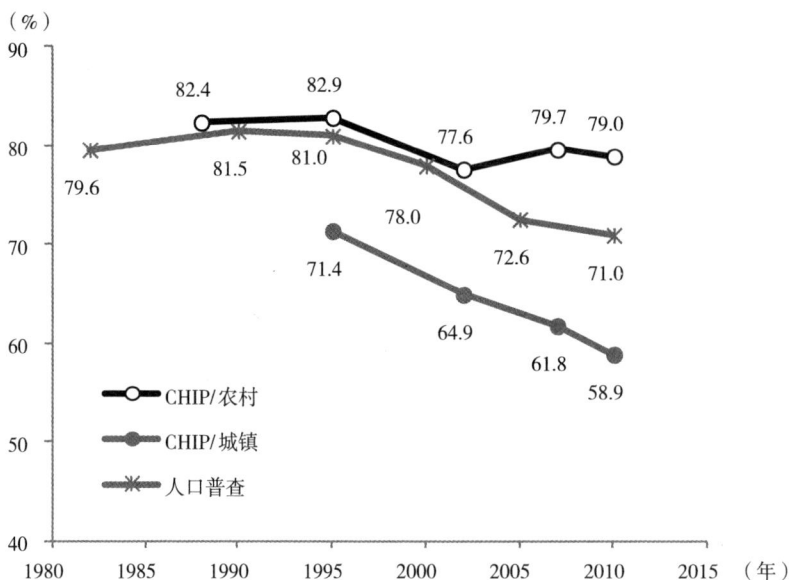

图 11.1　中国劳动参与率的变化

但是,基于 CHIP 数据得到的城乡劳动参与率却呈现了另外一番情形,农村的劳动参与率在 1995 年至 2010 年期间略有所下降,而城镇却从 71.4% 下落到 58.9%。由于样本的覆盖范围有限,汇总数据难以代表全国情况,但至少可以说,中国的总劳动参与率 1995 年以来一直呈下降趋势,其主要原因在于城镇居民劳动参与率的快速下降。

---

①　由于 8 省市城乡住户样本的比例不一定能反映全国的总体情况,所以没有对城乡混合样本汇总分析。

②　2010 年人口普查的城乡劳动参与率分别为 68.7%、83.9%,比 CHIP 数据高。

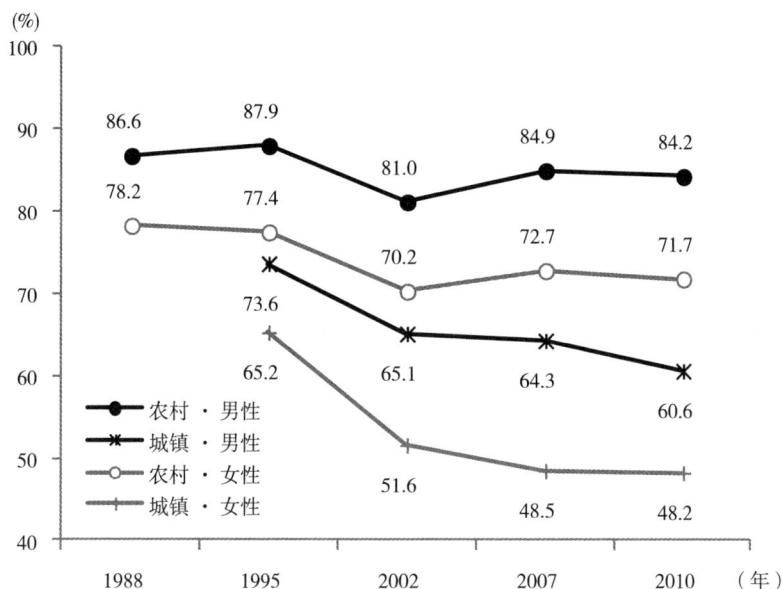

图 11.2　中国城乡男女就业率之变化（8 省市）

图 11.2 显示了基于 8 省市 CHIP 数据汇总得到的城乡男女就业率的变化情况,总体而言,就业率水平在男女之间、城乡之间都存有十分显著的差异。农村男性的就业率水平最高,并且十分稳定;农村女性的就业率稍低于农村男性,但高于城镇男性;城镇居民中女性的就业率下降幅度最大,在 1995 年至2010 年的 15 年中猛跌 17 个百分点,大大超过城镇男性的 11 个百分点。差异可能起因于城乡从业形态的不同,也可能与退休制度的区别对待有关。中国的农民基本上不享受退休福利,而城镇的女性职工一般 50 岁便可以退休。

3. 就业率变化的要因

总就业率与青少年的在校情况有关,与总人口的年龄结构、退休制度等也关系紧密。从图 11.3 所示的就业率曲线可以窥见上述因素的影响。本图基于 8 省市 CHIP 数据,分别表示 1995 年和 2010 年城乡男女就业率随年龄增加而变化的趋势。主要特征如下:与 1995 年相比,16—24 岁青少年的就业率显著下降;在 25—49 岁人口中,城乡男女就业率均有所下降,但各自的绝对水平比较相近;在 50 岁及以上年龄层,农村的男女就业率均大大高于城镇;在 60岁及以上的老年人群中,农村居民的就业率还有所上升,女性尤为明显。农村就业率的变化与农村青壮年进城务工、老年人留守家乡可能有内在的关联。

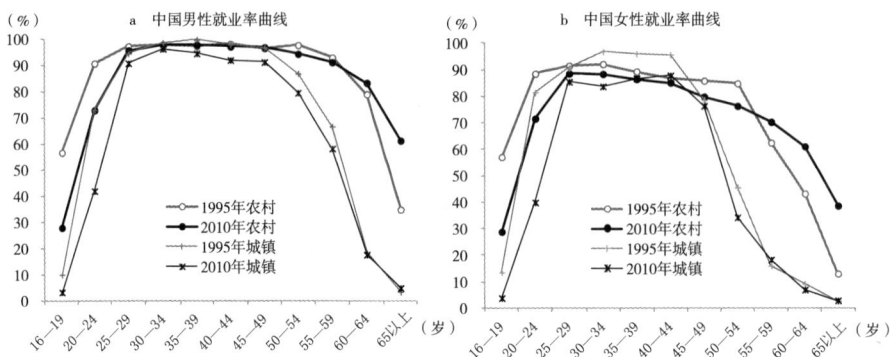

图 11.3

据 8 省市 CHIP 数据汇总,城镇居民中离退休人员占 16 岁及以上人口比率 1995 年为 16.6%,2002 年为 20.9%,2007 年为 24.9%,2010 年为 30.7%,15 年中增长了近一倍;女性比男性更高,2010 年达 35.1%,比男性的 26.1% 高 9 个百分点。据人力资源和社会保障部统计,中国参加企业职工养老保险的退休人员有 8000 多万,退休时的平均年龄只有 54 岁。这表明,中国城镇职工的实际退休年龄不仅大大低于西方发达国家的水平,与中国法定退休年龄也有较大差距。如图 11.4 所示,在 1995 年至 2010 年的 15 年中,50 岁及以上城镇居民的离退休人员比率均有不同程度的上升(50—54 岁上升 4.4 个百分点、50—59 岁上升 1.6 个百分点、60—64 岁基本持平、65 岁及以上老龄人上升了近 20 个百分点)。这或许意味着中国的社保制度在不断健全、普及,以至于更多的城镇老人可以享养老保险,但同时这也意味着大量的劳动力资源过早地退出劳动力市场。由此,我们应当考虑人口老龄化与现行退休制度相互作用产生的负面影响。

教育事业的发展,特别是中高等教育在进入相对饱和之前的一段时期,年轻人的劳动参与率、就业率与升学率之间存有负相关关系。中学毕业后继续读高中,高中毕业后再进入高校深造的人口比率上升,意味着初高中毕业生直接参入劳动力市场的概率下降,其结果必定是总劳动参与率、就业率水平的下降。当然,升学率达到一定水平之后,这种关系也许会逐渐消失。在此,我们通过 CHIP 数据,考察目前中国城乡教育所处的基本局面。

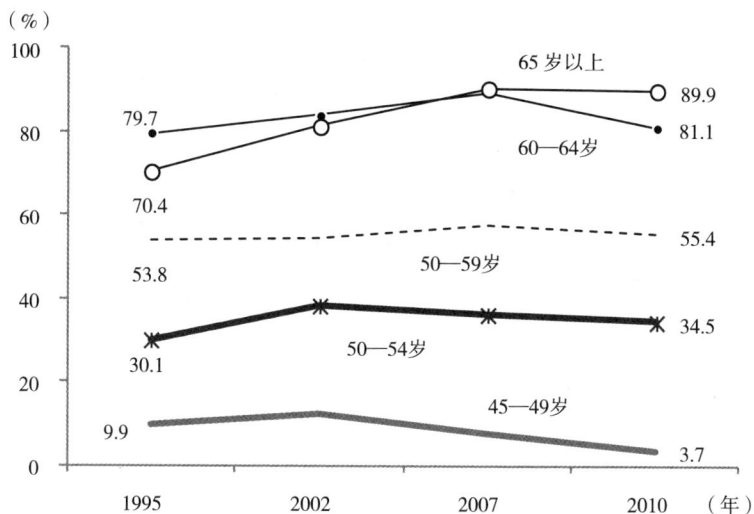

图 11.4　中国城镇按年龄层的离退休人员比率（8 省市）

　　图 11.5 表示了处于学龄期（16—24 岁）的城乡年轻人的在校情况。在各次调查中，家庭成员为住户的所有户籍人员以及其他常住人口，是否是在校学生依据调查时点的身份，与表 11.1 的指标对应。中国的高校在读生基本上离家住校，不属于调查住户的常住人口，所以这里所说的在校学生比率应该指普通高中、中等专业学校或中等技术学校的发展情况。显而易见，在 1988—2010 年的 22 年中，农村中等教育发展迅速，在校学生占同年人的比率从 1988 年的 2.1% 上升到 2010 年的 34.3%；城镇中等教育也有类似发展倾向，但绝对水平大大高于农村。

三、就业率、就业与否的决定机制

　　20 世纪 90 年代以来，中国的总劳动参与率持续下降，主要原因在于城镇居民，特别是城镇女性就业率的急速下降。中高等教育的快速发展、人口老年化、现行退休制度都与此有关，城乡居民的个人属性、家庭的生命周期、收入变化等要素对就业行为的影响也不可忽视。为了进一步厘清就业率的决定机制，有必要对可能影响就业率的各个因素进行计量分析，通过多元回归分析，观察各因素对就业率影响的有无、大小以及变化趋势。

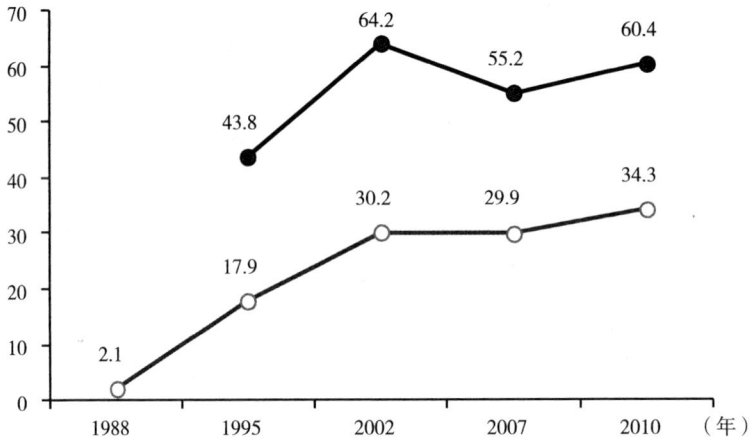

图 11.5 16—24 岁人口中在校生比率(8 省市)

1. 理论假说、变量定义

有关中国劳动参与率、就业率研究的现有文献主要集中在城镇居民,个人属性、教育水平、政治身份等人力资本、家庭的生命周期如何影响劳动参与率、就业率往往是计量分析的重点内容。在数字利用方面,大多文献还只涉及 21 世纪初期,Chen 等(2014)利用了 CHNS2006,是新近的力作之一。本论文利用 CHIP1988—2010 的有关指标,把研究的对象期间扩展到 2010 年,对城乡双方的家庭层面、省市层面也做了相应的分析,据此可以更加全面地考察就业率的决定机制。

如劳动经济学所述,个人是否参与劳动在较大程度上取决于市场工资的高低,如果工资增加带来的效用大于劳动付出产生的代价,参与劳动的概率就会增大。但是,当工资水平到达某个临界值,工资水平的进一步上升不一定带来劳动供给的增加,甚至会引起劳动供给减少。性别、年龄、民族等个人属性,教育、政治身份等人力资本,家庭成员中是否有幼儿、老人等因素也与劳动供给关系紧密。一般而言,丈夫的收入越高,妻子参与劳动的概率就可能下降,家里如果有需要照应的幼儿、老人,妻子的就业概率也会下降。

基于记述性分析和有关经济理论,我们就中国劳动就业率的决定机制提出以下 4 个相互关联的假说,并利用 CHIP 数据对其进行实证分析。

假说 1:人口的年龄结构影响就业率水平。在不同地区(省、市)或居民家庭,就业率与生产年龄人口比率有正相关关系,与老龄人口比率有负相关关系。即在其他条件相同的情况下,16—59 岁的生产年龄人口占总人口比率升高,该地区的就业率就呈上升趋势;60 岁及以上人口的比率降低,就业率则呈下降趋势。

假说 2:中高等教育事业的扩展推迟年轻人参与劳动力市场的年龄,负面影响就业率水平。具体而言,在中高等教育处于扩张阶段的地区(省、市),16—24 岁青少年中的在校学生比率越高,总就业率就越低,两者之间存有负的相关关系。这种关系在家庭层面也同样存在,即年轻人中在校学生比率越高的居民家庭,其就业率水平越低。

假说 3:表示人力资本的教育年限与就业率水平有正相关关系。在其他条件相同的情况下,成年人平均教育年限较长的地区(省、市)或居民家庭,其就业率水平呈上升趋势;在个人层面,学历较高的居民选择就业的概率相对越大。换言之,人力资本积累有利于提高就业水平,扩大劳动力市场的供给。

假说 4:性别、年龄、民族等个人属性及政治身份、居住地区也影响就业水平。因退休制度影响,男性的就业率比女性高;年龄与就业之间存有倒 U 型关系;党员身份可能有利于提高就业概率等。这些因素既是就业率模型中的控制变量,其本身与就业率水平、就业概率的内在关系也值得深入考察。

2. 地区(省、市)层面就业率的决定机制

中国城乡就业率相异,各省区市之间也不尽相同。这里,我们以 CHIP 数据中可以长期纵向比较的 8 省市为对象,对城乡就业率的决定机制进行计量分析。地区层面的就业率可定义为 16 岁及以上人口中从业人员所占比率,决定地区就业率水平的要素如下:男性人口比率、16—24 岁人口中在校学生比率、成年人口平均教育年限比率、16—59 岁人口比率、60 岁及以上人口比率,作为控制变量,在计量模型中导入了表示居民的居住地区(东部/中部/西部地区,城镇/农村)、调查年份等虚拟变量。

在展示回归分析结果之前,我们先对独立变量与从属变量的关系做了可视化处理。图 11.6 表示 5 次 CHIP 数据中 8 省市城乡住户调查的汇总结果(1988—2010 年,纵轴表示就业率),从散布图可以显然看出:男性比率越高,就业率上升趋势越强,两者之间有较为显著的正相关关系;成年人的平均教育年限越长,年轻人中在校学生比率越高,老年人口比率越高,就业率则呈显著的下降趋势;在生产年龄人口比率与就业率之间看不出明显的相关关系。当然、图11.6所示的仅仅是两组变量之间比较单纯的表象,要弄清它们的内在关系,必须进行多元回归分析,即在假定其他条件相同的情况下,进一步考察独立变量对从属变量的影响有无、大小。

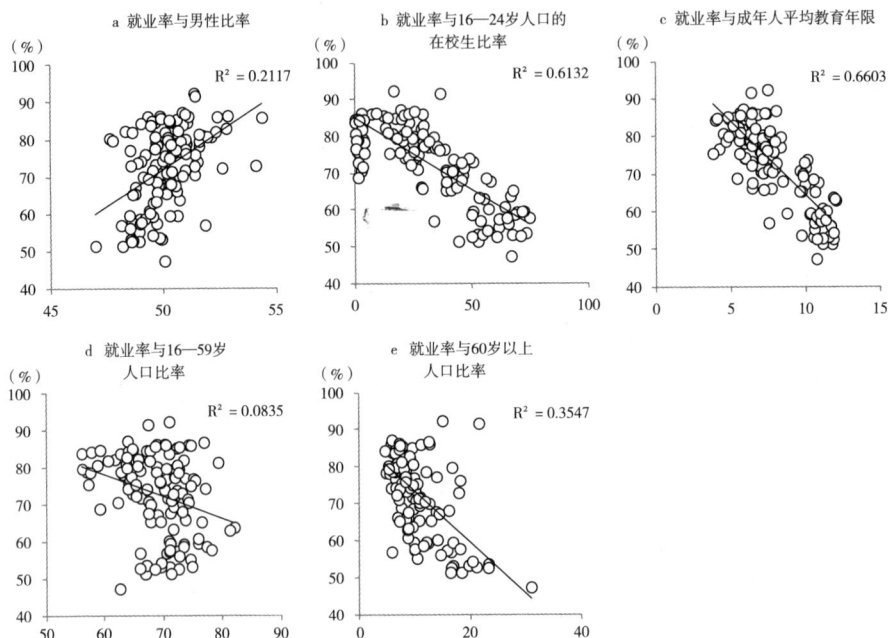

图 11.6

表11.2是省市层面就业率的多元回归分析结果和独立变量的平均值,由于样本的特征所限,在此,我们分别以8省市的城镇样本和农村样本为对象,推测了独立变量的偏回归系数。从独立变量的平均值可以看出,农村与城镇的男性比例几乎相同,但在教育方面,城镇明显优于农村,城镇劳动力人口比率、老年人口比率也比农村高。这与我们的一般理解基本吻合。

表 11.2　省市层次就业率的决定机制(OLS)

	独立变量的平均值		偏回归系数	
	农村住户	城镇住户	农村住户	城镇住户
常数项			26.041	31.596
男性比率	50.6	49.2	0.193	.602

续表

	独立变量的平均值		偏回归系数	
	农村住户	城镇住户	农村住户	城镇住户
16—24 岁人口中在校学生比率	20.6	57.1	−0.320 ***	.032
成年人平均教育年限	6.5	10.8	6.336	6.785
平均教育年限乘 2	43.9	117.2	−0.733	−.295
16—59 岁人口比率	68.0	71.5	0.507 ***	−.280
60 岁及以上人口比率	8.6	14.1	0.318	−1.092 ***
东部地区	0.37	0.4	−1.883	1.308
中部地区	0.36	0.4	−1.160	−.861
1995 年 CHIP 调查	0.22	0.28	4.573 *	
2002 年 CHIP 调查	0.26	0.30	2.457	−10.131 ***
2007 年 CHIP 调查	0.10	0.23	7.782 **	−9.314 ***
2010 年 CHIP 调查	0.09	0.20	9.657 *	−5.714 **
修正后决定系数			0.400	0.903
样本数(个)			81	39

注: *** 、** 、* 分别表示在 1%、5%、10%有显著性,东部地区、中部地区、城镇住户、调查年等虚拟变量分别以西部地区、农村住户、1988 年调查为参照系(城镇住户的调查年以 1995 年为参照系)。

　　从偏回归系数及其有意水平来看,独立变量与就业率之间的关系似乎不像图 11.6 所显示的那样简单。在加入控制变量后的农村住户模型中,对就业率水平有显著影响的仅有两个:一个是年轻人中在校学生比率对就业率的负面影响,即在校学生比率每上升 10 个百分点,就业率就要下降 3.2 个百分点;还有一个是生产年龄人口比率对就业率的正面影响,即该指标值每上升 10 个百分点,就业率上升 5.1 个百分点。男性比率、平均教育年限、老年人口比率均没有显现有意的影响。以城镇住户样本为对象的分析结果中,唯有老年人口比率对就业率有显著的负面影响,该比率每上升 10 个百分点,就业率下降 10.9 个百分点。值得注意的是,无论是城镇还是农村,东部、中部和西部之间的就业率均没有显现有意的差异。

　　由此可见,在地区(省、市)层面,农村就业率与城镇就业率的决定机制相差较大。在中高等教育相对饱和的城镇,教育事业的扩展对降低就业率的作用已经不怎么重要,而在农村,中高等教育还有待进一步发展,它对就业率的负面作用不可忽视。老年化对降低城镇就业率的效果十分显著,而长寿化似乎助长了农村地区的就业率水平。这是一个值得关注的现象,对下面讨论如何克服少子老年化的影响十分重要。在省市层次,城乡居民的平均教育年限与就业率之间似乎没有显著的相关关系,教育事业发展较快地区的就业率不一定高,教育发展相对落后地区的就业率也未必就低。

3. 家庭层面就业率的决定机制

我们再从家庭层面来考察就业率水平与有关要素的内在关系。家庭层面的就业率可定义为 16 岁及以上家庭成员中从业人员所占比率,我们把常住人口、家庭成员的平均年龄、16 岁及以上非在校人口的平均教育年限、年龄结构、家庭成员中是否有党员、家庭的月均收入作为就业率的说明变量,进行多元回归分析。表 11.3 是依据 CHIP2010 的模拟结果①,表中数字为独立变量的平均值和偏回归系数。

城乡住户的基本特征可大致表述如下:农村居民的户均人口比城镇的要多、男性比率也较高,而城镇居民的教育水平、城镇党员户的比率均大大高于农村的水平;农村居民中年轻人和少儿人口比率较大,而城镇居民中老年人口比率较高;城乡住户的家庭月均收入(农户为非农就业)有一定差距,但不是很大。所有这些因素对就业率有何影响? 从表 11.3 的偏回归系数,我们可以得到以下几点认识。

表 11.3　家庭层次就业率的决定机制(CHIP2010、OLS)

	独立变量的平均值		偏回归系数	
	农村住户	城镇住户	农村住户	城镇住户
常数项			32.765 **	57.519 ***
住户人数	3.89	2.95	−1.542 ***	−6.551 ***
男性比率	52.1	49.4	0.092 ***	0.051 *
16 岁及以上非在校人口的平均教育年限	7.7	11.1	0.755 ***	1.227 ***
有党员的住户	0.19	0.31	−2.800 ***	0.440

① 城镇居民的月均收入包括基本工资、奖金、津贴和实物折合的现金,农村居民的月均收入指本地非农工作或者外出务工经商人员的工资、奖金、津贴和实物折合的现金。

续表

	独立变量的平均值		偏回归系数	
	农村住户	城镇住户	农村住户	城镇住户
14 岁及以下人口比率	10.4	8.2	0.096***	0.648***
16—24 岁人口比率	15.1	8.6	−0.240***	−0.121
60 岁及以上人口比率	18.6	23.8	−0.207***	−0.401***
户月均收入的自然对数	7.6	7.8	12.376***	4.789
户月均收入的自然对数平方	57.8	61.6	−0.822***	−0.427
江苏	0.14	0.10	−8.747***	4.288**
浙江	0.14	0.10	−4.247**	1.411
安徽	0.13	0.14	−0.005	1.260
河南	0.14	0.14	1.133	−2.050
湖北	0.14	0.11	7.564***	0.073
重庆	0.07	0.10	13.522***	2.166
四川	0.16	0.16	0.016	1.317
修正后决定系数			0.118	0.314
样本数(个)			4807	2567

注：***、**、* 分别表示在 1%、5%、10% 有显著性,农村住户、城镇住户的地区虚拟变量分别是河北、上海。

　　第一,在其他条件相同的情况下,无论城镇还是农村,人口较多家庭的就业率相对较低,男性人口较多家庭的就业率相对较高。在严格的计划生育政策下,夫妇加独生子的家庭增多,人口规模较大的家庭往往含有老人,故此,就业率呈下降趋势;性别影响就业率水平可能与中国人对就业的传统观念(女性倾向于内当家)有关。

　　第二,人力资本的积累可以显著提高就业率水平,在城镇住户中,两者的相关关系更强。成人的平均教育年限每增加 1 年,农村和城镇家庭的就业率分别上升 0.755 个、1.227 个百分点。但是,政治资本对就业率的影响在城乡家庭的表现不尽一致,家庭成员中含有党员农户的就业率显著较低,而在城镇住户中基本上看不出这种倾向。

　　第三,反映家庭生命周期的年龄结构较为显著地影响就业率。随着老年人口比率增高,城乡住户的就业率水平均呈现了非常明显的下降趋势,城镇住户尤甚。① 16—24 岁年轻人比率越高,农村住户就业率的下降倾向越强,而城镇住户没有表现出有意的结果。这可能与中高等教育在城乡的发展情况不同有关,因为城镇的中高等教育已趋于饱和,而农村的还处于快速扩张阶段。少儿人口比率较高的家庭,其就业率也较高,城镇住户中的这种倾向尤为突出。

第四,在农村住户中,随着非农收入水平的上升,就业率表现了上升趋势,但收入超过一定界限后,就业率转向下降,呈现了劳动经济学所提示的倒 U 型。② 在城镇住户中,这种倾向不是很明显。

4. 个人层面就业与否的决定机制

我们再从个人层面来考察就业选择的决定机制,即哪些因素对个人是否选择就业有显著影响,哪些无关紧要。这里的从属变量可定义为就业与否,与表 11.1 的身份状况相对应。调查时选答"从事工资性工作、务农或自我经营业,或离退休再就业人员"的为 1,选答"其他"的为 0,以 16 岁及以上成员为分析对象。因为从属变量的数值为 1 或 0,我们采用概率模型,计量分析个人属性、教育、党员等因素对就业行为的影响。表 11.4 是利用 CHIP2010 数据的模拟结果,除了独立变量的平均值,表中还列有 Logistic 模型的偏回归系数、比数比(odds ratio)等。

表 11.4 家庭成员就业与否的决定机制(16 岁及以上、CHIP2010、Logistc 模型)

	独立变量的平均值		农村住户		城镇住户	
	农村住户	城镇住户	B	Exp(B)	B	Exp(B)
常数项			1.216	3.375 ***	−9.011	0.000 ***
男性	0.51	0.49	1.205	3.335 ***	1.084	2.957 ***
年龄	43.19	47.25	0.106	1.111 ***	0.541	1.718 ***
年龄平方/100	21.43	24.97	−0.162	0.850 ***	−0.711	0.491 ***
已婚	0.77	0.81	0.213	1.237 **	0.826	2.284 ***
汉族	0.95	0.95	−0.635	0.530 ***	−0.442	0.643 **
本科及以上	0.01	0.14	−0.180	0.835	0.546	1.727 ***

① 王莹莹、童玉芬(2015)利用宏观数字计量分析了老年化与就业率的关系,得到了与本章相似的结果。

② 马艳林(2015)利用 G20 当中 19 个国家 1978—2012 年的截面数据,计量分析了收入水平与就业率的关系,得到了与本章相同的分析结果。

续表

	独立变量的平均值		农村住户		城镇住户	
	农村住户	城镇住户	B	Exp（B）	B	Exp（B）
大专	0.02	0.16	−0.254	0.776	0.735	2.085 ***
初中	0.47	0.24	−0.182	0.833 **	−0.303	0.739 ***
小学	0.38	0.11	−0.344	0.709 ***	−0.331	0.718 ***
党员	0.06	0.16	0.039	1.040	0.353	1.424 ***
东部地区	0.34	0.33	−0.755	0.470 ***	−0.081	0.922
中部地区	0.44	0.41	−0.100	0.904 *	−0.211	0.810 ***
Cox−Snell R^2			0.140		0.425	
Nagelkerke R^2			0.239		0.569	
样本数			20692		9134	

注：*** 、** 、* 分别表示在 1%、5%、10% 有显著性，各虚拟变量的参照系分别为女性、未婚、少数民族、高中、农村住户、西部地区。

依据表中的数字和有意水平可以看出，性别、年龄、民族等属性变量对个人是否选择就业有显著影响。具体而言，在其他条件相同的情况下，男性比女性选择就业的概率更高，年龄与就业选择之间存有倒 U 型关系；已婚人员比未婚者选择就业的概率更高（城镇居民的倾向尤甚）；与少数民族相比，汉族选择就业的概率相对较低。

教育水平对就业与否的影响在城乡居民中表现不尽相同。在农村住户中，拥有高中及以上学历人员的就业选择大致相同，而初中、小学及以下人员选择就业的概率显著比高中毕业的要低；在城镇住户中，大专、大学及以上学历持有者的就业概率显著高于高中程度人员，而初中及以下学历的持有者选择就业的概率显著低于高中程度人员。这表明，在其他条件相同的情况下，城镇居民的教育水平对是否选择就业的影响程度比农村居民的要大，但同时需要指出，无论城镇还是农村，教育水平的上升有利于提高个人选择就业的概率。这一点与家庭层面的分析结果完全一致。

党员身份在农村居民的就业选择中几乎没有什么影响，党员也好，一般群众也罢，两者之间没有大的差异。但是，在城镇居民中，与一般群众相比，拥有党员身份的居民就业的概率显著较高（在其他条件相同的情况下）。

为了纵向考察各要素对就业选择影响的变化趋势，我们采用了与表 11.4

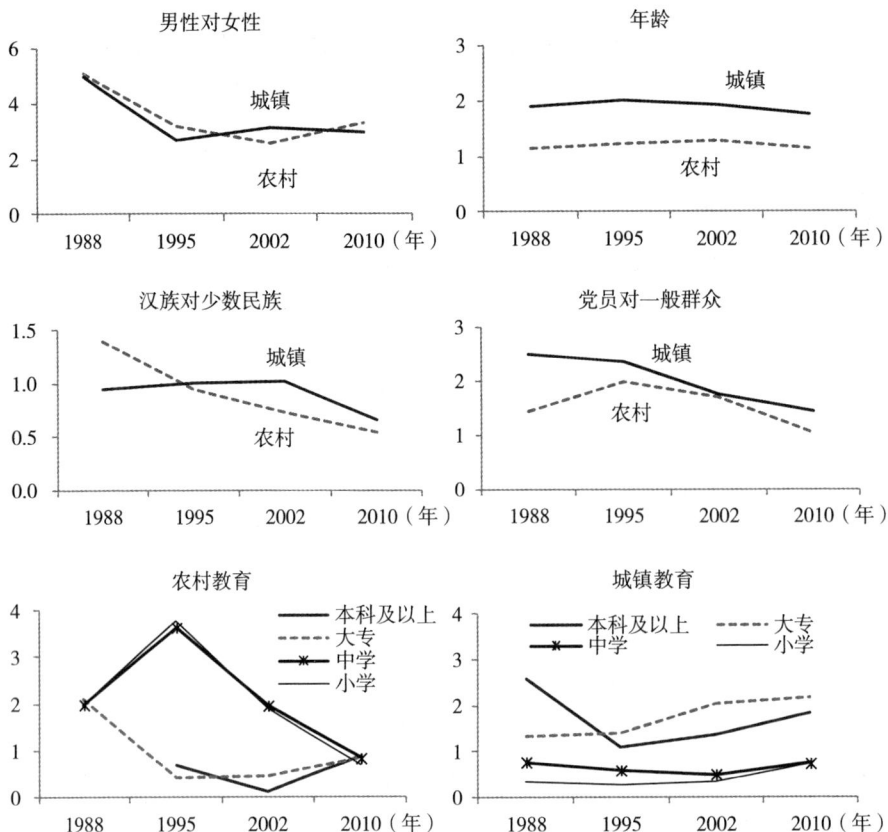

图 11. 7　各要素影响城乡家庭成员就业或不就业的程度大小
（odds 比）及变化倾向

相同的方法，对 CHIP1988、CHIP1995、CHIP2002 的城乡数据进行了 Logistic 回归分析，图 11.7 反映的是模型中性别、年龄、民族、教育等变量比数比的变化。如图所示，在 1988—2010 年的 20 多年中，个人属性也好、人力资本或党员身份也好，它们对个人的就业选择均有一定程度的影响，并且随着时间的推移，这些影响还呈现了某种倾向性的变化。概言之，男性较女性的就业优势在 1988—1995 年间急剧下降，而此后相对平稳，并且该趋势在城乡大致相同；汉族较少数民族的就业优势在城镇和农村都有所弱化，在农村居民的表现尤为突出；党员相对于一般群众的就业优势在城乡双方也有弱化倾向，城镇尤甚；教育水平对城镇居民的就业选择影响较大，最终学历越高选择就业的概率呈上升趋势，对农村居民而言，结论也大致相同，即低学历者的就业优势弱化，高学历人员的就业概率相对上升。

四、小　结

本章利用 CHIP1988—2010 中的有关调查项目,分别从地区(省、市)、家庭和个人三个层面实证分析了改革开放时代城乡居民就业率的长期变化趋势和决定机制。以下几点可谓本研究的主要发现:(1)20 世纪 90 年代以来,中国的总劳动就业率呈现明显的下降趋势,农村相对缓慢,城镇较快,而城镇女性尤甚;(2)无论是城镇还是农村,男性的就业率水平均显著高于女性,但这种相对优势在 1995 年以后没有大的变化,并且城乡的性别差异大致相同;(3)教育(人力资本)可以显著提高就业率,或提高选择就业的概率,对城镇居民而言,其效果更为明显;(4)在农村地区,有待进一步扩展的中高等教育必将推延年轻人参入劳动力市场的年龄,负面影响就业率水平,但在城镇地区,中高等教育扩展的余地有限,对就业率负面影响的局面已告终结;(5)60 岁及以上人口比率(老年化)对城乡居民就业率都有非常强的负面影响,基于CHIP2010 家庭层面的分析表明,老年化每上升 10 个百分点,城乡居民的就业率水平分别下降 4 个、2 个百分点。

由此可见,城镇化、农村教育的进一步扩展和老年化都会增强就业率下行压力。中国经济还处于中等收入阶段,为了避免陷入停滞状态,缓减就业率的下降速度、发掘潜在劳动力资源势在必行。为此,(1)要加快改革退休制度,逐步提高法定退休年龄,特别是女性的退休年龄,实现男女退休年龄并轨;(2)消除对女性的就业、晋升、待遇等方面的制度性差异,提高女性的就业概率;(3)继续大力发展教育,增加人力资本积累,以促进就业率的提高。

本研究的结果大多基于 CHIP1988—2010 所覆盖的 8 省市城乡住户,就业率等指标的汇总数字可能难以代表全国的总体水平,但从汇总数字中观察到的变化趋势还是很有参考价值的。住户调查样本较大,计量分析结果有较强的统计显著性,可以说从分析结果得到的政策含义也有较强的说服力。

附论1：我国劳动力短缺、工资上涨的现状、原因与对策

  2004年4月，广东省珠江三角洲首次出现了大规模的民工荒。回家过年的部分农民工没有返回原工作岗位是引发民工荒的直接原因，农民工面临各种制度歧视，制度短缺导致的低工资、低福利才是劳动力短缺的深层原因（劳动与社会保障部课题组，2004）。

  民工荒显现以后，政府就农民工的就业、工资、社保等方面做了一系列改革。诸如《劳动合同法》《就业促进法》《劳动争议调解仲裁法》等主要适用于城镇职工的劳动法规，渐渐涵盖了作为非正式就业的农民工（严，2007、2009）。

  沿海各大城市纷纷提高最低工资水平，压缩农民工的工作时间，制定适用于农民工的工伤、医疗、养老等社保制度，民工子女的教育问题也得到了明显的改善（严，2010c；国家人口与计划生育委员会，2011）。

  尽管如此，除2008年金融危机后的极短时间以外，劳动力短缺问题不但未能得到解决，还有从沿海向内地蔓延的趋势。部分学者认为，中国经济已经走过了刘易斯拐点，即从劳动力的绝对过剩向相对不足转换的转折点，工资上涨乃大势所趋。要克服劳动力短缺，必须调整产业结构，实现劳动力集约型向资本集约型的转移（蔡昉，2007、2008）。但也有人认为，目前的劳动力短缺和工资上涨，并不完全起因于劳动力的供给不足，它还与人口的年龄结构、教育事业的发展、"三农"政策以及农民工政策的大调整密切相关（Meng和Bai，2007；严，2008b、2009），中国农村依然存有相当丰富的剩余劳动力（南·马，2009）。

  本文首先论述我国劳动经济的结构变化，再描述近年来劳动力供求关系、工资上涨的现状，分析其背后的深层原因，展望劳动力供求和工资的未来。

一、劳动力短缺与工资上涨的现状

1. 岗位空缺与求职人数的比率的变化

20 世纪 90 年代后期,随着国有企业改革的加速,大量城市居民失业,面临再就业的局面,从农村来到城市求职的农民工也急剧增加。劳动力市场虽说尚不完善,但在劳动力的供需调整和工资决定方面已开始起了一定的作用。从 2001 年起,中国政府在全国各大城市①设立了公共职业服务机构,对劳动力市场的供求动态定量分析,每季度定期公布相关的统计数据。

图 1 显示了各行各业的岗位空缺与求职人数的比率(以下简称求人倍率②)变化趋势。求人倍率越小,意味着空缺岗位少、求职者多,在劳动力市场上买方具有较强的交涉能力,工资上涨困难。在中国,这一格局一直持续到 2003 年,劳动力总体上处于过剩状况。到了 2004 年,求人倍率上升到 0.9,劳动力供求关系呈现了由过剩向不足的转变。在截至 2008 年第 3 季度的 4 年间,求人倍率一直居高不下。

2008 年 10 月,世界金融危机爆发,具有极高对外贸易依存度的中国经济也遭受了重大打击,持续多年的两位数经济增长下滑,2008 年第 4 季度为 6.8%,2009 年第 1 季度跌到了 6.1%。在珠三角、长三角等沿海地区,企业大量倒闭,就业形势趋紧。求人倍率 2008 年第 4 季度仅有 0.85,2009 年第 1 季度为 0.86。根据中国社科院的有关调查,2008 年第 4 季度城镇的实际失业率达 9.6%,为城镇登记失业率 4.2%(失业人口为 886 万人)的 2 倍以上。大约有 2000 万农民工失业返乡,600 多万高校毕业生③遇到了前所未有的就业难。

此后,中国政府推出了高达 4 万亿元的景气对策,全力确保就业和经济恢复。大规模的公共投资推动了经济恢复,2008 年、2009 年经济增长率恢复到

---

① 2010 年,调查对象遍及全国 116 个城市,涵盖人口占市级以上城市就业者的 60%(中国就业网,2011 年 11 月 27 日,见 http://www.lm.gov.cn)。

② 如果求人倍率大于 1,则表明劳动力市场中求职人数少于招工人数,可视为出现了劳动力短缺。

③ 指普通高等学校毕业生,包括高中毕业后参加全国统考入学的 4 年制本科生和 3 年制专科生。在 2009 年的 611 万毕业生中,专科生 300 万,占总体的 49%(《人民日报》2009 年 3 月 27 日)。

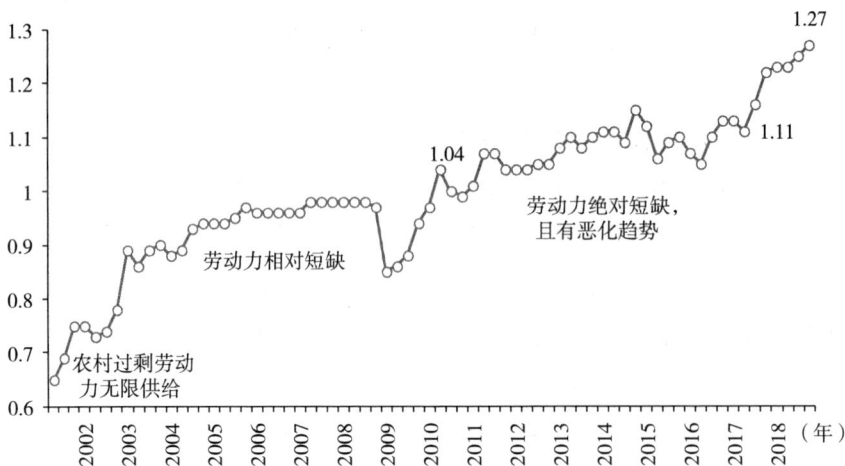

图1　中国城镇职业供求比

资料来源:全国职业供求分析报告(http://www.lm.gov.cn/DataAnalysis/node_1522.htm)。

9%。在就业方面,劳动力短缺再次显现,求人倍率反弹,2010年以来保持在1.0以上。

从不同地区、职业等角度来看,求人倍率还有以下一些特征:东部和中西部之间求人倍率相差不大,而珠三角、长三角的水平相对较高;商业服务业、制造业的一线从业人员、专业技术人员的岗位空缺较多,劳动力严重不足,而在办事及有关人员方面,求人倍率仅有0.7,劳动力供过于求;高中、初中及以下学历的求人倍率较高,供不应求,而大专及以上的水平较低,供给过剩;按年龄分组来看,25—44岁的青壮年不足,25岁以下和44岁以上供过于求。

劳动力供求总体上呈现了一定程度的短缺,同时因职业、个人属性不同,供求关系多样化、复杂化。由于教育水平的普遍上升,追求白领职业的年轻人不断增加,蓝领职业人气下降。对很多中年人来说,就业机会减少,继续就业困难。

2. 工资水平的变化

国家统计局公布的工资统计基本上以城镇职工为对象,农民工等非正规就业的工资情况主要依据农村住户调查、农民工调查等不定期的抽样数据。为了考察工资水平的变化情况,首先,我们来观察一下农民工主要从事的制造业、建筑业、第一产业的实际工资。

如图 2 所示，按 1978 年价格计算，2008 年城镇职工的年均工资为 5182 元，1997 年以后的上升趋势明显加快。制造业、建筑业也呈现了相同的倾向。总体平均工资的年均增长率在 1978 年到 1997 年期间为 4.2%，而 1997 年到 2008 年为 13.1%。1997 年以后，制造业、建筑业的工资与总体平均的差距扩大，年均增长率分别为 12.0%、9.0%，是此前 3 倍左右。

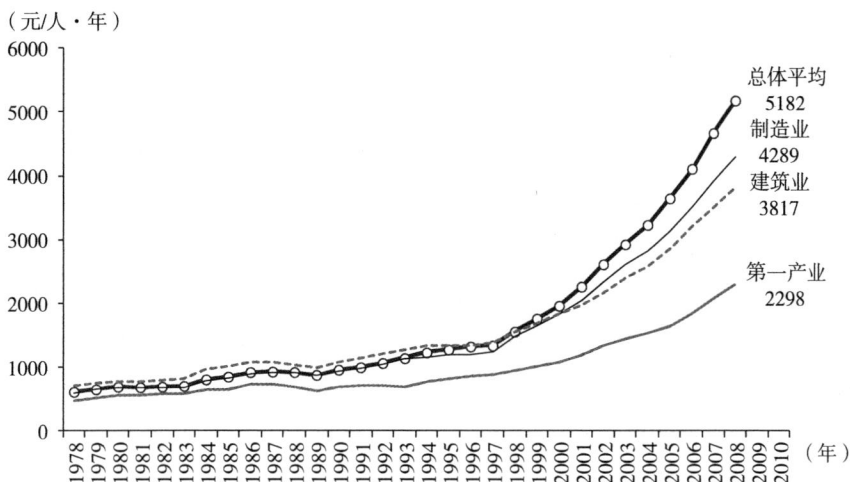

图 2　主要产业实际工资水平的变化（按 1978 年
城市消费价格指数为 100 计算）

资料来源：国家统计局编《中国统计年鉴》。

农民工的平均工资也发生了较大的变化，在此，我们利用上海市的相关数据进行观察。1995 年以来，上海社科院对在沪打工的外来劳动者进行了多次问卷调查。根据一系列的调查结果，上海市外来打工者的月平均工资在 1997 年为 555 元，2009 年上升到了 2352 元。① 除去物价因素，此间的实际年均增长率为 9.3%，与上海户籍居民的 10.5% 相比，只差 1 个百分点（严，2010c）。据国家统计局的农村住户调查，2001 年全国农民工的人均月收入为 644 元，2010 年上升到 1690 元，年均增长率为 11.3%。

劳动力的供求关系从过剩转为短缺始于 2004 年，而实际工资在 7 年前就加快了增长速度，并且工资的加速增长不仅在城镇职工中十分显著，在外来打

① 深圳市制造业的外来人员工资在 1996—2003 年的年均增长率仅有 2%，但高于同期城市居民消费价格的年均增长率 0.4%（丸川，2011）。

工人员身上也十分明显。此间,这个现象没有引起社会的广泛关注,主要是因为工资的绝对水平还很低,外资企业也没把它当回事。

综上所述,在当今中国的劳动力市场中,供求双方的力学关系已经发生了巨大变化,买方市场正逐步被卖方市场替代,劳动者与资本的关系也正在发生着本质性的变化。

二、少子化与教育发展的影响:劳动力短缺的虚与实

2004 年初,珠三角地区的部分企业劳动力短缺显现,随后,在上海市、浙北、苏南等长三角地区,招工也变得困难起来,不增加工资,就难以招到合乎要求的员工。针对这一事态发展,部分学者认为,中国农村的剩余劳动力已经枯竭,中国经济已经通过由劳动力绝对过剩向相对不足的转折点(蔡昉,2007)。但笔者认为,这个现象不仅与中国的人口动态密切相关,还受户籍、就业等制度因素的影响。

1. 独生子女政策与少子化

中国政府从 2070 年开始实施计划生育政策,1979 年开始推行一对夫妇只生一个孩子的独生子女政策。在中西部农村,两孩家庭很常见,但在城镇和沿海农村,独生子女政策严格执行,政府还大力提倡晚婚晚育。中国虽为发展中国家,但总和生育率①因此而下降,由多产少死向少产少死的人口转换过程②也被大大缩短了。

根据 2010 年人口普查,同年的全国人口为 13 亿 3972 万人,此前 10 年的年均人口增加率只有 0.57%,总和生育率为 1.3—1.4。如果不采用独生子女政策,中国的总人口将达 17 亿人,即人口政策让中国人民少生了 4 亿人口。③

如图 3 所示,在 70 年代,人口增加率从 2.7% 下降到 1.3%。1987 年的婴儿潮过后,人口出生率直线下降,1998 年为 1%。近几年的人口增长率大约 0.5%,与发达国家的水平大致相当,最主要原因是人口的自然增加率(出生

---

① 总和生育率表示女性在一生中出产的子女数量。通常,一个国家要维持其人口规模不减少,总和生育率必须保持在 2.06 以上。
② 有关人口转换及其内在机制的经济学解释,请参阅渡边(1986)。
③ 《中国人口政策将"世界 70 亿人口日"推迟 5 年》,《人民日报》2011 年 10 月 27 日。

率—死亡率）下降。80 年代以来，人口死亡率保持在 0.6% 左右，而出生率则从 2% 下降到 1%。2009 年的总和生育率为 1.39[①]，距离维持人口规模所必要的 2.06 相去甚远。

出生率的下降带来了劳动力供给总量的减少。图 4 是国家统计局全国人口变动情况抽样调查[②]数据的推算结果，反映了从 2009 年到 2027 年期间 18 岁人口和退休人口的变化趋势。据此，我们可以大致了解，在今后若干年内劳动力市场的劳动参入和退出情况，把握劳动供给的大趋势。

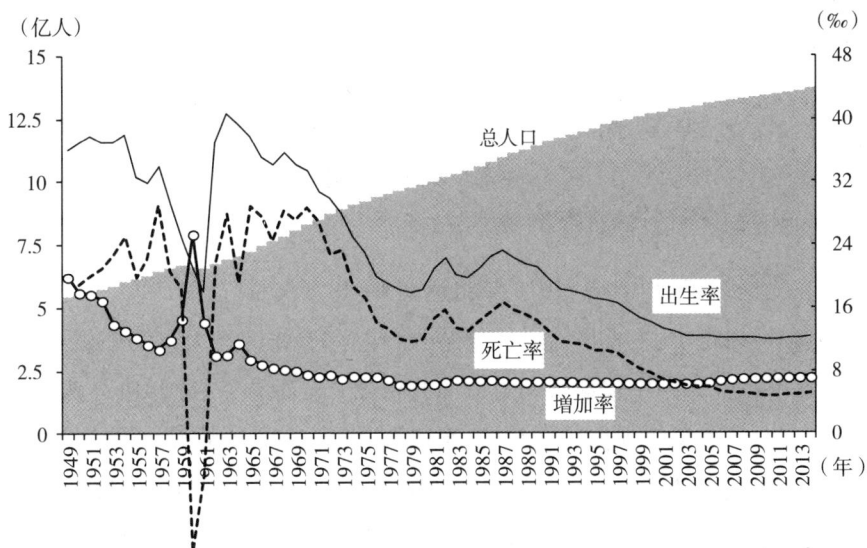

图 3　中国的人口转型

资料来源：国家统计局国家数字库。

如图所示，从 2009 年到 2014 年，18 岁人口总数大致在 1800—1700 万人之间，此后呈减少趋势，到 2020 年将减少到 1400 万人左右。因退休而退出劳动力市场的老年人口，如果包括农村人口，并按中国政府规定的女性 55 岁、男

---

① 根据中国政府（国家计划生育委员会）发布的数据，近年来的总和生育率为 1.8，但计算方法中问题较多，专家认为可信度不高。倒是以国家统计局人口抽样调查为基础的 1.4 更接近实际情况。

② 根据《中国人口与就业统计年鉴》介绍，国家统计局每年 11 月 1 日在全国抽取 110 万人开展调查。

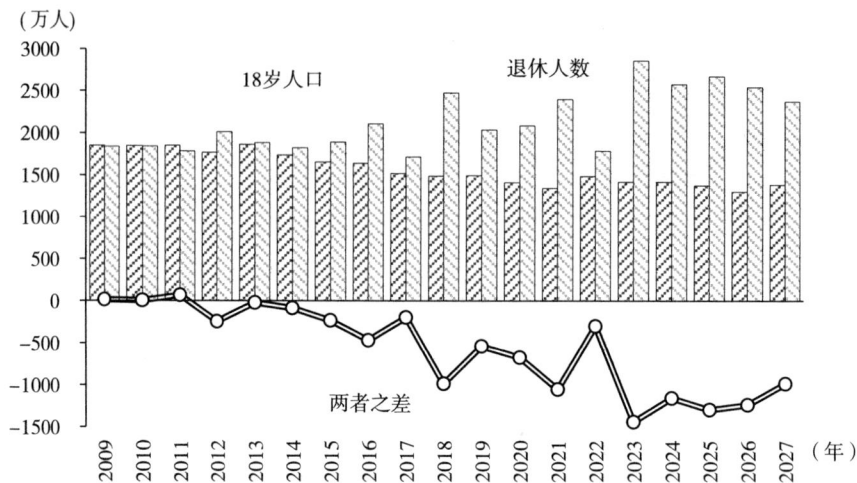

图 4　中国劳动力人口的变化

资料来源:国家统计局第 5 次人口普查数据。

性 60 岁为退休年龄①计算,2014 年将达到 1800 万人左右。

　　我们可以把 18 岁人口与退休年龄人口之差看作劳动力市场中供给变动的指标,并据此判断中长期劳动力市场的趋势。显而易见,到 2014 年为止,劳动力市场总体上可以保持均衡状态;2015 年以后,退休年龄人口将超过 18 岁人口。两者之差在 2015—2020 年将保持在数百万人,2021 年以后将超过 1000 万人。如果劳动力市场的需求今后不发生大的变化,或需求不断扩大,供求不均衡的压力将陡然增加。

　　但是,上述变化趋势并不会立即导致劳动力短缺深刻化。在实施独生子女政策以前的 30 年间,中国人口的自然出生率超过 3%("大跃进"运动后的 1959—1961 年除外)。此间出生的人口,到 20 世纪 70 年代末已经成长为劳动力人口,他们在总人口中的比率迅速上升,而不满 14 岁的幼年人口比率下降,65 岁及以上的高龄人口比率也不高。就是说,无论是家庭还是全社会,子女的养育、老人的医疗、护理等负担比较轻微,收入大于支出,家庭储蓄增加,全社会的储蓄率和投资率也相应上升,国民经济因此快速增长(大泉,2008)。

---

　　①　农村人口没有退休年龄,城市部门有提前退休的职业。这里所说的退休人口是为了说明方便,据蔡昉介绍,中国的实际平均退休年龄在 2008 年仅有 51 岁。

据统计,在 1982 年到 1990 年的 19 年间,15—64 岁的劳动力人口年均增加率为 2.52%,1990 年至 2000 年为 1.61%,2000 年至 2010 年为 1.18%,一直保持了较高的水平。1982 年的劳动力人口为 6 亿 2000 万人,2010 年增加到 9 亿 9800 万人。总人口中劳动力人口所占比率也从 1982 年的 61.5%上升到 2010 年的 74.5%。据有关部门统计,2030 年的劳动力人口比率将维持在 67.5%的高水平,与 1990 年差不多。

独生子女政策大大降低了人口增加的速度,受其影响,参入劳动力市场的 18 岁人口正在不断减少。目前的退休制度也严重影响着劳动力市场的供给趋势,在不远的将来,劳动力市场的供求矛盾将进一步加深。但是,这只是事物的一个方面,从年龄结构来看,劳动力供给的潜力依然巨大。同时,我们还必须高度重视教育发展、就业制度对劳动力市场的影响。

2. 高等教育的大跃进及其影响

首先我们必须指出,高等教育的大跃进对劳动力市场供给的负面影响。90 年代末期以来,中国政府加快了高校改革的步伐,大学升学率急剧上升。图 5 显示了普通高校在校学生数、升学率的变化情况。在 1985 年至 1998 年的 14 年间,大学招生数从 62 万人增加到了 108 万人,年均增加率 4.4%,招生人数占 18 岁人口的比率(高校升学率)也停留在 1 位数。从 1999 年开始,高校的招生人数迅速增加,在 2008 年至 2011 年期间,高中毕业后升入普通高校的人数超过 600 万人,年均增长率 15.1%。普通高校升学率从 1999 年的 8.4%,快速上升到 2011 年的 36.5%。中国在不到 10 年的时间里,实现了大学教育从培养精英向提高大众素质①的历史性转变。

教育事业的迅速发展从基础教育中也可以得到验证。1986 年以来,初等义务教育进一步普及,初中毕业生占同龄人口的比率从 1990 的 75%持续上升,2005 年以后超过 95%。初中毕业升高中的比率也不断上升。据国家统计局数据,升入职业高中和普通高中的初中毕业生比率(高中升学率)1999 年直线上升,2010 年达 63.8%,12 年间上升了 26.7 个百分点。独生子女政策导致了少子化,无论是家庭还是国家都有能力加大教育投资。

---

① 大学升学率在 15%以下时为精英教育,15%—50%为大众化教育,50%以上为普及教育(Trow,1974)。

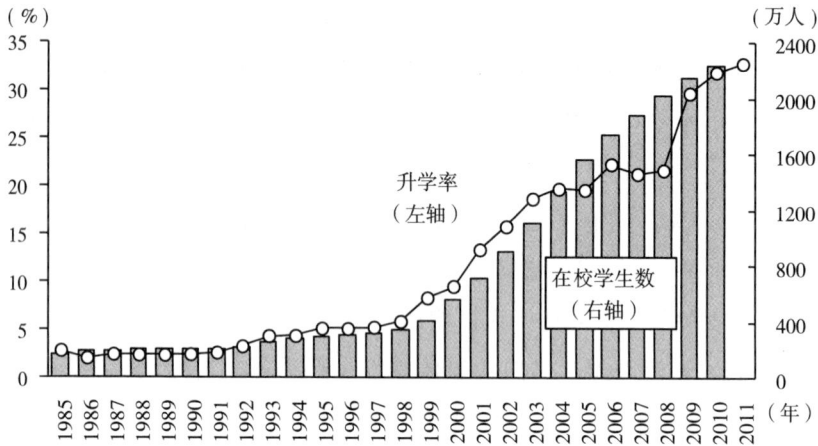

图 5 普通高校在校学生数、高校升学率的变化

注:普通高校升学率指每年的普通高校招生人数与当年的18岁人口数之比。
资料来源:国家统计局《中国统计年鉴》、人口普查、全国人口抽样调查。

随着全社会的高学历化不断进展,劳动力市场上求职人员的学历构成也发生了巨大的变化。如表1所示,1980年后期以来,初中及以上各层次毕业生中的求职人数持续增加,2010年达1612.1万人,这相当于当年18岁人口的87%。1990年、2000年的同一指标分别为43%、56%,由此我们可以认为,求职人员的整体素质显著上升了。

表1 初中及以上各层次毕业生中的求职总人数、各个学历的构成比

年份	新毕业生中的求职总人数(万人)	普通高校毕业生比率(%)	硕士博士毕业生比率(%)	职业高中毕业生比率(%)	普通高中毕业生比率(%)	初中毕业生比率(%)
1980	1161.0	1.2	0.0	0.7	50.7	47.4
1985	829.3	3.2	0.2	5.0	16.2	75.3
1990	1059.5	5.5	0.3	8.4	16.2	69.5
1995	1075.3	7.0	0.3	11.5	10.1	71.0
2000	1296.9	6.3	0.5	13.6	6.2	73.4
2005	1585.9	17.0	1.2	10.7	9.9	61.1
2010	1612.1	35.7	2.4	14.5	11.4	40.3

注:普通高校毕业生包括本科和专科毕业生。求职初中毕业生=初中毕业生数-普通高中和职业高中的招生数,求职高中毕业生=高中毕业生数-普通高校招生数,求职普通高校毕业生=普通高校毕业生-研究生招生数。
资料来源:国家统计局编《中国统计年鉴》。

从求职者的学历构成来看,情况就更加明显了。普通高中新毕业求职者的比率急速下滑,而职业高中毕业的比率却明显上升。综合起来看,高中毕业的求职者比率变化不大。值得注意的是,初中毕业求职者的比率急剧降低,高校毕业生比率的快速上升。从 2000 年以来的 10 年间,普通高校毕业生从 6.3%上升 35.7%。

由于新毕业求职者的高学历化,他们大多希望能进入收入高、又稳定的行业和地区工作。如果与高学历相称的工作岗位没有相应的增加,失业的大学毕业生自然地就会增多。从目前的产业结构来看,高校毕业生明显过剩了。高校毕业生对就业的高度期待与严峻的现实之间距离较大,由此产生了劳动力市场中的错配现象,一方面是有活没人干,另一方面是有人没活干。

随着教育事业的发展,愿意到一线工作的年轻人变少了,那里的劳动力短缺十分明显。希望得到白领职位的高校毕业生太多,而市场需求却并没有相应扩大。短缺与过剩并存,可谓当今中国劳动力市场的典型特征。

3. 影响劳动供求关系的制度因素

出生率的持续下降减少了劳动力的绝对供给,而大学升学率上升则导致蓝领岗位的求职人员减少、白领岗位的求职人员增加,结果是结构性的短缺与过剩并存。

户籍制度对劳动力资源的有效利用有着明显的不利影响。在当前的户籍制度和就业制度下,农民工到了一定年龄,因体力下降等原因,很难在城市继续工作,相当一部分人只好从城市回到农村,撤离劳动力市场。

早在 1958 年,中国为了推行计划经济,制定了十分独特的户口登记条例。在该制度下,公民的迁徙、择业权利受到限制。改革开放以来,市场化改革不断深化,人们可以在很大程度上按自己的意愿在不同地区之间自由移动,但是,农转非和户口迁移依旧十分困难。从农村到城市的劳动力移动,仍然是以外出打工的流动为主,只有极少一部分人从农村流入城市,再定居城市,成为真正的市民。因此产生了大量的劳动力资源损失。

从 90 年代后期开始,远离家乡的农民工急速增加,2010 年达 1 亿 5335 万人。由于农民工在现住地没有当地户口,在就业、工资、社会保障等方面受到各种制度歧视。在部分大城市,曾经还明文规定外来人口不可参入的行业、职业。本地人享有的各种福利待遇①与外来人口似乎没有关系。在购房、子女教育等方面，也公然存在户口歧视。

农民工年轻力壮阶段可以在城市工作、生活，但到了30岁以后，体力开始下降，从业空间缩小，部分人只好离开城市，返回家乡。根据人口普查数据推算，在2000年至2005年的6年间，30—54岁的农民工中大约有1400万人退出了劳动力市场，占同龄农民工的1/4(严，2008b)。

由于上述原因，在过去30年间，第一产业的就业人口几乎没有什么大的变化，2010年高达2亿8000万人。此间，耕地面积不断减少，农业机械化程度显著提高，在南方地区双季稻基本上为单季稻所替代。在20世纪第一个10年后期，农村地区的所谓剩余劳动力仍然高达1亿数千万之多(南·马，2009；三浦，2011)。

那种认为农村劳动力已经枯竭的观点，显然忽视了第一产业就业人口仍占全体就业者36.7%的事实(2010年)，也没有考虑高中毕业后上大学，或直接参入劳动力市场的农家子弟每年仍有1000万人的事实。其实，中国农业根本不需要那么多的劳动力，我们应该把农村新增加的劳动力人口视为城市劳动力市场的供给来源，并通过制度改革，提高他们的利益效率。

改革户籍制度，让城乡间的劳动移动从打工型转向迁居型，进一步促进劳动力的供给增加和稳定。就是说，到城市打工的流动人口，可以把户口随迁到居住地，与本地的普通市民一样获得就业机会，享受医疗、养老等社会保险。如果能实现农民工的市民化，从劳动力市场退出、离城回乡的人员自然会减少。仅此一项，就会大大增加劳动力市场的供给总量。

如此一来，农业从业人员的高龄化也许是个令人担心的问题，但目前还不十分严重。据新近的农业普查，在2006年，第一产业的就业人员中，51岁以上的不到全体的1/3，40岁以下的占了将近一半。在粮食主产区的中西部和东北农村，情况也差不多。②

加大农业投资的力度，推进农业机械化，可以进一步减少农业从业人员，维持农业生产能力，农家子弟可以迁居城市，作为新的劳动力参入劳动力市

---

① 例如，相当于工资23%的医疗、退休、失业等保险费和住房公积金都由工作单位负担。

② 在日本，农业从业人员中65岁以上的比率达62%，平均年龄66岁(2010年)，存有严重的老龄化问题。但在目前的中国，这种情况还不是很明显。

场。这样，农村可以在相当长的一个时期里，源源不断地向城市部门提供优良的产业大军。

三、工资上涨的背景

20 世纪 90 年代末期以来，我国城镇职工以及农民工的工资水平都大幅上升上涨。对劳动集约型的外企来说，中国的魅力已不如从前。本节将分析工资上涨的背景。

1. 农户收入增加推动外出打工的期望工资上涨

据国家统计局统计，全国的农民工数量 2010 年为 2 亿 4200 万人，平均月薪 1690 元，比 2005 年的 875 元增长了一倍。我们认为，工资上涨与以下因素相关。

第一，政府实施了一系列有利于农民增加收入的新政策，其结果是农户收入增加，同时也抬高了农民外出打工时必须考虑的工资水平，即期望工资。

进入 21 世纪以后，中国政府对持续多年的掠夺农业、轻视农村、歧视农民的方针政策进行调整，推出了以工补农、以城带乡的新政策。2004 年以来，中央连续 9 年发出一号文件[①]，对农业、农村、农民的有关问题做了全面的部署。此间，废除农业税，普及 9 年免费义务教育，建立新型农村合作医疗制度、最低生活保障制度、新型农村养老制度，修建农村道路等基础生活设施，对种粮农户直接补贴，放松了对地区间人口迁移的限制等，都十分有效地促进了农民增收[②]。

在 2003 年到 2010 年的 8 年间，农户人均纯收入的年均实质增长率为 7.7%，比同期城镇居民的 9.4% 略低，但与此前的 10 年（1992—2002 年，农户 4.6%、城镇居民为 7.3%）相比，农户收入增长加快，城乡差距的扩大趋势大大减缓。农民收入水平的快速上升，必然抬高了他们外出打工的期望工资。

我们以上海为例，对最低工资与农民收入的关系做进一步说明。图 6 表示的是上海市的最低工资及其增长率，还有全国农户人均纯收入的实质增长率。

---

① 中央一号文件作为决定当年最重要政策的文件，往往受到国内外的高度重视。
② 2003 年以后，政府对种粮农民直接补贴，对农民购买优良品种、大型农业机械、化肥、农药等生产资料也给予一定的价格补贴，大大促进了农民的收入增加（严，2010b）。

上海市的最低工资 2001 年为每月 490 元,而 2010 年达 1120 元,年均增长 9.6%。① 此间,农户人均名义纯收入年均增长 10.7%(城市居民为 12.1%)。

实际上,在绝大多数企业,用最低工资是招不到人的。要想招收具有一定技能的熟练工,怎么也得支付数倍于最低工资的工资。就是说,要想招收理想的员工,企业必须支付更高的报酬,以吸引农村劳动力。如果工资的上升速度低于农户收入的增速,劳动供给自然地会缩减。

2. 农民工政策的调整

中国是在 90 年代导入最低工资制度的。当时,由于农村劳动力的无限供给、城市的就业难,最低工资制度并没有严格执行,农民工基本上被排除在外。农民工作为劳动者的基本权利没有得到必要的保护。

2003 年以后,情况发生了变化,2004 年沿海地区出现劳动力短缺,加快了农民工政策改革的步伐。国务院 2006 年发布了《关于解决农民工问题的若干意见》,此后,有关农民工的迁移、就业、工资、居住等方面的政策逐步完善。《劳动合同法》《就业促进法》《劳动争议调解仲裁法》等法规相继出台,城镇职工和广大农民工的劳动条件逐步得到改善。

城镇职工基本上可以享受医疗、养老、失业、工伤、生育以及住房公积金等社保福利制度,以农民工为对象的社会保障制度也陆续出台实施,参与各项社保制度的人口比率不断上升,社保的水平也有所提高。

第一,全国各地纷纷制定了面向农民工的医疗、养老、工伤保险制度,考虑到农民工的流动性较大,相关制度的运用范围还将扩大到全国范围。比如,在 A 地加入社保,再迁居 B 地的人,可以把两地养老保险相加,退休后的工资以参保的总年数为基础。

根据国家统计局的农村住户调查,2009 年,93.6% 的农民工为雇佣劳动者,但雇主为农民工交纳保险金的比率却很低:养老保险 7.6%,工伤保险 21.8%,医疗保险 12.2%,失业保险 3.9%,生育保险 2.3%(国家统计局,2010)。国家计生委 2010 年在全国 106 个主要城市进行了流动人口(85.5%

---

① 2009 年,由于世界金融危机的影响,很多企业缩小生产规模,在沿海地区,不少企业纷纷停产倒闭,失去工作不得不回到家乡的农民工达 2000 多万人。因此,2009 年没有提高最低工资。

为农民工)调查,结果显示:流动人口参加各种社会保障制度的人员比率分别为养老保险 27.8%,工伤保险 31.3%,医疗保险 35.6%,失业保险 12.3%,生育保险 8.0%(国家人口与计划生育委员会,2011)。和城镇职工相比,农民工的参保水平确实不高,但与数年前的情况相比,应该说进步很大。

第二,通过上调最低工资,实现工资上涨,以此改善劳资的对立关系。农民工以法律为武器同企业交涉,在必要时还可以得到免费的法律援助,以改善劳动条件,维护自身的权利。2008 年,劳动争议达 70 万件,比上年增加一倍。

中国政府在"十二五"规划(2011—2015 年)中明确提出了国民收入翻番目标,最低工资年均增长率 12.5%以上。最低工资由各地方政府(市政府)参照当地的经济状况和物价水平设定,向中央政府备案。2011 年,最低工资最高的深圳市和最低的江西省之间相差一倍,但在过去的 10 年间,地区之间的最低工资差距在不断的缩小(三浦,2011)。

近年来,劳动力市场由买方市场向卖方市场转变,政府强化了最低工资制度的实施,劳动法规实施范围扩大,所有这些因素都带动了工资水平的大幅上涨。但是,值得注意的是,工资上涨与劳动生产率的提高相辅相成,也是人均资本装备率上升带来的必然结果(蔡昉,2011)。不然的话,我国的制造业早就失去了国际竞争力,也不可能有持续高速的经济增长。

3. 教育与教育回报率

近 10 年来,年轻一代的平均教育水平迅速上升,中等义务教育基本普及,初中毕业生的 60%升入高中学习,普通高校毕业生每年达 700 万人。流动人口的平均教育年数 2010 年为 9.4 年,高于全国的平均数 8.8 年(国家人口计划委员会,2011)。2003 年,在上海市工作的外劳平均教育年数 9.0 年,2009 年上升到 10.6 年,而上海的户籍居民此间从 12.2 年上升到 13.0 年(严,2010c)。

市场对人力资源的评价趋高,即教育回报率在逐渐上升。李实等学者的实证研究表明,在 1990 年至 1999 的 10 年间,城市劳动力市场的教育回报率上涨了 3.3 倍(李实、丁赛,2003);马欣欣利用 CHIP 的研究也证实,从 1988 年到 2002 年的 15 年间,教育回报率上涨了 3.4 倍(马,2011)。笔者自己利用上海市就业调查的数据分析也表明,教育回报率随时间推移不断上升,上海市的户籍居民如此,来上海打工的外劳(其中 8 成是农民工)亦然。同时,户籍居民和外劳的教育回报率呈现缩小趋势(严,2010c)。

就是说,教育水平的提高和教育回报率的上升相互作用,引起了工资水平大幅度上涨。这意味着,由于人力资本的大量积累,劳动生产率水平也得到了大大提高。

4. 新生代农民工的定居愿望与生活费用

外出打工的劳动者主体,正逐渐地被"80后",即所谓的新生代农民工所取代。据国家统计局的农村住户调查,2009年新生代农民工已经超过了农民工整体的60%。新生代农民工与他们的父辈不同,很多人初高中毕业后直接从农村来到城市,基本上没有从事农业劳动的经验,也未曾想过将来要回到农村从事农业劳动。还有一些人从小就跟随外出打工的父母来到城市,在城市长大(严,2010c、2012)。

教育程度相对较高的新生代农民工具有很强的权利意识,对现存制度中的矛盾和不合理现象,常常怀有强烈的反抗意识。他们企求在城市定居,期望获得与城市生活相称的工资收入。就是说,在他们的父辈打工者中,老后返乡似乎理所当然,工资低一点也问题不大,只要还能攒点钱,为将来的老年生活做些准备就可以了。但是,如果打算在城里干下去,就必须考虑买房子,还有子女教育等。显然,如果工资水平还只能勉强地过日子,年轻一代自然地会拒绝外出打工了。要想招工,企业必须拿出大大超出生存水平的基本工资,以满足新生代的要求。农民工主体的变迁以及新生代农民工意识的变化,大大增加了工资上涨的压力。

四、如何应对劳动力短缺与工资上涨

中国应该如何克服少子化对经济增长的不利影响?我们认为,就目前的情况而言,要进一步改革户籍、就业、社保等制度,积极消除其中不利于劳动力有效利用的不合理因素,缓解劳动力短缺对经济的影响。加快农民工的市民化进程,让农民工及其同居的家属能在城里定居,仅此一项,便可以相应扩大城市劳动力市场供给增加。

从中长期来看,要对独生子女政策进行必要的调整,通过适当恢复出生率延长人口红利的持续时间。由于双独子女结婚可以生育两胎,所以,随着80

年代以后出生的独生子女逐步进入适婚年龄,一对夫妇生育两个孩子的情况将成为普遍的社会现象。2011 年末,人口最多的河南省也开始实施两孩政策,这意味着该政策在全国所有省、直辖市、自治区付诸实施。故此,在今后若干年,少子高龄化的速度可能有所下降。

增加教育投资,蓄积人力资本;改革退休制度,消除退休年龄的男女差别,逐渐把退休年龄提高到 65 岁——这些措施也可以成为缓解劳动力短缺的重要手段。

如何看待工资上涨,对下一步的战略选择也十分重要。农民工以及其他低收入阶层的收入增加并不是一件坏事,它不仅可以缩小城乡之间的巨大差距,还可以扩大个人消费,实现内需主导型的经济发展。

在沿海地区,因工资上涨而失去了比较优势的产业可以向中西部地区转移,中国很大,完全可以在沿海与中西部地区之间推行"雁行发展战略"。如果该战略能顺利实施,中国既可以实现经济的高速增长,同时还可以实现由粗放型向资源节约型、环保型的产业结构转变。我们应该积极利用大国独具的优势,在国内推进"雁型发展战略"。

中国的人工费确实在上升,但与发达国家相比,制造业在一定时间内应该仍具有较强的竞争力。农民工的工资直到今天仍然只有发达国家几分之一。有人认为,东南亚、南亚的工资更便宜,应该把工厂从中国撤退。但是,从劳动力人口的教育水平、产业活动所需的基础设施、潜在的市场规模来看,这种看法缺乏长远目标。实际上,中国的中西部地区也应该是个很不错的新天地。

附论2:户籍制度改革与农民工的市民化

20 世纪 80 年代以来,随着国民经济的发展和体制改革的深化,农业劳动力向工商业转移、农村人口向城镇流动的规模不断增大,在传统体制下形成的城乡二元结构趋于瓦解。受户籍制度的影响,中国农民在职业选择和迁居方面的自由并不充分。进城务工经商的农家子弟被称为农民工,他们中的绝大多数虽常住城市,但却难以享受普通市民的应有权利。本地户籍居民和农民工被户口分隔,农民工成了半市民,城市成了新型的二元社会。尽管政府多次改革户籍制度,扩大农民工的基本权利,但起因于户籍制度的社会不公并没有根除。在新型二元结构下,劳动力得不到有效利用,城乡居民的总消费规模也很难扩大。为了实现国民经济和市民社会的健康发展,彻底改革户籍制度、推进农民工的市民化实属必然,但更为重要的应该是赋予农民平等的政治权利。农民有了充分的政治发言权,向城市倾斜的资源分配方可得到纠正,城乡之间、地区之间的巨大差别方可得到缓解,也只有这样,人口向大城市的过度集中方可避免。

一、劳动力转移方式的演变与渐进式户籍制度改革

早在 20 世纪 80 年代,农业人口只能就地务工经商,以离土不离乡的方式参与有中国特色的小城镇建设。到了 90 年代中后期,大批农村青年可以离乡进城,但由于他们不能随迁自己的户口,在常住的城市只能以流动人口身份生存,并且人到中年后还得返乡,所以他们当中的绝大多数只不过是离乡不背井的半市民。进入 21 世纪以来,半市民的人口规模不断增大,半市民主体也逐渐为新生一代所取代。他们企望在城市定居,与普通市民一样享受应有的各种权利。纵观过去三四十年中国的城镇化过程,我们可以发现,农村劳动力的

转移方式经历了从离土不离乡到离乡不背井，再到离乡又背井的三个阶段，而这一过程与户籍制度的渐进式改革紧密相关。

表1是国务院三次发布的关于户籍制度重大改革的通知要点，我们从改革的时代背景、户口转入的空间范围、办理常住户口的基本条件、户口农转非的对象人员以及进城落户农民的权利义务等角度整理了三次改革的核心内容。如表所示，80年代中期开始实施的自理口粮农转非、迁居地方集镇的户改政策持续了十几年，直到2001年才把户口迁移的范围放宽到县镇，又过了整整十年，才允许符合条件的农民农转非、在设区的城市安家落户，副省级及以上大中城市依旧采取了严格的限制措施。

中国的城乡差别、地区差别由来已久，而且差别程度也非常巨大，采取渐进方式改革户籍制度或许是个无奈的办法。一下子全部取消城镇、农民户籍人口的区别并不现实，一窝蜂地放开对城乡之间、地区之间的户口迁移限制也不具操作性。从减少改革可能产生的社会成本来看，审时度势、适时扩大户口转入范围、放宽办理常住户口和农转非的条件等做法有一定的合理性。反过来讲，只要时机成熟，进一步改革户籍制度也就成了理所当然。

表1　80年代以来户籍制度改革的重要内容

A.《国务院关于农民进入集镇落户问题的通知》（1984年10月）。
B.《国务院批转公安部关于推进小城镇户籍管理制度改革意见的通知》（2001年3月）。
C.《国务院办公厅关于积极稳妥推进户籍管理制度改革的通知》（2011年2月）。

	A. 1984年通知，约900字	B. 2001年通知，约2000字	C. 2011年通知，约2500字
时代背景	乡镇工商业蓬勃兴起，越来越多的农民转向集镇务工、经商	引导农村人口向小城镇有序转移，促进小城镇健康发展，加快城镇化进程	深入贯彻落实科学发展观，适应城镇化发展需要。逐步实现城乡基本公共服务均等化
户口转入的范围	集镇（不含县城关镇）	县级市市区、县人民政府驻地镇及其他建制镇	县级市市区、县人民政府驻地镇和其他建制镇，设区的市（不含直辖市、副省级市和其他大城市）
办理常住户口的基本条件	在集镇有固定住所，有经营能力，或在乡镇企事业单位长期务工	有合法固定的住所、稳定的职业或生活来源	合法稳定职业并有合法稳定住所（含租赁），在设区的市有就业和参加社保年限要求

续表

	A. 1984 年通知，约 900 字	B. 2001 年通知，约 2000 字	C. 2011 年通知，约 2500 字
转户口的对象	农民和家属	本人及与其共同居住生活的直系亲属	本人及其共同居住生活的配偶、未婚子女、父母
进城落户农民的权利义务	①参加街道居民委员会活动，享有同等权利，履行应尽的义务②办好承包土地的转让手续，不得撂荒	①可保留其承包土地的经营权，也允许依法有偿转让。防止进城农民的耕地撂荒和非法改变用途②与当地原有城镇居民享有同等权利，履行同等义务	①农民的宅基地使用权和土地承包经营权受法律保护②享有与当地城镇居民同等的权益

注：笔者根据法律图书馆（http://www.law-lib.com/law/）有关文件整理。

二、中国的城镇化：进程与特征

根据国家统计局发布的人口统计，我们可以概要了解中国人口动态的总体趋势。表 2 是按年代计算的总人口、城镇人口、乡村人口以及非农业人口的年均增长率。从数字可以看出，在过去的 40 年中，中国的人口动态显现了以下 4 个方面的特征：（1）受计划生育政策的影响，70 年代以来，总人口的增加速度减缓，近年来接近早期发达国家的水平；（2）进入改革开放的 80 年代以后，城镇人口快速持续增长，但增加速度随时间推移而有所下降；（3）在 70 年代和 80 年代的 20 年中，乡村人口持续增加，但增加速度迅速下降，到了 90 年代，乡村人口呈减少趋势，减速也大幅度上升；（4）在计划经济占主导地位的 70 年代，城镇人口与非农业人口同步增加，但是，在进入 80 年代以后，城镇人口的增长率要高于非农业人口的水平。

城镇人口的增速比非农业人口的高，意味着以农民身份进城常住的流动人口增加更快，同时也意味着持有本地户口的市民和没有当地户口的外来流动人口在城市内部形成了两大社会阶层。有人把城市内部的这种社会阶层称为新型的二元结构，认为这种新型结构在一定程度上取代了传统的城乡二元结构，也可以说传统的城乡二元结构被搬进了城市内部。

表 2　中国的总人口、城乡人口和非农业人口年增增长率　　（单位:%）

	总人口	城镇人口	乡村人口	非农业人口
1970—1980 年	1.75	2.87	1.50	2.87
1980—1990 年	1.48	4.66	0.56	3.59
1990—2000 年	1.04	4.28	−0.40	3.04
2000—2010 年	0.57	3.85	−1.84	3.61

资料来源:国家统计局编《中国人口年鉴》《中国人口统计年鉴》《中国人口与就业统计年鉴》。

在新型的二元结构下,中国的城镇化水平到底有多高时常成为学界和媒体的关注焦点。通常,城镇化水平的高低可以从人口的城乡分布状况来判断,城镇常住人口占总人口比率的上升意味着城镇化水平的提高,同时也是以工业化为动力的经济发展的必然产物。但是,在新中国成立以后的 30 年中,经济发展并没有带动城镇化的同步进行,城镇化严重落后于工业化,直到改革开放后的 1980 年,城镇化水平才达到 19.4%。进入 80 年代以后,随着市场经济的发展壮大,以就业为主要目的的城乡间劳动力转移迅速增加,城镇常住人口比率亦快速上升,2012 年达 52.6%(图 1)。

但是,中国的城乡间劳动力转移与很多先进国家不同,转移主体大多是单身的年轻人,伴随户口迁移的举家迁居极少。由于户籍制度的限制,尽管他们离开了农村,从事着与农业无关的职业,但他们的户口身份只能是农民;尽管他们在城镇长期工作、生活,但是,要把户口从农村迁入实际居住的城镇仍旧十分困难。在制度上,他们永远是城乡间的流动人口,当城市经济还需要这些年轻劳动力时,他们可以在那里卖力,而一旦失去了必要的体力,他们当中的大多数只能选择返乡。

在城里工作、生活,却没有那里的户口,因此很难得到必要的公共服务,也难以享受普通市民的基本权利;年轻时可以在那里干活,上了岁数就得离城返乡。这当然不是一个普通市民应有的状况,学界和媒体把这些人戏称为半市民,认为由半市民的快速增加诱发的城镇化带有水分。如果按非农业人口比率计量,2012 年的城镇化率为 35.3%,1980 年仅有 17.0%。

在新中国成立的前 30 年,整体来讲,农业户口人员居住农村、从事农业,非农业户口人员居住城镇、从事非农业,两者的对应关系比较明确,城镇人口比率与非农业人口比率相差不大。进入 80 年代以后,随着乡镇企业的发展、

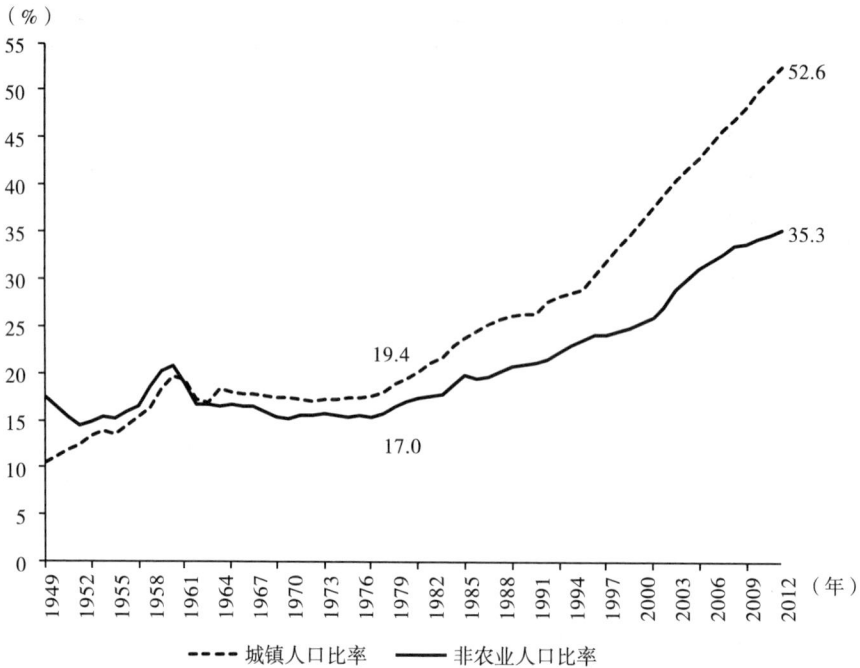

图1　城镇人口、非农业人口占总人口比率的变化

资料来源：国家统计局编《中国人口年鉴》《中国人口统计年鉴》《中国人口与就业统计年鉴》。

对外开放的扩大，城乡之间劳动力大规模转移。干着与农业毫无关系的农业户口人员迅速增加，长期居住在城里的所谓农民大量出现，以非农业户口为标准的城镇化水平和常住人口比率发生了越来越大的偏离，到2012年，两者相差17个百分点。这意味着，在中国的13亿多人口中，有2亿多的所谓农民长期居住城镇，过着既非农民、又非市民的生活。并且，随着时间的推移，80年代以后出生的年青一代逐渐变成了半市民的主体。他们虽为农家子弟，但其绝大多数从学校毕业后便直接进入城市，他们少有务农体验，也没有这方面的技能，甚至都没想过将来要干农活。这样一来，必然出现一个重大的社会问题：这一代年轻人该怎么办？他们有一定的文化水平和较高的权利意识，也懂得怎么维护自己的权利。如果像对待他们父辈那样，只把他们当作单纯的劳动力使用而不赋予他们应该享有的市民权利，必然会招致他们的反感，甚至会因此发生社会混乱。这就是所谓的流动人口的市民化问题，而其最根本的就是农民工的市民化，以及与此密切相关的户籍制度改革。

三、新一轮户改的背景、亮点和局限性

一方面是劳动力的大规模转移，另一方面是农转非、户口迁移的严格限制。这样一来，在大中城市就必然地产生了两大社会阶层，一个是享有各种特权的本地户籍居民，另一个是方方面面受到不公正对待的外来流动人口。劳动市场因户口而分隔，传统的城乡二元结构演化为城市内部的新型二元结构。在就业、工资待遇、社会福利、子女教育、住房等方面，拥有本地户口的市民大大优于外来的流动人口。在新型二元结构下，社会严重不公、劳动力得不到有效利用、过低的劳动分配率抑制消费扩大等问题日积月累，以致直接影响国民经济和社会的持续健康发展。

2010 年初，中央一号文件首次使用了"新生代农民工"的概念，指出了农业转移人口进城落户的困难所在，随后党中央又提出了包容性增长和包容性城市化等新理念，为户籍制度及与其相关的社保制度改革指明了方向。2014 年 10 月，国务院发布了《关于调整城市规模划分标准的通知》，废除了按行政级别限制户口迁移的做法，提出城市类型按城区常住人口规模划分，依照城市类型实施差别化落户政策（参见表 3）。并明确规定，凡符合条件的本人及其共同居住生活的配偶、未成年子女、父母等，可以在当地申请登记常住户口，还提出了到 2020 年努力实现 1 亿左右农业转移人口和其他常住人口在城镇落户的具体目标。

表 3　新一轮户籍制度改革的基本方针

	改订后	城镇数（2010 年）	合法稳定住所（含租赁）	合法稳定就业	稳定就业达到一定年限	社会保险达到一定年限	积分落户	连续居住年限	其他
全面放开	建制镇	19410	○						
	20 万人以下	380	○						
	20—50 万人		○						
有序放开	50—100 万人	138	○	○		○			

续表

改订后		城镇数（2010年）	合法稳定住所（含租赁）	合法稳定就业	稳定就业达到一定年限	社会保险达到一定年限	积分落户	连续居住年限	其他
合理确定	100—300万人	103	○	○	○	○			
	300—500万人	21	○+α	○+α	○+α		△		
严格控制	500—1000万人	10	○	○	○	○	◎	○	○
	1000万人以上	6	○	○	○	○	◎	○	○

注：笔者根据《国务院关于进一步推进户籍制度改革的意见》（2014年7月30日）整理。2010年城镇数来自中国市场经济研究院《国家新型城镇化规划（2014—2020年）》，为2010年人口普查数据。

可以说，这次户籍制度改革是农民工市民化进程的一个重要里程碑，因为它在很大程度上保证了广大农民的职业选择和迁居的自由，可以大大消除新旧二元社会结构下长期存在的不公正、不平等。仅此一点，我们也应该高度评价新近的户籍制度改革和农民工市民化的大方向。

当然，这一轮改革还存有不少问题。全面放开进城落户还停留在中小城市，人口规模越大，户口迁入的难度也越大。在大城市，由本地户籍居民和外来流动人口形成的二元结构不可能发生根本性的变化。根据国家统计局《2013年全国农民工监测调查报告》，2013年的外出农民工总数达1亿6610万人，其中大约2/3常住地级市、省会城市或直辖市。在属于合理确定或严格控制的省会城市、直辖市居住的大约有5000多万人，占外出农民工的30%。在北京、上海、广州、深圳等特大城市，外来人口规模庞大，占常住人口的比率更高。比如在上海，2013年的外来常住人口达983万人，占40.6%。

图2表示上海市常住人口的身份状况及其相应的权利分布。上海市的户籍改革在全国有一定的先行性，90年代初率先导入蓝印户口制度，2000年开始逐步导入人才居住证、一般居住证、积分入户等做法，形成了一套比较有效但非常复杂的制度框架。大城市的户改确实有很多实际困难，但是，如果广大农民工不能最终融入他们赖以生存的城市，享受普通市民应有的各种权利，就很难说户籍制度改革大功告成。

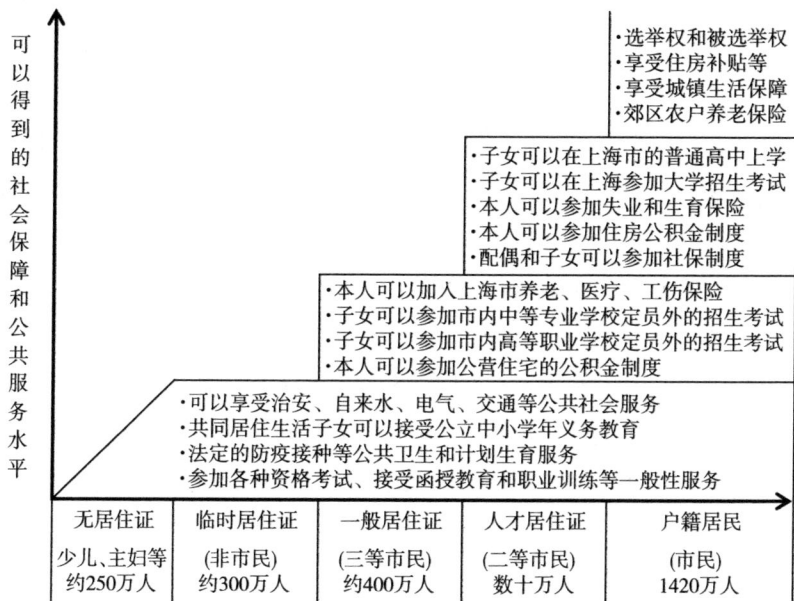

图 2　上海市外来人口的身份与个人的权利保障（2013 年）

资料来源：严善平：《中国的户籍制度改革与农民工的市民化——以上海市为中心》,（日本）《东亚》
2014 年 5 月。

四、农民的政治权利、户籍制度改革及农民工的市民化

　　解决问题的基本思路是什么？通过调控落户条件,在大城市合理确定落户的速度,在特大城市严格控制落户的规模,或许可以抑制大城市户籍人口的增加。但现实问题是,已经在那里长期工作、生活的农民工及其家属该怎么办？如前所述,这个群体规模很大,他们中的绝大多数不会因为新政出台而搬迁,退出习以为常的大城市生活。故此,下一轮改革的基本方向只能是逐步压减对户籍居民的好处,增加对流动人口的福利,让两者尽快并轨。同时,加大对地方城镇和广大农村地区的财政投入,改善这些地区的基本生活条件,提高学校教育、医疗卫生、文化生活等方面的公共服务水平。城乡之间、地区之间的差距相对缩小了,农村人口涌向大城市的压力自然就会减轻,大城市面临的种种困难也会缓解。

　　要实现这个目标,进一步强化农民的政治权利十分必要。2010 年选举法修改,农民与市民在人大代表选举等方面实现了一票同权。但直到目前为止,选举制度上的平等权利还没有给农民带来实实在在的经济利益,包括财政资金在内的各种资源的分配依旧倾向城市,特别是大城市。

当前的利益格局经过了漫长的岁月,要彻底改变它需要一些时间。但是,如果农民没有真正的代言人,在政策形成过程中总是处于被动地位的话,巨大的城乡差别、地区差别恐怕怎么也消除不了。如果真如此,人口的城市集聚以及与之并存的新型二元结构恐怕永远也无望解决。

中国的户籍制度带有十分明显的不公正性,在二元户籍制度下,农村劳动力得不到充分有效的利用,农民工的低工资导致了劳动分配率偏低,半市民的低福利抑制了个人消费的扩大,所有这些都负面影响着国民经济的持续健康增长。改革户籍制度的弊端,加快农民工的市民化,实属一件大好事,但相关问题的根本解决还有待进一步的政治改革。不管是农民还是市民,所有的中国人都应该享有平等的政治权利。唯有消除农民的权利贫乏,方可最终实现户籍制度改革和农民工市民化的目标。

参考文献

白南生、宋洪远编:《回乡、还是进城？——中国农村外出劳动力回流研究》,中国财经出版社 2002 年版。

蔡昉:《中国经济如何跨越"低中等收入陷阱"?》,《中国社会科学院研究生院学报》2008 年第 1 期。

蔡昉:《刘易斯转折点与公共政策方向的转变——关于中国社会保护的若干特征性事实》,《中国社会科学》2010 年第 6 期。

蔡昉:《"中等收入陷阱"的理论、经验与针对性》,《经济学动态》2011 年第 12 期。

蔡昉:《跨越中等收入陷阱》,《发展》2013 年第 3 期。

蔡昉:《读懂中国经济》,中信出版社 2017 年版。

蔡昉主编:《人口与劳动绿皮书 2007 年——刘易斯转折点及其政策挑战》,社会科学文献出版社 2007 年版。

蔡昉主编:《人口与劳动绿皮书 2008 年——刘易斯转折点如何与库兹涅茨转折点会合》,社会科学文献出版社 2008 年版。

蔡昉、白南生主编:《中国转轨时期劳动力流动》,社会科学文献出版社 2006 年版。

蔡昉、都阳、王美艳:《户籍制度与劳动力市场保护》,《经济研究》2001 年第 12 期。

蔡昉、都阳、王美艳:《中国劳动力市场转型与发育》,商务出版社 2005 年版。

蔡昉、王美艳:《中国城镇劳动参与率的变化及其政策含义》,《中国社会科学》2004 年第 4 期。

程争鸣、刘海涛:《浅谈按"四化"标准选拔领导干部的新趋势》,《求实》

1986 年第 5 期。

储庆:《国家、教育与地位获得》,中央民族大学博士论文,2011 年。

邓曲恒:《城镇居民与流动人口的收入差异——基于 Oaxaca-Blinder 和 Quantile 方法的分解》,《中国人口科学》2007 年第 2 期。

段成荣、何舸:《我国流动儿童最新状况——基于 2005 年全国 1% 人口抽样调查数据的分析》,《人口学刊》2008 年第 6 期。

段成荣、梁宏:《我国流动儿童状况》,《人口研究》2004 年第 1 期。

杜鹰、白南生编:《走出乡村——中国农村劳动力流动实证研究》,经济科学出版社 1998 年版。

冯帮:《近十年流动儿童教育问题研究述评》,《现代教育管理》2011 年第 3 期。

冯帅章、陈媛媛:《学校类型与流动儿童的教育——来自上海的经验证据》,《经济学季刊》2012 年第 3 期。

高慧:《上海外来人口子女义务教育现状》,《当代青年研究》2010 年第 3 期。

高慧:《人口调控背景下上海外来人口子女初中后教育问题研究》,上海社会科学院人口与发展研究所调研报告,2017 年。

高慧、周海旺:《上海外来与本地劳动力收入差异及影响因素对比分析》,《人口与经济》2007 年第 4 期。

高慧、周海旺:《上海外来人口子女教育制度研究》,上海社会科学院人口与发展研究所调研报告,2016 年。

顾洪章主编:《中国知识青年上山下乡大事记》,中国检察出版社 1996 年版。

郭继强:《中国城市次级劳动力市场中民工劳动供给分析》,《中国社会科学》2005 年第 5 期。

郭琳、车士义:《中国的劳动参与率、人口红利与经济增长》,《中央财经大学学报》2011 年第 9 期。

国家人口计划生育委员会:《中国流动人口发展报告 2011》,中国人口出版社 2011 年版。

国务院人口普查办公室等:《中国 1990 年人口普查资料》,中国统计出版社 1993 年版。

国务院人口普查办公室等:《中国 2000 年人口普查资料》,中国统计出版社 2002 年版。

韩嘉玲:《北京市流动儿童义务教育状况调查报告》,《青年研究》2001 年第 8—9 期。

韩嘉玲:《流动儿童教育与我国的教育体制改革》,《北京社会科学》2007 年第 4 期。

何红玲:《新中国成人高等教育发展研究》,中国社会科学出版社 2004 年版。

霍米·卡拉斯:《中国向高收入经济体的转型——逃离中等收入陷阱》,载于林重更、迈克尔·斯宾塞主编:《中国经济中长期发展和转型:国际视角的思考与建议》,中信出版社 2009 年版。

侯凤云:《中国农村人力资本收益率研究》,《经济研究》2004 年第 12 期。

黄建忠、赵恢林:《女性教育、性别歧视与社会政策——来自中国综合社会调查 CGSS 数据的证据》,《劳动经济研究》2016 年第 5 期。

黄乾:《两种就业类型农民工工资收入差距的比较研究》,《财经问题研究》2009 年第 6 期。

姜金林:《论成人高等学历教育的困境和出路》,《继续教育研究》2003 年第 10 期。

课题组:《我国劳动参与率变化分析》,《中国劳动》2012 年第 11 期。

劳动与社会保障部课题组:《关于民工短缺的调查报告》,《中国劳动保障》2004 年第 11 期。

寥大海:《上海地区民工子女教育问题研究报告》,《上海教育科研》2004 年第 12 期。

李保国:《关于保证成人高等教育质量的几个问题》,《教育科学》1995 年第 3 期。

李春玲:《社会政治变迁与教育机会不平等——家庭背景及制度因素对教育获得的影响 1940—2001》,《中国社会科学》2003 年第 3 期。

李春玲:《文化水平如何影响人们的经济收入》,《社会学研究》2003b 年第 3 期。

李春玲:《流动人口地位获得的非制度途径、流动劳动力与非流动劳动力之比较》,《社会学研究》2006 年第 5 期。

李国斌、屈兵、杨学祥:《中国成人高等学历教育未来发展走势分析》,《成人教育》2007 年第 6 期。

李海峥:《中国人力资本报告 2017 年》,中央财经大学中国人力资本与劳动经济研究中心,2017 年。

李宏彬、孟岭生、施新政、吴斌珍:《父母的政治资本如何影响大学生在劳动力市场中的表现? ——基于中国高校应届毕业生就业调查的经验研究》,《经济学季刊》2012 年第 3 期。

林宗弘、吴晓刚:《中国的制度变迁、阶级结构转型和收入不平等:1978~2005》,《社会》2010 年第 6 期。

李强、唐壮:《城市农民工与城市中的非正规就业》,《社会学研究》2002年第 2 期。

李实、史泰丽、别雍·古斯塔夫森主编:《中国居民收入分配研究 III》,北京师范大学出版社 2008 年版。

李实、佐藤宏编:《经济转型的代价——中国城市失业、贫困、收入差距的经验分析》,中国财政经济出版社 2004 年版。

李实、赖德胜、罗楚亮编:《中国收入分配研究报告》,社会科学文献出版社 2013 年版。

李实、丁赛:《中国城镇教育收益率的长期变动趋势》,《中国社会科学》2003 年第 6 期。

李树苗:《中国 80 年代的区域经济发展和人口转移研究》,《人口与经济》1994 年第 3 期。

刘和旺、王宇锋:《政治资本的收益随市场化进程增加还是减少》,《经济学季刊》2010 年第 3 期。

刘俊生、张鹏:《中共十八届中央委员从政路径及影响因素分析》,《领导科学》2014 年 6 月号。

刘杨、方晓义、蔡蓉、吴杨、张耀方:《流动儿童城市适应状况及过程———一项质性研究的结果》,《北京师范大学学报(社会科学版)》2008 年第 3 期。

陆旸、蔡昉:《调整人口政策对中国长期潜在增长率的影响》,《劳动经济研究》2013 年第 1 期。

吕绍青、张守礼:《城乡差别下的流动儿童教育——关于北京打工子弟学校的调查》,《管理与战略》2001 年第 4 期。

马汴京、蔡海静、姚先国:《高校扩招与大学教育回报率变动——基于 CGSS 数据的经验研究》,《经济理论与经济管理》2016 年第 6 期。

马艳林:《我国就业、失业及劳动参与现状和特征分析、基于第六次全国人口普查数据》,《调研世界》2014 年第 7 期。

马艳林:《中国劳动参与率变动与"后弯的"劳动供给曲线》,《首都经济贸易大学学报》2015 年第 3 期。

莫建备编:《融合与发展——长江三角洲地区 16 城市农民工调查》,上海人民出版社 2007 年版。

钱文荣、黄祖辉编:《转型时期的中国农民工——长江三角洲 16 城市农民工市民化问题调查》,中国社会科学出版社 2007 年版。

乔明睿、钱雪亚、姚先国:《劳动力市场分割、户口与城乡就业差异》,《中国人口科学》2009 年第 1 期。

全国人口抽样调查办公室:《1995 年全国 1%人口抽样调查资料》,中国统计出版社 1997 年版。

阮丹青主编:《重塑上海人——上海市新老居民一体化研究》,学林出版社 2009 年版。

沈可、章元、鄢萍:《中国女性劳动参与率下降的新解释——家庭结构变迁的视角》,《人口研究》2012 年第 9 期。

深圳市总工会、深圳大学劳动法和社会保障法研究所:《深圳新生代农民工生存状况调查报告》,人民网,2010 年。

宋扬:《中国的机会不均等程度与作用机制——基于 CGSS 数据的实证分析》,《财贸经济》2017 年第 1 期。

宋映泉、曾育彪、张林秀:《打工子弟学校学生初中后流向哪里——基于北京市 1866 名流动儿童学生长期跟踪调研数据的实证分析》,《教育经济评论》2017 年第 3 期。

孙明:《家庭背景与干部地位获得:1950—2003》,《社会》2011 年第 5 期。

孙百才:《30 年来教育扩展与收入分配研究综述》,《西北师大学报社会科学版》2006 年第 1 期。

孙百才:《改革开放三十年来中国地区间教育发展的收敛性检验》,《清华大学教育研究》2008 年第 6 期。

孙立平:《城乡之间的新二元结构与农民工流动》,李培林主编《农民工、中国进城农民工的经济社会分析》,社会文献出版社 2003 年版。

孙申:《给领导干部"高学历热"降降温》,《领导科学》1999 年第 11 期。

孙世路、方敬、易浜:《成人教育的回顾与思考》,《华东师范大学学报(教育科学版)》1989 年第 3 期。

孙榆婷:《成人高等教育与普通高等教育收入效应比较》,《开放教育研究》2019 年第 1 期。

孙志军:《中国城镇居民的教育与收入差距:1988—2007 年》,李实、赖德胜、罗楚亮编《中国收入分配研究报告》,社会科学文献出版社 2013 年版。

汤俊、邢晨、崔雯燕、杨娅妮:《中国正部级领导干部学历、专业与晋升关系研究》,《领导科学》2015 年 3 月号。

田丰:《城市工人与农民工的收入差距研究》,《社会学研究》2010 年第 2 期。

田慧生、吴霓主编:《农民工子女教育问题研究——基于 12 城市调研的现状、问题与对策分析》,教育科学出版社 2010 年版。

田永坡:《劳动力市场分割与保留工资决定》,《人口与经济》2010 年第 5 期。

万向东:《农民工非正式就业的进入条件与效果》,《管理世界》2008 年第 1 期。

王甫勤:《人力资本、劳动力市场分割与收入分配》,《社会》2010 年第 1 期。

王桂新:《我国省间人口迁移与距离关系之探讨》,《人口与经济》1993 年第 2 期。

王桂新:《我国省间人口迁移移入目的地选择过程的年龄模式及其特征》,《人口与经济》1995 年第 6 期。

王桂新:《中国区域经济发展水平及差异与人口迁移关系之研究》,《人口与经济》1997 年第 1 期。

王检贵、丁守海:《中国究竟还有多少农业剩余劳动力》,《中国社会科学》2005 年第 5 期。

王蕾:《新时期干部队伍"四化"方针的形成》,《当代中国史研究》2016 年第 2 期。

王美艳:《劳动力迁移对中国农村经济影响的研究综述》,《中国农村观察》2003 年第 3 期。

王美艳:《城市劳动力市场上的就业机会与工资差异——外来劳动力就业与报酬研究》,《中国社会科学》2005a 年第 5 期。

王美艳:《中国城市劳动力市场上的性别工资差异》,《经济研究》2005b 年第 12 期。

王午鼎主编:《90 年代上海流动人口》,华东师范大学出版社 1995 年版。

王莹莹、童玉芬:《中国人口老龄化对劳动参与率的影响》,《首都经济贸易大学学报》2015 年第 1 期。

王中会、蔺秀云、侯香疑、方晓义:《流动儿童城市适应及影响因素——过去 20 年的研究概述》,《北京师范大学学报(社会科学版)》2016 年第 2 期。

吴愈晓:《家庭背景、体制转型与中国农村精英的代际传承:1978—1996》,《社会学研究》2010a 年第 2 期。

吴愈晓:《影响城镇女性就业的微观因素及其变化——1995 年与 2002 年比较》,《社会》2010b 年第 6 期。

吴愈晓:《劳动力市场分割、职业流动与城市劳动者经济地位获得的二元路径模式》,《中国社会科学》2011 年第 1 期。

吴愈晓、黄超:《中国教育获得性别不平等的城乡差异研究——基于 CGSS2008 数据》,《国家行政学院学报》2015 年第 2 期。

项武生:《党政领导干部知识化专业化问题初探》,《齐齐哈尔师范学院学报(哲学社会科学版)》1984 年第 4 期。

肖剑忠、杨燕:《透析中青年领导干部高学历现象》,《中国青年研究》2003 年第 3 期。

夏庆杰、宋丽娜、Simon Appleton:《什么原因导致中国工资收入差距扩大?——来自反事实参数分解分析的证据》,《社会科学战线》2012 年第 1 期。

熊易寒:《底层、学校与阶级再生产》,《开放时代》2010 年第 1 期。

薛进军、高晓淳:《再论教育对收入增长与分配的影响》,《中国人口科学》2011 年第 2 期。

徐豪:《上半年 230 名省部级官员履新、6 省调整"一把手"》,《中国经济周刊》2016 年 7 月 18 日。

许玲丽、冯帅章、陈小龙:《成人高等教育的工资效应》,《经济研究》2008 年第 12 期。

徐伟、宁越敏:《中国三大城市化区域劳动力市场结构分割研究》,《世界地理研究》2009 年第 2 期。

严善平:《中国九十年代地区间人口迁移的实态及其机制》,《人口与经济》1998 年第 3 期。

严善平:《地区间人口流动的年龄模型及选择性》,《中国人口科学》2004 年。

严善平:《市场经济体制下农户的收入决定与就业选择》,《管理世界》2005 年第 1 期。

严善平:《城市劳动力市场中的人员流动及其决定机制——兼析大城市的新二元结构》,《管理世界》2006 年第 8 期。

严善平:《人力资本、制度与工资差别——对大城市二元劳动力市场的实证分析》,《管理世界》2007 年第 6 期。

严善平:《中国大城市劳动力市场的结构转型——对 2003 年、2009 年上海就业调查的实证分析》,《管理世界》2011 年第 9 期。

严善平:《城乡劳动力市场中党员身份的作用及其变化趋势——基于中国家庭收入调查数据的实证研究》,《劳动经济研究》2017 年第 2 期。

严善平、周海旺:《教育公平与户籍身份——基于上海市中小学生的调查》,《中国人口科学》2013 年第 2 期。

杨灿明:《中国城乡居民收入的决定因素分析》,《当代财经》2010 年第 12 期。

杨东平:《从权利平等到机会均等——新中国教育公平的轨迹》,《北京大学教育评论》2006 年第 2 期。

杨金风、史江涛:《人力资本对非农就业的影响:文献综述》,《中国农村观察》2006 年第 6 期。

杨瑞龙、王宇锋、刘和旺:《父亲政治身份、政治关系和子女收入》,《经济学季刊》2010 年第 9 卷第 3 期。

杨小岩:《保证四化建设的一项重大战略方针——学习邓小平同志关于实现干部革命化、年轻化、知识化、专业化的论述》,《武汉大学学报(人文科学版)》1983 年第 5 期。

杨中超:《教育扩招对成人高等教育经济回报的影响研究》,《国家教育行政学院学报》2017 年第 4 期。

姚先国、赖普清:《中国劳资关系的城乡户口差异》,《经济研究》2004 年第 7 期。

姚先国、谭岚:《家庭收入与中国城镇已婚妇女劳动参与决策分析》,《经济研究》2005 年第 7 期。

姚先国、黄志岭:《人力资本与户籍歧视——基于浙江省企业职工调查数据的研究》,《浙江大学学报(人文社会科学版)》2008 年第 6 期。

姚先国、瞿晶、钱雪亚:《劳动力市场的职业隔离——基于浙江省的分析》,《人口与经济》2009 年第 1 期。

姚亚文、赵卫亚:《中国城乡劳动力工资收入差异现状及原因浅析》,《中国人口科学》2010 年增刊。

姚洋:《社会排坼和经济歧视——东部农村地区移民的现状调查》,《战略与管理》2001 年第 3 期。

叶晓阳:《以权择校、父母政治资本与子女择校》,《世界经济文汇》2012 年第 4 期。

应永祥、王宪平:《历史与跨越——浙江成人高等教育 60 年》,浙江出版社 2009 年版。

俞启定:《成人高等学历教育问题与改进策略研究》,《华中师范大学学报(人文社会科学版)》2014 年第 53 卷第 5 期。

余小波:《中国成人高等学历教育结构流变论略》,《高等教育研究》2008 年第 5 期。

苑雅玲、侯佳伟:《家庭对流动儿童择校的影响研究》,《人口研究》2012 年第 2 期。

约翰·奈特、史泰丽、岳希明:《中国的教育不平等——代际分析》,李实、佐藤宏、史泰丽编《中国收入差距变动分析——中国居民收入分配研究4》,人民出版社2013年版。

张晨晨:《论成人高等教育的困境与内涵发展的路径选择》,《西北成人教育学报》2013年第5期。

张开敏编:《上海人口迁移研究》,上海社会科学出版社1989年版。

张车伟:《人力资本回报率变化与收入差距——"马太效应"及其政策含义》,《经济研究》2006年第12期。

张车伟、吴要武:《城镇就业、失业和劳动参与——现状、问题和对策》,《中国人口科学》2003年第6期。

张鹤年:《上海外来流动人口的收入与支出》,张声华主编《上海流动人口的现状与展望》,华东师范大学出版社1998年版。

张开敏编:《上海人口迁移研究》,上海社会科学院出版社1989年版。

张乐、张翼:《精英阶层再生产与阶层固化程度——以青年的职业地位获得为例》,《青年研究》2012年第1期。

张林秀、S.Rozelle、黄季昆:《经济波动中农户劳动力供给行为研究》,《农业经济问题》2000年第5期。

张善余:《第四次人口普查省间迁移数据分析》,《人口与经济》1992年第3期。

张声华主编:《上海流动人口的现状与展望》,华东师范大学出版社1998年版。

张小建、周其仁:《中国农村劳动力就业与流动研究报告》,中国劳动出版社1999年版。

张小莉:《高等教育机会获得的影响因素研究——基于CGSS2006数据》,《郑州航空工业管理学院学报》2015年第2期。

章元、陆铭:《社会网络是否有助于提高农民工的工资水平?》,《管理世界》2009年第3期。

张兆曙、陈奇:《高校扩招与高等教育机会的性别平等化——基于中国综合社会调查CGSS2008数据的实证分析》,《社会学研究》2013年第2期。

张展新:《劳动力市场的产业分割与劳动力人口流动》,《中国人口科学》

2004 年第 4 期。

赵人伟、李实、卡尔·李思勤编：《中国居民收入分配再研究——经济改革和发展中的收入分配》，中国财政经济出版社 1999 年版。

赵树凯：《纵横横城乡——农民流动的观察与研究》，中国农业出版社1998 年版。

赵树凯：《边缘化的基础教育——北京外来人口子弟学校的初步调查》，《管理世界》2000 年第 5 期。

赵书松、吴世博：《中国文化背景下政治精英代际衍化研究》，《中南大学学报（社会科学版）》2016 年第 22 卷第 2 期。

赵耀辉：《中国农村劳动力流动及教育在其中的作用》，《经济研究》1997年第 2 期。

郑磊、孙旭：《高等教育收费政策对入学机会公平的影响——基于CGSS2010—2013 数据的研究》，《山东高等教育》2017 年第 1 期。

中国成人教育协会编：《中国成人教育改革发展三十年》，高等教育出版社 2008 年版。

中国进城务工农民随迁子女教育研究及数据库建设课题组：《中国进城务工农民随迁子女教育研究》，教育科学出版社 2010 年版。

周春花：《成人高等学历教育的困境与现实选择》，《湖南财政经济学院学报》2013 年第 1 期。

周国华、翁启文：《流动儿童教育问题文献研究述评》，《人口与发展》2011年第 5 期。

周海旺：《发展趋势与融合前景》，阮丹青主编《重塑上海人——上海市新老居民一体化研究》，学林出版社 2009 年版。

周海旺、高慧等：《中国城市流动人口子女的教育状况研究》，上海社会科学院人口与发展研究所调研报告，2003 年。

周海旺、严善平、周安芝：《中小学男生相对弱化问题研究——以上海为例》，《社会科学》2012 年第 12 期。

周潇：《反学校文化与阶级再生产——小子与子弟之比较》，《社会》2011年第 31 卷。

卓汉容：《新时期干部队伍建设的战略方针——学习邓小平关于干部"四

化"标准的论述》,《社会主义研究》2001 年第 3 期。

宗锦福:《重视干部能力建设、改善和加强党的领导》,《社会主义研究》1982 年第 2 期。

Knight、John and Linda Yueh:《社会资本在中国劳动市场中的作用》,李实、佐藤宏编《经济转型的代价——中国城市失业、贫困、收入差距的经验分析》,中国财政经济出版社 2004 年版。

Sylvie、Démurger、Martin Fournier、李实、魏众:《中国经济转型中城镇劳动力市场分割问题——不同部门职工工资收入差距的分析》,《管理世界》2009 年第 3 期。

青木昌彦 2014.『青木昌彦の経済学入門——制度論の地平を拡げる』ちくま新書。

石川経夫・出島敬久 1994.「労働市場の二重構造」、石川経夫編『日本の所得と富の分配』東京大学出版会。

石川義孝編 2002.『人口移動転換の研究』京都大学学術出版会。

石田正昭 1999.『農家行動の社会経済分析』大明堂。

井上孝 2002.「途上国における女性の年齢別移動率の推移とその特徴」、早瀬保子編『途上国の人口移動とジェンダー』明石書店。

大泉啓一郎 2007.『老いてゆくアジア——繁栄の構図が変わるとき』中公新書。

大泉啓一郎 2008.「東アジアの人口変動と人口政策——タイの事例を中心に」武田康裕・丸川知雄・厳善平編『現代アジア研究第 3 巻 政策』慶應義塾大学出版会。

大竹文雄 2005.『日本の不平等——格差社会の幻想と未来』日本経済新聞出版社。

大塚啓二郎 2014.『なぜ貧しい国はなくならないのか——正しい開発戦略を考える』日本経済新聞出版社。

大塚啓二郎・黒崎卓 2003.『教育と経済発展』東洋経済新報社。

加茂具樹・星野昌裕・武内宏樹・小嶋華津子編著 2012.『党国体制の現在——変容する社会と中国共産党の適応』慶應義塾大学出版会。

景躍進 2012.「転型・吸収・浸透」、菱田雅晴編著『中国共産党のサバイバル戦略』三和書籍。

　厳善平 1993.「華南経済における労働市場の形成」『アジア経済』第 34
巻 6 号。

　厳善平 1997.「中国の地域間労働移動」『アジア経済』第 38 巻第 7 号。

　厳善平・左学金・張鶴年 1999.「上海市における出稼ぎ労働者の就業
と賃金」『アジア経済』第 40 巻第 2 号。

　厳善平 2000a.「上海市における出稼ぎ労働市場の階層構造」『桃山学院
大学総合研究所紀要』第 25 巻第 2 号。

　厳善平 2000b.「労働移動」、菱田雅晴編『現代中国の構造変動 5　社
会——国家と社会の共棲関係』東京大学出版会。

　厳善平 2002.「目立ち始めた中国経済の歪み——加速する所得と富の
両極分化」『世界週報』10 月 1 日号。

　厳善平 2004a.「改革時代の中国における地域間人口移動」『桃山学院大
学経済経営論集』第 44 巻第 4 号。

　厳善平 2004b.「中国農家の所得決定と就業行動に関する計量分析」、田
島俊雄編『構造調整下の中国農村経済』東京大学出版会。

　厳善平 2004c.「中国における省間人口移動とその決定要因——人口セ
ンサスの集計データによる計量分析」『アジア経済』第 45 巻第 4 号。

　厳善平 2004d.「モデル人口移動スケジュールと移動の選択性」『アジア
経済』第 45 巻第 9 号。

　厳善平 2005a.『中国の人口移動と民工——マクロ・ミクロ・データに
基づく計量分析』勁草書房。

　厳善平 2005b.「流動する社会、分断化する都市労働市場——人口移動
にみる転換期中国の二重構造」『桃山学院大学総合研究所紀要』第 31 巻第
2 号。

　厳善平 2006a.「戸籍制度の撤廃で農民の都市移動促進を」、日本経済研
究センター・清華大学国情研究センター編『中国の経済構造改革』日本経
済新聞社。

　厳善平 2006b.「中国の都市労働市場における転職とそのメカニズ
ム——労働市場の階層化にかんする実証分析」『地域総合研究』第 33 巻第

2 号。

厳善平 2007.「農民工と農民工政策の変遷」『中国 21』第 26 号。

厳善平 2008a.「上海市における二重労働市場の実証研究」『アジア経済』第 48 巻第 1 号。

厳善平 2008b.「中国経済はルイスの転換点を超えたか――「民工荒」現象の社会経済的背景を中心に」『東亜』12 月号。

厳善平 2009.『農村から都市へ――1 億 3000 万人の農民大移動』岩波書店。

厳善平 2010a.「中国における人口転換と経済発展――無制限的労働供給の終焉にどう立ち向かうか」『AJEC レポート』第 7 期。

厳善平 2010b.「中国の農業・農村・農民問題」『経済セミナー』8・9 月。

厳善平 2010c.『中国農民工の調査研究――上海市・珠江デルタにおける農民工の就業・賃金・暮らし』晃洋書房。

厳善平 2011a.「このままでは豊かになる前に衰退, 見直し必要な中国の 1 人っ子政策」『週刊・エコノミスト』9 月 27 日。

厳善平 2011b.「上海市就業調査にみる二重労働市場の変容」『桃山学院大学総合研究所紀要』第 36 巻第 2 号。

厳善平 2012.『現代中国農家の人口と労働――農家調査の個票データに基づいて』NIHU 現代中国早稲田大学拠点 WICCS 研究シリーズ7。

厳善平 2013.「中国における少子高齢化とその社会経済への影響――人口センサスに基づく実証分析」『JRI レビュー』第 4 期。

厳善平 2014.「現代中国における教育の発展と格差――CHIP 調査の個票データに基づいて」『中国経済研究』第 11 巻第 2 号。

厳善平 2016.「中国における共産党員のプロフィールおよび党員身分の機能:1988—2002 年」『アジア経済』第 57 巻第 2 号。

厳善平・左学金・張鶴年 1999.「上海市における出稼ぎ労働者の就業と賃金」『アジア経済』第 40 巻第 2 号。

厳善平・魏禕 2014.「中国の大都市における階層形成と世代間階層移動の実証分析――1997 年・2008 年天津市民調査に基づいて」『アジア経

済』第 55 巻第 3 号。

　厳善平・湯浅健司・日本経済研究センター編 2016a.『2020 年に挑む中国超大国のゆくえ』文真堂。

　厳善平 2016b.「中国における共産党員のプロフィールおよび党員身分の機能：1988—2002 年」『アジア経済』第 57 巻第 2 号。

　厳善平・薛進軍 2019.「中国の成人高等教育と労働市場におけるその増収効果——普通高等教育との比較分析を中心に」『アジア経済』第 60 巻第 1 号。

　玄田有史・中田喜文編 2002.『リストラと転職のメカニズム——労働移動の経済学』東洋経済新報社。

　小塩隆士 2002.『教育の経済分析』日本評論社。

　小塩隆士 2012.『効率と公平を問う』日本評論社。

　蔡昉 2009.「中国の人口高齢化試練、対応および可能性」『中国経済研究』第 6 巻第 2 号。

　佐藤宏 2004.「村落経済の変動と農家所得——90 年代前期～20 世紀初」田島俊雄編『構造調整下の中国農村経済』東京大学出版会。

　佐藤宏 1994.「経済的分化と農民意識——中国 3 県農家調査の分析」『アジア経済』第 35 巻第 1 号。

　佐藤宏 1997.「経済構造と村落政治——4 調査村の比較分析」中兼和津次編『改革開放後の中国農村社会と経済』筑波書房。

　田島俊雄編 2004.『構造調整下の中国農村経済』東京大学出版会。

　唐亮 2012.『現代中国の政治——「開発独裁」とそのゆくえ』岩波書店。

　唐亮 2001.『変貌する中国政治——漸進路線と民主化』東京大学出版会。

　中馬宏之 1995.『労働経済学』新世社。

　中尾啓子 2011.「地位達成モデルの東アジア国際比較」石田浩・近藤博之・中尾啓子編『現代の階層社会 2　階層と移動の構造』東京大学出版会。

　中兼和津次 2012.『開発経済学と現代中国』名古屋大学出版会。

　中兼和津次編 1997.『改革以後の中国農村社会と経済』筑波書房。

　菱田雅晴編著 2012.『中国共産党のサバイバル戦略』三和書籍。

馬永良 2001.「中国農村における労働供給分析——固定観察点農家調査に基づいて」『農林業問題研究』第 36 巻第 4 号。

馬欣欣 2009.「中国都市部における既婚女性の労働供給の規定要因——1995 年、2002 年中国都市家計調査に基づいて」『アジア経済』第 50 巻第 3 号。

馬欣欣 2011.『中国女性の就業行動——「市場化」と都市労働市場の変容』慶応大学出版会。

丸川知雄 2002.『労働市場の地殻変動』名古屋大学出版社。

丸川知雄 2011.「中国経済の『制約要因』と発展のチャンス」『現代中国』第 85 号。

三浦有史 2011.「不足と余剰が同居する中国の労働市場」『日本総研アジア・マンスリー』5 月号。

南亮進・牧野文夫編 1999.『流れゆく大河——中国農村労働力の移動』日本評論社。

南亮進・羅歓鎮 2006.「農村の教育収益率」『中国経済研究』第 3 巻第 1 期。

南亮進・牧野文夫・羅歓鎮 2008.『中国の教育と経済発展』東洋経済新報社。

南亮進・馬欣欣 2009.「中国経済の転換点——日本との比較」『アジア経済』第 50 巻第 12 号。

毛里和子 2012.『現代中国政治——グローバル・パワーの肖像』名古屋大学出版会。

毛里和子・加藤千洋・美根慶樹 2012.『21 世紀の中国：政治・社会篇——共産党独裁を揺るがす格差と矛盾の構造』朝日新聞出版。

八代尚宏・島澤諭・豊田奈穂 2012.『社会保障制度を通じた世代間利害対立の克服——シルバー民主主義を超えて』《NIRA モノグラフシリーズ》，第 34 期。

与謝野有紀・栗田宣義・高田洋・間淵領吾・安田雪編 2006.『社会の見方、測り方——計量社会学への招待』勁草書房。

渡辺利夫 2010.『開発経済学入門・第 3 版』東洋経済新報社。

Albrecht, James, Gerard J. van den Berg and Susan (2005), "The Knowledge Lift: The Swedish Adult Education Program That Aimed to Eliminate Low Worker Skill Levels", *IZA Discussion Paper*, No.1503.

Albrecht, James, Gerard J. van den Berg and Susan (2009), "The Aggregate Labor Market Effects of the Swedish Knowledge Lift Program", *Review of Economic Dynamics*, 12(1).

Appleton, Simon, John Knight, Lina Songand Qingjie Xia (2009), "The Economics of Communist Party Membership: The Curious Case of Rising Numbers and Wage Premium during China's Transition", *Journal of Development Studies*, 45(2).

Appleton, Simon, Lina Songand Qingjie Xia (2005), "Has China Crossed the River? The Evolution of Wage Structure in Urban China during Reform and Retrenchment", *Journal of Comparative Economics*, 33(4).

Appleton, Simon, Lina Songand Qingjie Xia (2012), "Understanding Urban Wage Inequality in China 1988—2008: Evidence from Quantile Analysis", *IZA Discussion Paper*, No.7101.

Banerjee, Biswajit (1983), "The Role of the Informal Sector in the Migration Process: A Test of Probabilistic Migration Models and Labor Market Segmentation for India", *Oxford Economic Paper*, 35.

Blinder, Alan S., (1973), "Wage Discrimination: Reduced Form and Structural Estimates", *Journal of Human Resource*, 8(4).

Brown, Randall S., Marilyn Moon and Barbara S. Zoloth (1980), "Incorporating Occupational Attainment in Studies of Male-Female Earnings Differentials", *Journal of Human Resources*, 15(1).

Cain, Glen G., (1976), "The Challenge of Segmented Labor Market Theories to Orthodox Theory: A survey", *Journal of Economic Literature*, Vol.14, No.1.

Chen, Jianxian, Xiaokuai Shao, Ghulam Murtaza and Zhongxiu Zhao (2014), "Factors That Influence Female Labor Force Supply in China", *Economic Modelling*, 37.

Chun, Jinsuk (1996), *Interregional Migration and Regional Development*, Avebury.

Connelly, Rachel, Margaret Maurer-Fazioand Dandan Zhang (2014), "The Role of Coresidency with Adult Children in the Labor Force Participation Decisions of Older Men and Women in China", *IZA Discussion Paper*, No.8068.

Cui, Yuling, Daehoon Nahm, and Massimiliano Tani(2013), "Earnings Differentials and Returns to Education in China: 1995—2008", *IZA Discussion Paper*, No.7349.

Dickens, William T. and Kevin Lang(1985), "A Test of Dual Labor Market Theory", *The American Economic Review*, 75(4).

Doeringer, Peter B. and Michael J. Piore(1971), *Internal Labor Markets and Manpower Analysis*, Mass.

Duke, Chris (2018), *Adult Education: International Perspectives from China*, Routledge.

Duke, Chris and Heribert Hinzen (2011), "Adult Education and Lifelong Learning within UNESCO: CONFINTEA, Education for All, and Beyond", *Adult Learning*, 22(4).

Funkhouser, Edward(1997), "Mobility and Labor Market Segmentation: the Urban Labor Market in El Salvador", *Economic Development and Cultural Change*, 46(1).

Gindling, T. H., (1991), "Labor Market Segmentation and the Determination of Wages in the Public, Private-Formal, and Informal Sectors in San Jose, Costa Rica", *Economic Development and Cultural Change*, 39(3).

Graham, Julieand Don M. Shakow (1990), "Labor Market Segmentation and Job-Related Risk: Differences in Risk and Compensation Between Primary and Secondary Labor Market", American Journal of Economics and Sociology, 49(3).

Greenwood, Michsel J., (1981), *Migration and Economic Growth in the United States: National, Regional, and Metropolitan Perspective*, Academic Press.

Hanushek, Eric A., Ludger Woessmann and Lei Zhang(2017), "General Education, Vocational Education, and Labor-Market Outcomes over the Lifecycle", *Journal of Human Resources*, 52(1).

He, Xiaoboand Rong Zhu(2015), "Fertility and Female Labor Force Participation:Causal Evidence from Urban China", *MPRA Paper*, No.65650.

Hu, Anning, and Jacob Hibel(2014), "Changes in College Attainment and The Economic Returns to A College Degree in Urban China, 2003 – 2010: Implications for Social Equality", *Social Science Research*, (44).

Hunter, Carman St John and Martha McKee Keehn eds.(2018), *Adult Education in China*, Routledge.

Knight, John and Li Shi(1993), "The Determinants of Educational Attaiment in China", in Keith Griffin and Zhao Renwei, eds., *The Distribution of Income in China*, Macmillan.

Knight, John and Lina Song(1999), *The Rural-Urban Divide: Economic Disparities and Interactions in China*, Oxford University Press.

Knight, John and Shi Li(2005), "Wages, Firm Profitability and Labor Market Segmentation in Urban China." *China Economic Review*, 16(3).

Knight, John, Terry Sicular and Yue Ximing(2013), "Educational Inequality in China: The Intergenerational Dimension", In Li, Shi al et.eds., 2013, Cambridge University Press.

Jarvis, Peter(2010), *Adult Education and Lifelong Learning: Theory and Practice*, Routledge.

Levy, Ammonand J.Ricardo Faria eds., (2003), *Economic Growth, Inequality and Migration*, Edward Elgar.

Lewis, W.Arthur(1954), "Economic Development with Unlimited Supplies of Labour", *Manchester School of Economic and Social Studies*, 22(May).

Li, Hongbin, Lingsheng Meng, and Junsen Zhang(2006), "Why Do Entrepreneurs Enter Politics? Evidence from China", *Economic Inquiry*, 44(3).

Li, Hongbin, Pak Wai Liu, Junsen Zhangand Ning Ma(2007), "Economic Returns to Communist Party Membership: Evidence from Urban Chinese Twins", *The Economic Journal*, 117(523).

Li, Shi, Hirishi Sato and Terry Sicular eds., (2013), *Rising Inequality in China: Challenges to a Harmonious Society*, Cambridge University Press.

Li, Shuang, Ming Luand Hiroshi Sato(2009), "Power as a Driving Force of

Inequality in China: How Do Party Membership and Social Networks Affect Pay in Different Ownership Sectors?", *CESifo Economic Studies*, 55(3–4).

Liu, Qian (2012), "Unemployment and Labor Force Participation in Urban China", *China Economic Review*, 23(1).

Lu, Zhigangand Shunfeng Song (2006), "Rural-urban migration and wage determination: The case of Tianjin, China", *China Economic Review*, 17(3).

Margaret, Maurer-Fazio and Ngan Dinh (2004), "Differential Rewards to, and Contributions of, Education in Urban China's Segmented Labor Markets", *Pacific Economic Review*, Vol.9, No.3.

Maurer-Fazio, Margaret, James W. Hughesand Dandan Zhang (2006), "Economic Reform and Changing Patterns of Labor Force Participation in Urban and Rural China", *William Davidson Institute Working Paper*, No.787.

Maurer-Fazio, Margaret, James W. Hughesand Dandan Zhang (2009), "A Comparison and Decomposition of Reform-Era Labor Force Participation Rates of China's Ethnic Minorities and Han Majority", *IZA Discussion Paper*, No.4148.

Maurer-Fazio, Margaret, Rachel Connelly, Lan Chen and Lixin Tang (2011), "Childcare, Eldercare, and Labor Force Participation of Married Women in Urban China, 1982–2000", *Journal of Human Resources*, 46(2).

Meng, Xin (2000), *Labour Market Reform in China*, Cambridge University Press.

Meng, Xinand Paul Miller (1995), "Occupational Segregation and Its Impact on Gender Wage Discrimination in China's Rural Industrial Sector", *Oxford Economic Papers*, 47(1).

Meng, Xin and Nansheng Bai (2007), "How Much Have the Wages of Unskilled Workers in China Increased?", in Ross Garnaut and Ligang Song eds., *China: Linking Markets for Growth*, Asia Pacific Press at the Australian National University.

Mincer, Jacob (1970), "The Distribution of Labor Incomes: A Survey with Special Reference to the Human Capital Approach", *Journal of Economic Literature*, 8(1).

Mincer, Jacob (1974), *Schooling, Experience, and Earnings*, Columbia University Press for the National Bureau of Economic Research.

Nee, Victor(1989), "A Theory of Market Transition: From Redistribution to Market in State Socialism", *American Sociological Review*, 54(5).

Oaxaca, Ronald (1973), "Male-female Wage Differentials in Urban Labor Markets", *International Economic Review*, 14(3).

Organizsation for Economic Co-operation and Development(OECD)(2013), *The People's Republic of China: Avoiding the Middle-Income Trap: Policies for Sustained and Inclusive Growth*, OECD.

Pan, Xi(2010), "The Labor Market, Political Capital, and Ownership Sector in Urban China", Ph.D.diss., University of Kentucky.

Piore, Michael J., (1983), "Labor Market Segmentation: To What Paradigm Does It Belong?", *American Economic Review Proceedings*, 73(2).

Postiglione, Gerard A. ed., (2006), *Education and Social Change in China: Inequality in a Market Economy*, M.E.Sharpe.

Riskin, Carl, Renwei Zhaoand Shi Li(2001), *China's Retreat from Equality: Income Distribution and Economic Transition*, M.E.Sharpe.

Rogers, A., (1978), "Model Migration Schedules: An Application Using Data for the Soviet Union", *Canadian Studies in Population*, 5.

Rogers, A. and Luis J Castro(1978), "Model Migration Schedules and Their Applications", *Environment and Planning A*, v.10.

Rogers, A. eds., (1984), *Migration, Urbanization, and Spatial Population Dynamics*, Westview Press.

Saint-paul, Gilles(1996), *Dual Labor Markets: A Macroeconomic Perspective*, The MIT Press.

Sato, Hiroshi (2003). *Growth of Market Relations in Post reform China: A Micro-analysis of Peasants, Migrants and Peasant Entrepreneurs*, Routledge.

Shaw, R.Paul(1985), *Inter-metropolitan Migration in Canada: Changing Determinants over Three Decades*, NG Press.

Sjaastad, Larry.A., (1962), "The Costs and Returns of Human Migration",

Journal of Political Economy, 70(5).

Sylvie Démurger, Marc Gurgand, Li Shi and Yue Ximing(2008), "Migrants as Second-Class Workers in Urban China? A Decomposition Analysis", *GATE Working Paper* No.08-08(SSRN-id1115326. pfd).

Tang, Qian(1994), "Adult Education in China: Policies and Practice in the 1980s", *Review of Policy Research*, (13).

Tannen, Michsel(1991), "Labor Market in Northeast Brazil: Does the Dual Market Model Apply?", *Economic Development and Cultural Change*, 39(3).

Telles, Edward E., (1993), "Urban Labor Market Segmentation and Income in Brazil", *Economic Development and Cultural Change*, 41(2).

Todaro, Michael P., (1969), "A Model of Migration and Urban Unemployment in Less-developed Countries", *The American Economic Review*, 59(1).

Todaro, Michael P., (1980), "Internal Migration in Developing Counties: A Survey in Population and Economic Change in Developing Countries", In Richard A.Easterlin ed., University of Chicago Press.

Todaro, Michael P., (1994), *Economic Development*(5th), Longman.

Trow, Martin(1974), "Problems in the Transition from Elite to Mass Higher Education", In Policies for Higher Education, from the General Report on the Conference on Future Structures of Post-Secondary Education, OECD.

Wang, Fengand Xuejin Zuo (1999), "Inside China's Cities: Institutional Barries and Opportunities for Urban Migrants", *American Economic Review Proceedings*, 89(2).

Wang, Feng, Xuejin Zuoand Danching Ruan (2002), "Rural Migrants in Shanghai: Living under the Shadow of Socialism", *International Migration Review*, 36(2).

WorldBank(WB)(2013), *China 2030: Building a Modern, Harmonious, and Creative Society*, World Bank.

Xia, Qingjie, Lina Song, Shi Liand Simon Appleton(2013), "The Effects of the State Sector on Wage Inequality in Urban China: 1988-2007", *IZA Discussion*

Paper , No.7142.

Xue , Jinjun ed. , (2012) , *Growth with Inequality : An International Comparison on Income Distribution* , World Scientific.

Zhang , Junchaoand Shiying Zhang (2015) , " Identifying the Causal Effect of Marriage on Women's Labor Force Participation in the Presence of Chinese Superstition" , *Economics Bulletin* , 35 (2) .

Zhao , Yaohui (1997) , " Labor migration and returns to rural education in China" , *American Journal of Agricultural Economics* , 79 (4) .

Zhuang , Juzhong , Paul Vandenberg and Huang Yiping (2012) , *Growing Beyond the Low-Cost Advantage : How the People's Republic of China can Avoid the Middle-Income Trap* , Asian Development Bank.

后　记

我 1978 年上高中，1980 年参加高考，成了恢复高考后的第四批大学生。大学 4 年在南京农学院农业经济系学习，毕业后赴东瀛留学，在京都大学专攻农业经济学、发展经济学等，1991 年获博士学位，随后便开始了对中国经济研究的学者生涯。40 多年来，我非常幸运地见证了我国改革开放、经济增长和国际地位急剧上升的全过程。

我在安徽农村出生长大，高二学的是理科，尤其喜欢数理化。本想在大学读理工类专业，这样既能发挥特长，也可以永远与"农"告别。但阴差阳错，我被南农录取了，并且还得弃理从文、学习农经。我至今也忘不了接到录取通知书时的沮丧心情。能上大学，而且是全国重点，应该高兴才是啊。可那个年头，城乡差距太大了，以至于很多农家子弟恨不得一下子跳出农门、远走高飞。

有趣的是，在过去的岁月里，我的大部分时间和精力还是用在与"农"相关的研究上了，并且乐此不倦。因为后来我认知到，三农问题直接影响我国社会经济发展的进程，从根本上解决三农问题对实现"百年目标"至关重要。大学 4 年，学习了农业经济学及相关学科的基础知识；研究生 5 年，系统学习了西方经济学的理论和方法，并以苏南农村为对象，从理论和实证层面释明了农村经济发展的内在机制；工作以来，多次参与中日合作项目，在全国各地走访农户、乡镇企业、地方政府，加深了对三农问题的理解。此间，就乡镇企业、农业与粮食、农村劳动力流动、农民工与城市劳动力市场等问题深入研究，发表了数十篇专业论文和多本学术专著。

近十多年来，因故在国内期刊也陆续发表了一些文章，本书的主要部分以这些旧稿为基础整理而成。此间，得到了很多专家、友人的支持。在此，特别强调几件对我来说非常重要的事，以表示对大家的衷心感谢（工作单位、职位等均为当时的情况）。

　　1996 年应农业部农村经济研究中心杜鹰主任邀请,参加了中国农村劳动力流动国际研讨会。会议期间,有机会作了题为"中国的劳动力移动与劳动市场"专题发言,梳理了该领域的研究状况。通过与国内外专家的交流,加深了对劳动力转移理论和研究方法的理解,获得了很多资料,其中包含对此后研究有重要影响的 1995 年上海市流动人口调查数据。在上海社科院左学金副院长的支持下,我们对调查数据深度开发,取得了一些的成果。此后,进一步得到了王振研究员、周海旺副研究员的大力支持,在上海多次开展外来人口问卷调查和实地考察。本书有关上海劳动力市场的部分均出自我们的合作研究。

　　利用 CHIP 数据的研究成果得益于日本名古屋大学薛进军教授、北京师范大学李实教授、浙江大学乐君杰副教授的支持。有幸参加薛教授主持的日本学术振兴会重大课题,通过与乐先生的合作,较早获得了使用微观数字、开展学术研究的机会。

　　笔者定居日本,东京大学中兼和津次教授、田岛俊雄教授、高原明生教授,早稻田大学毛利和子教授、天儿慧教授,法政大学菱田雅晴教授,神户大学加藤弘之教授等先辈曾给予我多方关照,通过参与他们主持的科研项目,不仅与国内学者建立了广泛的联系,还有机会在全国各地调研,增强了对我国社会经济变迁的切身感受。所有这些都是我学术活动中不可或缺的宝贵财富。

　　本书是我的第二本中文专著,我愿将此书献给远在安徽老家的高龄父母,表示对他们养育之恩的感谢。他们让我知道自己来自何方,他们的存在为我的学术生涯提供了坐标。长久以来,我持之以恒地观察农村、研究农业、为农民发声均与此密不可分。

　　2019 年下半年,有机会在天津理工大学做客座教授,完成了本书的编写工作。感谢天津理工大学管理学院王京滨院长、邸晓熠老师给予的多方照顾。本书与人民出版社的缘分来自南开大学薛军教授的热情推荐,本书的高质量出版得益于人民出版社鲁静老师的专业精神和辛劳。对各位朋友的厚谊深表感谢!

2020 年 7 月 1 日

于家中书斋

策划编辑:鲁　静

责任编辑:刘松弢

图书在版编目(CIP)数据

人口移动、劳动力市场及其机制研究/严善平 著. —北京:人民出版社,
　2020.11

ISBN 978－7－01－022426－8

Ⅰ.①人…　Ⅱ.①严…　Ⅲ.①人口迁移-研究-中国②劳动力市场-研究-
　中国　Ⅳ.①C922.2②F249.212

中国版本图书馆 CIP 数据核字(2020)第 156234 号

人口移动、劳动力市场及其机制研究

RENKOU YIDONG LAODONGLI SHICHANG JIQI JIZHI YANJIU

严善平　著

人民出版社 出版发行

(100706　北京市东城区隆福寺街 99 号)

中煤(北京)印务有限公司印刷　新华书店经销

2020 年 11 月第 1 版　2020 年 11 月北京第 1 次印刷
开本:710 毫米×1000 毫米 1/16　印张:18
字数:281 千字

ISBN 978－7－01－022426－8　定价:60.00 元

邮购地址 100706　北京市东城区隆福寺街 99 号
人民东方图书销售中心　电话 (010)65250042　65289539